윷의 논리論理와 마야 력법曆法

— 첨단 이론으로 본 윷놀이와 마야문명 —

국립중앙도서관 출판예정도서목록(CIP)

윷의 논리(論理)와 마야 력법(曆法) : 첨단 이론으로 본 윷놀이와 마야문명
/ 지은이: 김상일. -- 대전 : 상생출판, 2015   p. ;   cm

참고문헌과 색인수록
ISBN 979-11-86122-09-9 03150 : ₩22000

마야 문명[--文明]
마야력[--曆]

448.3-KDC6
529.3-DDC23   CIP2015017540

윷의 논리論理와 마야 력법曆法
— 첨단 이론으로 본 윷놀이와 마야문명—

발행일   2015년 8월 20일 초판 1쇄
지은이   김상일
발행처   상생출판
주소   대전시 중구 중앙로 79번길 68-6
전화   070-8644-3156
팩스   0303-0799-1735
홈페이지   www.sangsaengbooks.co.kr
출판등록   2005년 3월 11일 (175호)
ISBN   979-11-86122-09-9

윷의 논리論理와 마야 력법曆法

— 첨단 이론으로 본 윷놀이와 마야문명—

김상일(전 한신대학교 교수)

Korea Project Director at Center for Process Studies at Claremont

상생출판

머리말

이 책은 마야 3대 구성수 13, 18, 20를 우리 윷의 논리로 풀이한 것이다. 지금 마야 연구 학자들은 이들 마야 구성수Maya factors들의 유래에 관하여 설명을 제대로 하지 못하고 있다. 필자는 우리의 윷, 강화도 참성단, 그리고 정역의 수지 셈법 등에서 그 유래를 찾는다. 마야인들은 이 세 숫자들을 곱하기하고 나누기하여 우주 변화의 단주기와 장주기를 모두 계산해 낸다. 얼마 전에 문제시 된 '2012년 12월 21일'도 마야인들이 볼 때엔 우주 변화의 한 단위일 뿐이다. 그러나 이를 마치 지구의 종말인 것처럼 소동을 벌인 것은 마야에 대한 오해에서 비롯한 것에 지나지 않는다.

마야 문명과 우리의 윷을 연관시키기 위해서는 현대의 첨단 논리와 수리가 필요하다. 그것이 바로 '거짓말쟁이 역설'과 칸토어의 '대각선 논법'이다. 이에 관하여서는 필자의 선행 연구인 '대각선 논법과 역'(2012, 지식산업사)과 '대각선논법과 조선역'(2013, 지식산업사), '대각선 논법과 정역'(2015예정, 지식산업사)을 먼저 읽는 것이 도움이 된다. 이 책에서는 대각선 논법에 관하여 구체적으로 말하지 않고 있기 때문이다. 그러나 이전 책들을 필독해야 한다는 것을 의미하지 않는다.

이 책에서 첨단이론을 적용해 본 결과 마야 왕국이 사라진 이유를 짐작할 수 있었다. 즉, 마야 역법의 기제 장치로는 정확한 천체 운행 규칙을 파악할 수 없었고, 결국 이는 제왕들의 권위 실추로 이어지게 되었다. 이는 마치 현대에서 탈현대로 넘어오는 과정과 같다. 확실성이란 낙원의 상실 같은 것 말이다. 결국 13, 18, 20이란 세 마야 구성수를 어떻게 엮느냐가 문제의 관건이다. 이 책 속에 있는 107개의 도판들은 모두 이 관건에

도전하는 것들이다. 그 가운데 우리의 윷판의 그것인 도판25와 107은 관건 가운데 관건이다. 결국 윷판 같은 구조를 만드는 데 마야 제왕들은 실패했다. 결국 윷의 논리 부재가 왕국의 붕괴로 이어졌다.

필자는 2010년 마야 유적지 체첸 이사를 방문하여 고대 마야인들이 우주 변화의 원리를 얼마나 치열하게 알리려고 했는지 실감할 수 있었다. 그러나 마야 지도자들은 사람들에게 정확한 우주 변화 주기를 알려주는데 실패한다. 그 이유는 우주 변화 원리의 불확실성 때문이다. 필자는 그 불확실성이 역설에서 유래한다고 보고 있다. 거짓말쟁이 역설 혹은 러셀 역설 같은 것들 말이다.

결국 우리 윷놀이나 공기놀이 같은 것들이 모두 이 역설을 해의하는 방법을 두고 고민한 결과의 것이라고 본다. 그리고 이 역설이 그대로 우주 변화에 적용된다.

이 책을 쓰는 동안 거의 모든 시간을 미국 서부에서 보냈다. 마야에 관한 자료들은 충분히 구할 수 있었지만 국내 자료들은 제한적일 수밖에 없었다. 국내외의 먼저 연구하신 분들의 업적에 존경과 감사의 말씀을 드리는 바이다. 특히 선기옥형 연구자들에 대한 감사는 말로 다 할 수 없을 것이다. 100여개 이상의 도표들이 들어가는 이 책을 편집하기에 수고하신 상생출판 박재화님과 강경업 팀장님과 편집부 여러분들에게 심심한 감사의 말씀을 드린다.

2015년 여름에
애너하임 집에서
저자 씀

목차

| 모둠글 |

대각선 논법이란?

'대각선對角線'이란 말은 원래 기하학에서 유래하였음은 초등학생들도 아는 상식이다. 사각형 안의 가로와 세로에 자연수 1, 2, 3, 4, …를 적고 세로를 분모로 가로를 분자로 하여 세로와 가로를 아래와 같이 일대일 대응을 하는 격자 형식tensor으로 배열하는 것이 대각선 논법의 시작이고 전부이다. 여기서 주의할 부분은 세로 분모는 모든 가로에서 같아야 한다는 점이다. 그래서 세로는 '같음'이고 가로는 '다름'이어야 한다. 여기서 같음과 다름이 대응하면서 대각선 논법의 연속체 가설의 문제를 야기시킨다.

이 단순해 보이는 대각선 논법은 '대각선 가족the family of the diagonal'이라는 말이 생겨날 만큼 그 적용범위가 넓고 다양하다. '대각선'이란 말이 다양하고 널리 적용된 것은 1892년 독일의 수학자 칸토어Georg Cantor가 처음으로 '대각선 정리diagonal theorem' 또는 '대각선 증명diagonal proof'을 발표한 다음부터이다. 그 뒤로 20세기의 거의 모든 학문 분야, 즉 인문·자연·사회·예술 등에서 이 말이 쓰이지 않는 분야가 없을 정도이다. 그래서 칸토어의 대각선 정리는 금세기 최대의, 그리고 가장 중요한 정리로까지 알려졌다. 그러나 필자는 이 책에서 대각선 정리에 해

```
1/1, 2/1, 3/1, 4/1...
1/2, 2/2, 3/2, 4/2...
1/3, 2/3, 3/3, 4/3...
1/4, 2/4, 3/4, 4/4...
.........................
.........................
```

(도판0) 격자 형식의 대각선화

당하는 것이 서양보다 무려 2천여 년 앞서 동양의 역易 속에 들어 있었다고 주장하는 데서 나아가 혹시 이 역의 그것이 라이프니츠를 통해 칸토어에게 전해지지 않았나 하는 추측까지 하게 되었다.

'대각선 가족'이라는 말을 사이먼스Keith Simmons의 책 {보편성과 거짓말쟁이}(Universality and the Liar)에서 필자는 처음 알게 되었다. 사이먼스는 '대각선 가족 속에는 괴델과 타르스키의 정리를 비롯하여, 집합론의 중요한 증명들과 의미론적 역설까지도 다 이 말 속에 넣어 생각할 수 있다'고 하였다.(Simmons, 1993, 20) 그런데 대각선 가족에 들려면 조건들이 있다. 그 조건이란 대각선 논증이 갖추어야 할 6대 요소라 하는데, 바로 가로, 세로, 나열, 가치, 반가치화, 반대각선화이다. 여기에 '역대각선화'를 넣으면 7대 요소들이 될 것이다.

서양에서 대각선 논증의 원조가 칸토어인가에 대해서는 의문을 제기하나 대각선 논법의 6대 요소들이라는 관점에서 보면 사정은 달라진다. 칸토어가 대각선 논법을 처음 발표한 해는 1891년이지만, 이보다 먼저인 1877년에 에밀 두 보이스-레이몬드가 유사한 논법을 발표하였다. 외형상으로는 두 논증이 비슷해 보이지만 근본적으로 둘은 다르다. 대각선의 6대 요소들이 다 갖추어지지 않았다는 점에서 이들을 대각선 논증의 원조라고 할 수는 없다. 다시 말해서, 칸토어의 대각선 논법의 필수적인 조건은 반가치화counter-value인데, 이것이 에밀 두 보이스-레이몬드의 경우에는 빠져 있었다.

'반가치화'란 대각선상의 가로와 세로가 대응한 값을 반대로 바꾸는 것이다. 역에서는 물론 음을 양으로, 양을 음으로 바꾸는 것이다. 대각선은 가로와 세로의 결합으로 만들어진 값인데, 이러한 대각선상에 있는 값을 다시 가로로 되돌리는 것을 '반대각선화anti-diagonalisation'라 한다. 칸토어는 이러한 반가치화와 반대각선화의 과정에서 이른바 연속체 가설continuum hypothesis 문제에 직면하게 된다. 그래서 이들 두 요소들을 결여한다는 것은 대각선 논법에서 가장 중요한 것을 놓치는 것이기 때문에 보이스-레이몬드가 대각선 논법의 원조라고 할 수는 없다. 다시 말해서 적어도 '대각선 논법'이란 말의 효시를 이들에게 돌릴 수 없는 이유가 대각선 논법의 주요한 요소들을 이들이 결여하고 있기 때문이다. 여기서는 이를 '결여된 대각선 논법truncated diagonal argument'(TDA)이라 해 두기로 한다.

이것은 대각선 논증에서 가장 중요한 것을 놓치는 것이기 때문에 보이스-레이몬드가 대각선 논증의 원조라고 할 수는 없다. 이러한 이유로 '대각선 논법'의 효시를 이들에게 돌릴 수는 없다는 말이다. 혹시 리만(Georg Riemann, 1826-1866)의 행렬 계산법이 대각선 논법의 원조가 아닌가 생각할 수도 있을 것이나, 마찬가지 TDA를 이유로 리만의 격자형식을 대각선 논증의 효시라고 할 수는 없다. '피타고라스의 테이블'도 리만의 그것과 비슷하지만 6대 요소를 갖추지는 못했다.[1]

사이먼스에 따르면 대각선 논법의 제 요소들은 세로-옆side, 가로-위top, 정열array, 가치value, 반가치counvalue, 반대각선화anti-diagonalisation이다.(Simmons, 29-a) '반대각선화'란 대각선을 가로로 바꾸는 것을 두고 하는 말이다. 여기서 세로와 가로란 흔히 말하는 경위經緯 또는 행렬行列을 이르는 말이다. 그래서 가치와 반가치, 그리고 반대각선화는 경위를 따져보거나 알아보는 것이다. 그래서 6대 요소 가운데 가장 중요한 것은 반가치화와 반대각선화이다. 가로, 세로, 나열은 궁극적으로 이를 위한

---

1) 격자형식은 산의 등고선을 측정하는 데서부터 뇌의 주름살 구조를 파악하는 데도 응용될 만큼 그 적용범위가 크다.

준비단계라 할 수 있다. 정렬 또는 나열을 하는 이유는 경위를 알아보기 위해서이다. 이들 요소들 때문에 칸토어는 보이스–레이몬드를 제치고 대각선 논증의 원조가 된다. 그런데 이러한 반가치화는 역에서 가장 중요하고도 흔한, 아니 필수적으로 갖추어야 할 요소 가운데 하나이다.

역도易圖의 변화와 6효의 효변과 같은 것도 모두 이와 연관이 되기 때문이다. 즉, 다음에 말할 효와 괘의 변화 관계를 의미하는 효변술 가운데 하나인 응·비·승·승도 바로 가치와 반가치의 문제에 해당한다. 반대각선화가 역에서는 도상의 변화에 결정적으로 중요하다. 대각선의 위치와 그 존재 여부가 바로 대각선화와 반대각선화의 문제이기 때문이다. 반가치화는 복희64괘도를 문왕64괘도로 바꾸는 데 결정적인 역할을 한다. 그리고 하도에서 낙서, 다시 낙서에서 정역도로 변하는 전 과정이 모두 반가치화와 반대각선화의 문제이다. 그래서 사이먼스가 분류한(Simmons, 1995, 29) 대각선 논증의 종류에 따라서, 역의 대각선은 어디에 해당하는가를 마야력에서 찾아내는 것이 이 책의 중요한 과제 가운데 하나이다.

'담김'과 '안담김'은 수가 인간에게 발생하는 근본적인 계기를 만든다. 손바닥 위에 '수 5'를 놓아 보라고 할 때, 먼저 할 수 있는 일은 5개의 감, 5개의 밥그릇, 5센티미터의 잣대 등일 것이다. 그러나 이것은 수 자체로서의 '5'는 아니다. 그러나 이런 예들이 없이는 수가 성립하지 않는다. 이렇게 자리, 즉 위位가 정해지면 다음 순서로 '5'라는 수를 추상하고, 그 다음은 '5'라는 개념을 형성한다. 대략 사람은 일곱 살 정도가 되어야 이것이 가능해지는데, 인지발달론자 피아제는 이 시기를 '구체적 조작기'라고 하였다. 계통 발생적 문명사관으로 보면 기원전 5세기에서 7세기, 이른바 차축시대에 해당한다.[2] 개체발생적으로는 7세가 구체적 조작기이지만 계통발생적으로는 기원전 7세기경이 이에 해당한다. 인간의 이성과 합리적 정신이 눈뜨기 시작하는 시기이다. 그런 의미에서 역의 철학적 면모는 구체적 조작기에 와서야 가능해졌다고 할 수 있다. 다만 지역에 따라서 연대 차이는 있을 수 있다. 역이 처음에는 복사卜辭에 의하여 이런 조작을 못하였지만, 인지의 발달로 이진수가 등장하면서 가능해졌다.

여기서 체體와 용用의 유래에 대하여 한 번 생각해 보자. 체는 반드시 어느 위치를 차지하고 있어야 한다. 담김과 안담김은 작용이다. 어느 위치에 들어가 담길 때 기호는 양(—)이고, 들어가지 않아 안담길 때 기호는 음(--)이다. 여기서 n개의 원소를 갖는 집합을 {n}이라고 하면, { }는 자리인 위를 표시하는 것이다. 위에 아무 것도 담기지 않음을 {∅}로 표시하고, 이를 몇 개냐의 수로 표시할 때에는 {0}이다. 전자는 위이고 후자는 수이다. n개가 '담김'과 '안담김'이란 두 개 모두가 아닌 위치 자체가 { }로 표시된다. 이는 수의 발생이 어떻게 시작하는가를 보여주는 것으로 매우 중요하다. 서양에서 칸토어의 집합론 이전의 유클리드가 왜 이런 발상 자체를 하지 않았는가는 의문이지만, 그 까닭은 공백의 두려움 때문이었을 것이다. 공백을 표시하면 그 자체는 있는 것이 되기 때문이다.

역과 현대수학의 집합론이 맥을 같이 하는 것은 바로 수數를 위位를 통해 이해한다는 점이다. 이 점에서 유클리드 수학과는 달랐다. 이에 대한 연습을 더한다면 다음과 같다. 바구니{ } 안에 사과가 3개 들어 있으

---

2) 구체적 조작기는 기원전 2000년쯤 청동기시대부터 싹트기 시작하여 차축시대에 이르러 절정에 이르게 된다.

면, 사과 3개가 {바구니 속에 담겨 있다}고 해야 하고, 만약에 들어 있지 않으면 이 경우에도 사과 0개가 {바구니 속에 담겨 있다}고 해야 한다. { }에 담기는 경우, 3개가 담기는 경우나 0개가 담기는 경우나 모두 '담김'이란 작용 그 자체는 같다. 0을 나타내는 한자 '영零'은 '비울 영' 또는 '나머지 영'으로, 반드시 '비운다'와 같은 언어, 즉 말의 작용이 따라야 한다. '0'이란 이와 같이 "비울 때 나머지가 하나도 없다"가 "있다"는 뜻이다. 다 비워도 빈 바구니 자체는 남는다가 바로 0이다. 이렇게 다 비울 때 남는 빈 바구니에 담긴 0을 {0}으로 표시해야 한다는 것이다. 적어도 이 정도의 수에 대한 이해를 해 두지 않으면 역수의 개념을 바로 이해할 수가 없다. 담김이 양으로 안담김이 음으로 발전하기 때문이다. 수를 비울 때 위가 남으면, 그때의 위도 수로 표시해야 한다는 것이 역의 입장이고, 이는 후대에 석합보공론析合補空論으로 발전한다.

이들 괘수의 생성작용을 효위에 연관을 시키는 것이며 역의 진정한 출발은 이제부터이다. 하나의 괘 안에 여섯 개의 효들이 차지하는 위치는 다음과 같다. (도판1)

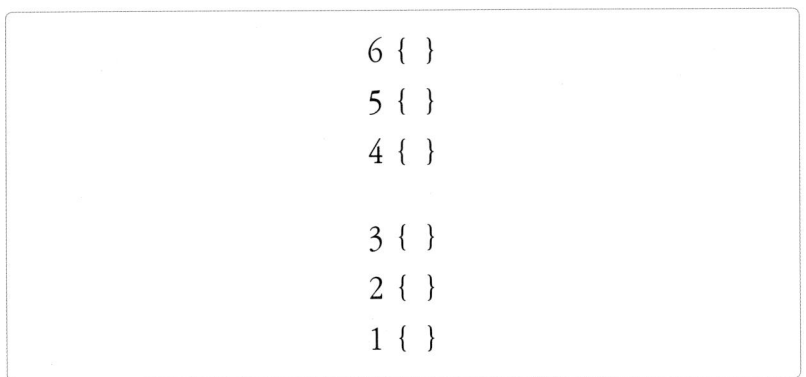

(도판1) 괘의 수와 위

역을 공부하기 전에 위의 수 옆에 있는 빈칸을 의식하는 것은 필수이다. 막연한 공백으로 생각해서는 안 된다. 스테판 카세르는 이 빈 공백을 두고 '원형적 순간archetypal moment'이라고 하였다.(Karcher, 2003, 300) 아래로부터 위로 셈하여 올라가는 '공백empty space'이라고 생각해야 한다. 정인들이 점을 쳐서 얻어지는 복사로 채워야 할 공백이다. 이 공백은 자기 자신의 비어 있는 마음 자체이다. 먼저 이것이 전제되어야 한다는 것이다. 이러한 공백에 대한 이해는 오히려 최첨단의 과학자들에게 와서야 인지되기 시작하였다.

칸토어의 집합론에서는 { }의 빈 공간 안에 아무 것도 들어가지 않는 위치 자체를 {∅}로 표시해야 한다. 이를 공집합null set이라 한다. 이는 마치 역의 괘 배열 순서에서 말하는 좌우대정左右對貞의 형식과 같다고 할 수 있다. 멱집합의 이러한 이진수 논리가 아니면 멱집합이 만들어질 수 없듯이, 64괘 역시 이런 좌우대정의 논리 없이는 괘들의 형성 자체가 불가능하다.

'좌우대정'의 논리란 다음과 같다. 복점卜占을 할 때 거북 껍질에 적는 좌우의 질문이 다르다. 즉, 왼쪽에는 "비가 오겠습니까?"라고 묻고, 오른쪽에는 "비가 오지 않겠습니까?"라고 묻는다. 직감적으로 이상하지 않는가? 즉, 왼쪽의 물음에서 "비가 온다"라는 답이 나오면, 그 반대를 "비가 오지 않음"의 답으로 여기면 될 것을, 구태여 반대되는 물음을 따로 적은 오른쪽 칸을 만들 필요가 있었을까? 이것은 전자인 유를 표시한다면, 그 반대인 무도 표시해 주어야 한다는 것과 같다. 이는 마치 현대 집합론에서 공집합을 따로 표시하는 것과 같다고 할 수 있다. 또 사과가 0 개 {바구니 속에 들어 있다} 하는 것과 같다. 오른쪽에서 "비가 오겠습니까"라는 질문에서 '예'와 '아니오'라는 답이 나오면 비가 오고 안 오고는 결정이 나는데, 구태여 왼쪽에서 "비가 오지 않겠습니까"를 물을 필요는 없을 것 같이 보이지만, 사정은 그렇지 않다. 전자도 표시를 해주고, 후자도 표시해 주어야 하는 이유는 표시 방법이 다르기 때문이다.

좌우대정법을 공자는 〈계사전 상〉에서 태극이 음양을 낳고 음양이 사상을 낳고 하는 식으로 논리화하고 철학화하였다. 양이란 가닥이 음양으로, 음이란 가닥도 음양으로 나누어지는 방법은 현대 집합론의 멱집합을 만드는 원리와 같다. '비가 온다'는 1로, '비가 오지 않는다'는 0으로 보아, 이를 이진수의 원조라고 한다면 오류이다. 차라리 멱집합의 원조라고 하면 맞다. 멱집합에서 말하는 집합의 '전부분집합'과 '공집합'이 1과 0의 관계라 보면 된다.

유클리드 수학에서는 바로 이러한 복점의 원리를 무시하였기 때문에 2,500여년 동안 0이란 숫자의 존재를 인정하지 않았던 것이다. 긍정의 부정을 부정으로 생각하였기 때문이다. 그러나 1과 마찬가지로 0도 독립된 수이다. 아니 공집합에서 만물이 유래하고, 수 1도 공집합 없이는 형성될 수조차 없다. 공집합 {0}도 하나의 집합이다. 다시 말해서, '없다'는 것은 있는 것에서 비우는 것이다. 그러면 다 비우고 나면 0이란 집합 {∅}이 남는다. 이것이 집합론이 수를 이해하는 방법이다. 그러면 공집합 {∅}을 수로 표현하면 {0}이 된다. 전자는 위, 후자는 수라고 하면 역과 대화의 문이 열린다. 윷놀이에서 '모'는 위는 없으면서 수만 있는 경우이다. 역설적이지만 '공집합의 집합'이 가능해지며, 이는 { }와 구별하여 {∅}로 표시한다. 좌우대정의 논리란 바로 이러한 공집합의 논리를 두고 말한다. 이러한 좌우대정 없이는 괘들이 만들어질 수 없다.

이진수는 0을 전제하지 않으면 불가능하다. 고대 이집트에도 0이란 개념이 없었다. 이 개념은 인도에서 전해졌다고 한다. 아라비아숫자도

인도에서 처음 만들어졌으나, 이것이 아라비아를 통해 서양에 알려졌기 때문에 '아라비아숫자'가 된 것뿐이다. 그런데 인도인들이 0을 최초로 발견한 것은 아니다. 지금까지 연구된 바로는, 고대 마야인들이 인도인들보다 무려 수 세기 전에 0을 알고 이를 응용할 줄도 알았다고 한다. 그러면 마야인들은 어디서 이 개념을 가져왔을까? 이것은 앞으로 연구과제라 하겠다. 아무튼 0의 발견은 인류문명 발달에 지대한 공헌을 하였다. 다시 강조하면, 0은 수의 문제가 아니고 멱집합의 문제이다. 담김과 안담김의 문제라는 것이다.[3]

   위의 내용을 종합할 때, 0은 세 가지 큰 의미를 갖는다. 1. 없다, 2. 기준점, 3. 빈자리이다. 여기서 '없다'를 나타낼 때는 {0}으로, '빈자리'를 나타낼 때는 {∅}으로 해야 한다. '기준점'이란 물이 어는 기준 온도를 0도로 하는 것 등이다. 수 '3'의 경우도 세 개가 담겨 있다와 3이 세 자리를 차지하고 있다고 해야 한다는 것이다. 0이 짝수냐 홀수냐고 할 때, 수학에서는 일단 짝수라고 약속을 해 둔다. 왜냐하면 0을 2로 나누면 나누어 떨어지기 때문이다. 그러나 0은 홀수로 나누어도 떨어진다. 그래서 0을 짝수라고 하는 것은 하나의 약속일 뿐이다. 서양에서는 0이 다른 수보다 300년 뒤에 나타난다. 그레고리역의 바탕이 된 율리우스역(기원전 46년에 제정)에 0이 없어서, 예수가 태어난 해를 0년이라 할 수가 없었고, 0세기도 불가능해 세기를 셈하는 것이 실제 해보다 1이 늦다.

---

3) 그런데 고대 동북아 일대에서는 정인들이 좌우대정법을 통해 0의 사용법을 알고 있었다. 그것은 '아니다' 또는 '없다'도 표시해 주어야 한다는 필요성 때문에 영零 개념이 등장한다. 요약하면 '바구니 속에 3개의 사과가 들어 있다'를 {3}으로 표시해 주어야 하듯이, 아무 것도 없을 때에도 {0}으로 표시해 주어야 한다는 것이다. 이는 수를 이해할 때 반드시 수와 수가 차지하는 위를 고려해야 한다는 의미이다. 0으로 곱해도 나누어도 모두 0이 되는 이유는, 0은 위치를 차지하고 있을 뿐이기 때문이다. 수만이 셈을 할 수 있다는 말이다. 그러나 위 없이 수도 없다.

그래서 2000년대가 '21세기'가 되는 것이다.

그러나 동양에서는 설령 0이란 기호는 없었지만, 역에서 수를 자리와 수로 나누었다는 것은 0을 인식하고 있었다는 말이 된다. 역의 기본 골격은 한마디로 빈자리를 표시해 준다는 것이라고 할 수 있다.

서양 학자로서 역의 이진법을 제대로 알고 파악한 사람은 마틴 가드너였다. 그는 1966년 3월 {미국과학*Scientific American*}에 기고한 글에서 x와 y의 부분집합을 음과 양으로 아래 그림과 같이 나타냈다.

가드너는 트럼프 카드를 사용해서 '담김'과 '안담김'이란 이진법으로 나누고, 이를 부분집합의 원소로 만든다. 다시 말해서 흰 카드는 부분집합의 원소가 되는 경우(—), 즉 담기는 경우이고, 회색 카드는 그렇지 않은 경우(--)이다. 그러면 두 개의 원소 x와 y로 만들 수 있는 부분집합은 네 개이고, 이는 사상에 해당한다. 역의 음양 역시 가드너가 이해하였듯이 부분집합의 담김과 안담김으로 파악한다는 것이다.

조지 부울(Georg Boole, 1815-1864)도 이를 이해하지 못하였다. 0과 1을 한갓 부호로만 생각하였다. 나중에 칸토어에게 와서 멱집합을 만드는 과정에서 역의 담김과 안담김으로 부분집합을 만드는 기법을 알게 된다.

칸토어가 이진수를 부분집합과의 관계에서 이해한 것

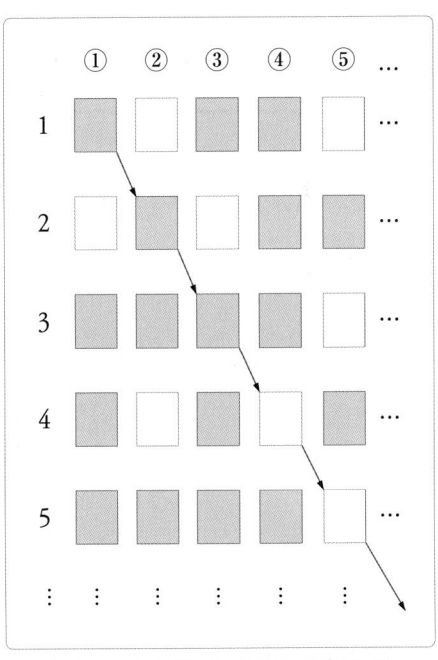

(도판2) 가드너의 카드로 본 대각선 논법
(Gardner, 2001, 331)

은 큰 소득이며, 바로 이 경우에 한하여 역과의 일치점을 찾을 수 있다. 그래서 부분집합과 집합을 구별하여 멱집합을 만든 것은 19세기 칸토어의 공로로 돌리지 않을 수 없다. 칸토어는 라이프니츠가 간과한 것을 본 것이다. 그는 나아가 라이프니츠가 보지 못한 역의 대각선 논증까지 보았다. 그러나 집합론과 대각선 논증은 사촌간이라 할 정도이다. 집합론에서 집합과 원소를 나누는 것은 필수이고, 그 이유는 명패와 물건, 즉 세로와 가로이기 때문이다.

가드너는 (도판 2)에서 칸토어의 대각선 증명을 무한 카드 집합을 사용해 알기 쉽게 설명한다. 이제 위 (도판2)에서 x와 y를 가로줄 우측으로 무한히 나열해 나간다고 하자. 그러면 세로줄은 1, 2, 3, …과 같이 위에서 아래로 무한히 나열된다. 이렇게 무한히 나열하면 무한 부분집합을 얻을 수 있을까? 그렇지 않다는 것이 대각선 증명의 결론이다. 다시 말해서, 위 그림의 목록에 들어가지 않는 카드 목록이 반드시 하나는 있기 때문이라는 것이다.

이제 들어가지 않는 목록이 있다는 것은 반가치화와 반대각선화를 통해 쉽게 판명난다. 즉, 위 그림의 화살표를 따라 나열된 대각선상에 있는 카드를 차례로 뒤엎어보라는 것이다.(반가치화) 그러면 하얀 것은 회색이 되고 회색은 하얀 색이 될 것이다. 양은 음이 되고 음은 양이 되는 반가치화가 일어난다. 그러면 새로운 대각선이 생긴다. 이 새로 생긴 대각선을 가로로 바꾼다. 이를 '반대각선화'라 한다. 이 새로 생긴 대각선은 절대로 부분집합일 수 없다. 왜냐하면 그 첫 번째 것은 부분집합의 첫 번째 카드가 아니기 때문이다. 그 이유는 모두 반대로 뒤엎었기 때문이다. 두 번째 것은 부분집합의 두 번째 카드가 아니다. 이를 일반화시켜 말하면, n번째 카드는 n이란 부분집합의 n번째 카드와 항상 다르다와 같다. 한 번 카드를 윷가지라고 생각을 해보자.

 네 개의 윷가락을 던져 도, 개, 걸, 윷, 모의 다섯 가지 가능성을 만들어 윷판 위로 말들이 달리는 걸 보며 흥미를 갖는 것은, 그 예측 불가능성 때문이다. 말이 달릴 수 있는 길은 네 가지이다. 그러나 말이 나아가는 길에 따라 적중하는 윷가락이 나와야 한다. 너무 잘 나와도 너무 못 나와도 안 되는, 그야말로 '적중성'이 윷놀이 승리의 관건이다. 마지막 출구까지 다 와서도 상대방에게 잡힐 수가 있기 때문이다. 그래서 윷놀이 규칙은 예측 불가능성과 적중성에 있다고 정리할 수 있다. 이는 윷놀이 경기규칙이 현대수학의 진수를 그대로 담아내고 있다. 먼저 도를 보자. 도는 네 개의 윷가락 가운데 한 개가 '펼침'이고 세 개가 '덮임'이다. 개는 두 개가 펼침이고 두 개가 덮임이다. 걸은 세 개가 펼침이고 한 개가 덮임이다. 윷은 네 개 모두 펼침이다. 그리고 모는 네 개 모두 덮임이다.

 이러한 가드너의 카드를 윷놀이 규칙에 응용하면, 우리 한국인들은 대각선 증명을 한층 쉽게 이해할 수 있다. 먼저 윷놀이 규칙을 만드는 원리를 보면, 현대수학의 집합론 그 자체임을 알 수 있다. 여기 두 개의 그릇 A와 B가 있다고 하자. 그릇 A에 윷가락 네 개를 모두 넣어두고 다른 그릇 B는 비워 둔다. 이제 A에서 B로 윷가락을 옮겨 담는다고 하자. 옮겨가는 것을 위에서 말한 '담김'이라 하고, 남아 있는 것을 '안담김'이라 하자. 물론 윷에서 전자는 윷가락의 펼침이고, 후자는 덮임이다. 먼저 두 개를 A에서 B로 옮기면 그것이 개이다. 그러면 나머지 두 개는 A에 남는다. 두 개를 옮기면 개, 세 개를 옮기면 걸이다. 네 개 다 옮기면 윷이다. 그런데 윷의 경우, A에는 남는 것이 하나도 없다. 하나도 없는 것을 집합론에서는 '공집합'이라고 하며 {∅}로 표시한다. 펼침에는 반드시 덮임이 있어야 하기 때문에, 윷의 경우도 그것을 어떤 모양으로든 표시를 해야 한다. 역설적이게도 그것이 공집합 모이다. 덮임에는 점수를 주지 않는다는 규칙에 일관성을 가지려면, 모는 0점이어야 한다. 그러나 5점이다. 다시 말해서, 아무 것도 없는 공집합은 네 개 윷가락 모두인 '안담김의 담김'이다. 이는 바로 역설적 표현이다. 앞으로 말할 위상학에서 '안비틈의 비틈', 그리고 거짓말쟁이 역설에서 '참말의 거짓말'과 같은 논리적 구조를 갖는다.

집합론에서는 {0}도 한 개의 집합이기 때문에, 이를 '공집합의 집합'이라고 하여 {∅}로 표시한다. 이 '공집합의 집합'이라는 것이 다름 아닌 숫자 1이다. 수 '1'이 이렇게 탄생한다. 손가락으로 셈을 할 때 엄지 하나를 꺾어 '1'이라 할 때, 그 배경에는 손가락 다섯 개가 먼저 펴 있어야 하는 것과 같다. 그러면 {∅}와 {1}이 두 개, {∅, 1}이 두 개가 되어 숫자 '2'가 탄생한다. 유클리드가 이 사실을 몰랐다. 아니 외면하였을 것이다. 그 이유는 공집합에 대한 두려움 때문이었다. 수가 이렇게 탄생한다는 사실을 서양이 알게 된 것은 19세기 말 무렵 페아노와 칸토어 같은 수학자들로부터이다.

동양의 역학은 윷놀이에서 윷가락의 펼침을 양이라 하고 덮임은 음이라고 한다. 그렇다면 도는 1양3음, 개는 2양2음, 걸은 3양1음, 윷은 4양이다. 그리고 모는 4음이다. 그렇다면 음양상보 원리에 의하여 윷과 모는 하나일 수밖에 없다. 다시 말해서, 윷과 모는 다 같이 4양4음이어야 한다. 이는 '공집합'과 '공집합의 집합'의 관계와도 같다. 이렇게 음과 양이 서로 보합하는 것을 두고 '석합보공析合補空'이라고 한다. 도, 개, 걸을 보면 양이 증가하면 음이 감소하고, 음이 증가하면 양이 감소하는 석합보공은 역학이 성립하는 기본원리이다. 석합보공에서는 상수값 k

가 중요하다. 그것이 10일 수도 5일 수도 3일 수도 있다. 상수값에 따라서 음양의 양이 달라지기 때문이다.

한 집합 속의 담김의 수를 집합론에서는 '농도濃度'라고 한다. 어느 집합 속에 들어 있는 원소의 양을 기수cardinality라고 하나, 칸토어의 집합론에서는 이를 농도라고 한다. 어느 한 집합 A의 농도를 $x=(x, y, z)$라 적고, 이 집합 속에 들어 있는 원소의 수 3을 이 집합의 농도라 한다. 이를 n(A)=3으로 표시한다. 'n(B)=4'라고 한다면 집합 B의 농도는 집합 A의 농도보다 크다고 한다. 이를 역에 적용하면, 사상 A, 팔괘 B, 64괘 C라할 때에 그것의 농도는 사상은 n(A)=2, 팔괘는 n(B)=3, 64괘는 n(C)=6이라 각각 표시할 수 있다. 이런 표현법을 통해 수천 년 역의 역사는 실로 칸토어의 집합론과 함께 진정한 진가가 발휘되는 순간에 서 있다고 볼수 있다. 라이프니츠는 이진수의 부호에만 사로잡혀 역의 이런 진면목을 보지 못해, 대각선과 멱집합을 간과하고 말았다.

이 책에서는 이러한 대각선 논법의 제 이론을 적용하여 동북아문명의 역과 마야력을 비교할 것이다.

제1장
우리 문명과 마야

1.1 마야와 '한'

마야 신의 명칭과 지명으로 본 '한'

'마야'라는 말은 우리 귀에 결코 낯설지 않다. 붓다의 어머니가 바로 '마야부인'이기 때문이다. 인도 범어에서 '마야'라는 말은 '우주의 기원 origin of the world', 혹은 '망상의 세계world of illusion'라는 뜻 이외에 '위대 함great', '재다measure', '마음mind', '마술magic', '어머니mother' 등 다양한 뜻을 갖는다.(Arguelles, 1987, 17) 순수한 우리말에서도 '엄마' 그리고 무엇을 재고 측정하는 말로서 '마' 등이 있다. 이는 불완전 명사로서 '얼마' 등에 남아 있다. 우리나라 향가에서 '마'는 불완전 명사로서가 아닌 옹근 명사로서 도수를 의미하는 '현마, 명마, 언마' 등으로 쓰이고 있다.[1]

이러한 우리 말 '마'를 고대 수메르어 '메ME'에 연관시킨 적이 있다. 수메르어에서 '메' 혹은 '마'는 반드시 신과 연관이 되는 말로서 신이 세상을 다스리는 기준, 척도 혹은 잣대와 같은 것으로 수메르 신들은 수많은 메 혹은 마를 자기 손에 들고 있다.(김상일, 1987, 388) 바로 수메르어의 '마' 혹은 '메', 그리고 우리 말 '마'가 중앙아시아 인디언들이 사용하던 '마야'라는 말에 접근한다. 더 확실한 근거를 우리는 더 많은 예에서 찾을 필요가 있다. 이러한 근원에 대한 비교를 통해 우리는 궁극적으로는 마야인들이 사용한 역법曆法이 동북아의 역학과 어떤 연관이 있는지의 근거를 찾을 수 있을 것이다.

마야 연구 학자 칼레만은 라이스의 말을 인용하여 'Maya'라는 말은 시간적으로 달력의 오월을 의미하는 'May'와 어원이 같다고 한다. 그 의미는 '13 카툰의 주기cycle of thirteen katuns'라고 하면서, 이는 곧 '13카

---

1) 예를 들어 "조고매도 머무디 아니 하도다.(不小留)"에서 '매'가 측정을 의미하는 말이다.

툰 주기의 사람들the people of the cycle of the thirteen karuns'과 같다고 했다. 그리고 그 공간적 의미는 '동서남북 사방의 사람들the people of the four directions'이라고 했다.(Calleman, 2009, 36) 칼레만의 견해에 의하면 '마야'라는 말은 시공간 모두에 해당되는 말로서 시공간을 두루 측정하는, 그리고 셈하는 언어인 것이다. 이것은 정확하게 수메르어와 한국어의 그것이 일치함을 보여준다. 삼국유사에도 신이나 왕만이 금척金尺golden measure이라는 삼각자를 들고 우주와 시간의 도수를 재고 있다.

　아래 그림은 뒷 배경의 흑암 세계에서 우주가 창조되는 모습을 그린 것이다. 마야의 중부지대에서 발견된 것인데 세 명의 신들이 흑암에서 우주를 창조할 때에 사물을 측정하는 끈을 사용하여 그 도수를 측정하고 있는 모습이다. (도판3)

　각각의 끈은 모두 중앙에 있는 신의 머리 위에 와 매듭을 만든다. 여기서 주요한 것은 끈이 가로와 세로를 만들어 사각형을 형성하고 있다는 점이다. 위 가로줄에 있는 끈은 좌우로 나뉘어 아랫부분에 있는 좌

(도판 3) 마야의 세 신들과 사물을 측정하는 끈(Benedict, 2010, 152)

우 두 신들의 손에 와 닿는다. 우측 신의 오른손과 좌측 신의 왼손에 와 각각 닿고 있다. 이 좌우의 끈이 모두 중앙의 신 머리에 와 매듭을 만들고 있다. 여기서 뚜렷이 보이는 것이 우주 창조 과정에서 세 신들이 서로 흑암의 무질서에서 우주 질서를 도출해 낼 때에 끈을 통해 측정하는 방법을 사용하고 있다는 것이다.

여기서 세 신을 각각 은유적으로 단군, 환웅, 환인에 비정할 때에 단군이 당연히 중앙의 신이 될 것이다. 이러한 신화가 삼국유사의 금척 신화와 연관이 될 것이다. 김시습은 그의 '징심록추기澄心錄追記'에서 조선의 태조 이성계에게 신인이 꿈에 나타나 금척을 주어 그것을 받아 왕이 되었다고 한다. 우리말에서 '마'는 '위대함great'도 포함돼 있어서 임금을 '마마'라고 하였으며, 신라에서는 눌지가 이사금을 죽이고 '마립간'이 된다. 그래서 '마'는 왕에게만 붙이는 칭호이다. 이러한 기록들을 보면 '마'는 사물을 측정하는 잣대와 같은 것으로서 고대 마야 사회와 한국에서는(수메르까지 포함하여) 공히 혼돈에서 질서를 만드는 신들이 금척과 같은 사물을 재는 도구를 가진 자들이었다. 하늘의 운행도수를 재는 도구를 두고는 '선기옥형'이라고 한다. 이에 대한 자세한 논의는 4장에서 진행될 것이다. 선기옥형의 재는 도구가 바로 위 도상에서 본 바와 같은 끈인 것이다. 드디어 현대 과학의 '끈 이론string theory'에 이르기까지 우주의 기본 질서는 가로와 세로로 된 측정 도구인 것이다. 이 측정 도구가 주요한 이유는 그것 자체로서 보다는 그것이 '대각선'이라는 제3의 선을 만들어 내기 때문이다.

이와 같이 '마야'라는 말은 우주의 도수를 재는 것과 그 의미를 같이한다. 라이스라는 학자는 '마야 정치학Maya Political Science'이라는 자기 책에서 마야의 모든 것 그 가운데서도 정치는 모두 마야의 달력과 깊은 관계가 있다고 했다. 다시 말해서 력曆을 아는 자가 정치를 지배했다는 것이다. 그래서 '마야'라는 이름의 유래는 결국 우주 달력에서 찾아 마땅하다는 것이다. 그렇다면 우리와 마야의 같고 다름은 두 문명권이 사용한 달력의 체제와 구조의 같고 다름에 있다고 해도 과언이 아니다. 마야를 연구한 학자 포르티야는 "중앙아메리카 사람으로서 존재하기 위해서는 하늘을 관찰해야 할 것이다"(애브니, 2007, 290)라고 했다. 애브니는 중앙아시아 사람들이 하늘을 관찰한 것에 대해서 말하기를 "우리는 그들에게 탄복하지 않을 수 없을 것이다."(같은책, 293) 그러나 이것은 단견이다. 만약에 애브니가 동북아로 눈을 돌렸더라면 마야인들을 말 그대로 뺨칠 정도로 하늘을 관찰한 사람들은 고구려인들이었다는 사실을 알고는 더 탄복했을 것이다.

각 민족 문화를 대표하는 말을 소위 '문화목록어cultural inventory'라고 한다. 일찍이 최남선은 '밝'이 우리 민족의 문화목록어로 보아 '불함문화론'을 1925년에 발표하였다. 그러나 우리나라 문화목록어는 밝이 주요하기는 하나 알·감·닥·밝·한의 순서로 전개되고 있다. 밝은 청동기 시대의 것이고, 가장 최근 철기 시대의 것은 '한Han'이다. 한은 전 세계 어디에나 퍼져 있는 넓은 범위를 차지하는 문화목록어이다. 한을 중심하여 마야 문명에서 동일한 혹은 유사한 문화목록어를 찾아보는 것은 두 문명 간의 동질성을 발견하는 첩경이 될 것이다.

먼저 마야 문명에 가장 주요한, 그리고 최초의 신은 강냉이 신인 '훈훈아푸Hun Hunahpu'이다.(Ancient Civilization, 594) 세계 언어의 공통적인 현상은 모음이 매우 불안정하다는 것이다. 그래서 아·이·우·에·오가 서로 자유자재로 서로 치환될 수 있다. 주요한 것은 자음이다. 여기서 '훈Hun'에서 고려의 대상은 H와 N이다. 일단 이를 HAN과 같은 문화목록어로 간주해 본다. 훈 훈아푸는 죽임을 당하나 그의 쌍둥이 아들에 의하여 다시 부활한다.

다음으로 한Han과 가장 접근하는 것은 마야 우주관에서 주요한 위치를 차지하고 있는 우주목Cosmic World Tree인 '훈압-쿠Hunab-Ku'이다. 문자적 의미는 우리 말 그대로 '한 분 주님One Lord' 즉, '하나님One Lord'으로서 음도 의미도 같다. '작용과 측정을 주관하는 한 분One Giver of Movement', '힘과 경계를 부여하시는 한 분One Giver of Energy and Boundaries'이다.

빛과 어두움, 양과 음을 좌우하는 존재로서 나선형 운동을 하는 것으로 마치 역의 태극도상을 복사해 놓은 듯한 것이 훈압-쿠이다.(Calleman, 2009, 11) 훈압-쿠를 두고 아르구에예스Arguelles 같은 마야 학자는 마야력이 역과 직접 연관이 된다고 단정할 정도이다. 음양과 사상과 팔괘를 판에 박은 듯이 그대로 그려내고 있고 있기 때문이다. 그러나 마야력은 한국의 정역과 그 구조에 있어서 같음을 증명해 나갈 것이다. 이에 대한 논의는 추후로 미루고 여기서는 '한'과 마야 문명과의 어원적 관계만을 더 언급해 두기로 한다.

마야의 수 가운데 4는 '칸Kan', 5는 '칙한Chicchan'이다.(Calleman, 2004, 13) 숫자 20마다에는 거기에 해당하는 신들이 있다. 그 가운데 5, 10, 15, 20번째에 있는 신들의 이름은 칙한, 옥OC, 멘MEN, 아하우AHAU이다. 그 중 칙한은 '특수 존재의 형상The Form

(도판 4) 훈압-쿠(Arguelles, 1996, 참고)

of Specific Being'이다. 본능, 자동적, 그리고 파충류적 뇌 구조를 가진 다.(Calleman, 1987, 103-5)

관광 명소로 알려진 아즈텍의 '테우티후아칸Teotihuacan'이란 도시는 '신들의 도시The City of Gods' 혹은 피라미드의 도시라고 할 정도이다. 이 도시 이름의 발음을 영어로 정확하게 표시하면 'tay-oh-tee-wah-KHAN'이다. 이 말의 뜻은 '신의 신성한 도시'이다. 아즈텍인들이 이렇게 부른 이유는 이 도시가 다섯 번째로 창조된 태양의 신화와 연관이 된다고 생각했기 때문이다. 그 다섯 번째 태양의 시대가 바로 우리가 사는 시대이다. 네 번째 태양의 시대에 살던 사람들 가운데 살아남은 자들이 이곳에 모여 세운 도시가 바로 '테우티후아칸'이다.

이 말의 주요한 음절은 마지막 '칸KHAN'으로서 아즈텍어로 '신들의 거처abode of gods'이다. 여기서 신은 KHAN이다. 이 도시를 방문하면 마치 만주의 집안 부근의 무덤들이 군집해 있는 지역과 신라 경주의 왕릉 지대에 온 듯하다. 크고 작은 피라미드들이 광활한 들판에 즐비해 있다. 그런데 여기서 주요한 것은 신의 이름이 칸이라는 점이다. 그래서 이 도시의 이름을 '신들의 처소'라고 한 것이다.(Teotihuacan, 1973, 14) 이 밖에 마야 명칭에 연관하여서는 이어지는 장들에서 내용 설명과 함께 추가로 소개해 나갈 것이다.(도판 5)

마니산 참성단의 5, 13 그리고 19수

마야력의 대표적인 세 수들인 13, 18(19), 20수 등은 주역에 흔히 나오는 수가 아니다. 그런데 우리 문화 전통 속에서는 흔히 보이는 수들이다. 다음에 말할 윷판과 윷말은 말할 것도 없고, 강화도 마니산Mani mountain에 있는 참성단塹城壇 석축 계단들의 층수 속에서 우리는 13과

19를 쉽게 발견할 수 있다. 지금 돌담들은 허물어져 가고 있는 참성단에 인류 문명의 귀중한 암호code가 숨겨져 있다. 마야의 역수를 결정하는 5, 13, 그리고 19라는 숫자를 참성단에서 발견할 수 있다. 아래 참성단 돌담의 층수를 세어 보면 거기서 우리는 이들 수들을 확인할 수 있다는 것이다.(최동환, 2001, 35)

즉, 참성단을 상부와 하부로 나눌 때에 마야의 피라밋과 일치되는 곳을 발견할 수 있다. 상부 구조 정면 계단 수가 19이고, 이를 둘러싸고 있는 삼면의 석축 층수도 19이다. 13은 정면의 석축 층수에서도 확인되고 정면 좌측의 석축에서도 확인이 된다. 하부에는 계단이 세 개가 확인되는데 그 세 개는 각각 1, 3, 그리고 5이다. 이들 수 역시 마야 수에서 주요한 수이다.

석축의 하부ground는 숫자 0과 같다. 인류 문명사에서 0을 제일 먼저 사용한 종족은 마야로 알려져 있다. 상부에서 1, 3, 5가 시작되는 것으로 보아 하부는 0이라고 할 수 있다. 이 하부에는 세 곳에서 뚫려져 있다. 서양에서도 점차로 0층을 ground라고 하는 경향이 있다.

이것은 유카탄 반도의 치첸이샤에 있는 천문대인 동시에 피라미드인 카로콜과 그 구조에 있어서 같다. 세 개의 열린

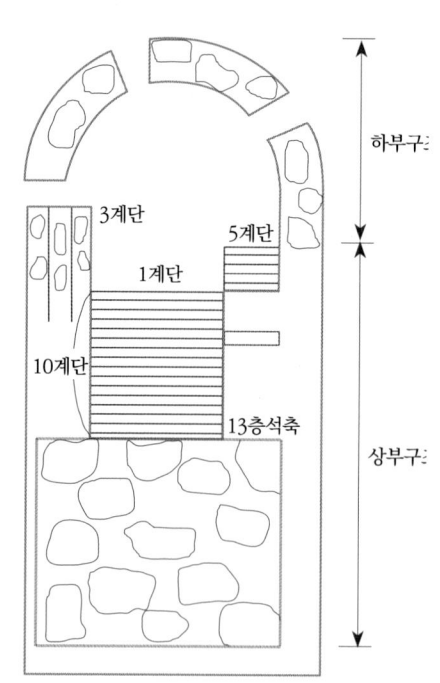

(도판 5) 참성단 석축(최동환, 2001, 35)

구멍 가운데 하나는 남으로, 다른 하나는 월몰시 최북선, 다른 또 하나는 춘분의 일몰시 관측을 하는 곳이다. 치첸 이샤 쿠쿨칸 피라밋에 방울뱀의 모양을 한 그림자가 13개를 만드는 순간도 바로 춘분 때이다.

이렇게 참성단은 상부와 하부 구조 모두에 마야의 피라미드와 그 구조를 형성하는 수에 있어서 일치하고 있다. 주역에서는 쉽게 발견되지 않는 이들 수들이 우리 문화와 문명의 기층에서 발견된다는 것은 양자 사이의 깊은 관계를 암시하기에 충분하다고 본다. 그러나 두 문명 사이의 합일점은 더 구체적인 데서 나타나야 할 것이다. 그것은 바로 윷놀이이다. 이들 숫자들은 윷놀이 혹은 사희柶戲로 알려져 있고 윷판은 사평도柶枰圖라 한다. 놀이 문화 연구 학자들은 한국의 윷놀이가 인류 놀이 문화의 원형이라고까지 하면서 전 세계에 이와 유사한 놀이가 발견된다고 한다.

다음으로 마야력의 구성수인 13, 18, 20과 가장 밀접한 관계를 가지고 있는 것은 선기옥형璇璣玉衡 혹은 혼천의渾天儀이다. 마야의 구성 '수들의 수레wheel of number'가 갖는 순환 구조까지 같은 것이 선기옥형이다. 순왕이 만들어 사용했다고 하는 선기옥형을 마야인들이 가지고 와서 중앙아메리카에서 사용한 것이 아닌가 착각할 정도로 선기옥형과 마야의 구성수들은 일치하고 있다. 먼저 윷놀이부터 시작하여 선기옥형에 이르기까지 순서대로 마야수들을 여기서 찾아 나가기로 한다.

1.2 마야수와 한국의 사희柶戲

마야의 셈법과 역의 셈법의 비교

마야인들은 수를 수로서만 보지 않고 어느 한 수數에는 반드시 거기에 대응하는 위位, 즉 자리가 있다는 사실을 알았다. 이것은 역의 그것과 일치하는 부분이다. 양자는 모두 수와 위를 동시에 생각한다는 것이다. 이것은 고대 바빌로니아와 그 이전의 수메르 인들의 수이해 방식과도 일치하는 것이다. 지금 우리가 사용하는 아라비아 숫자는 좌측에서 우측으로 수의 자리가 이동하면서 10배씩 증가하는 반면에, 마야의 수 체계는 20배씩 증가한다. 지금까지 알려진 바로는 마야인들이 0을 처음으로 발견하였다고 한다. 그러나 만약에 사희가 먼저라면 한국인들의 놀이 문화 속에 0이 처음 등장하였다고 할 수 있을 것이다. 이를 증명해 나갈 것이다. 마야수에서 1은 점으로 나타내고, 막대기로 된 선은 5를 나타낸다. 마치 주판에서 상하로 나누고 위의 것은 5를, 아래 것은 1을 가리키는 것과 같다. 그래서 6은 막대기 하나 위에 점 하나를, 7은 점 둘을 첨가한다. 이는 주판의 셈법과 같은 것이다. 이는 손가락 5개를 기준으로 한 5진법이라 할 수 있다. 위에서 말한 20은 사실 위를 기준으로 한 진법이고, 수를 기준으로 한 진법은 5진법이다. 한문에서도 1-4까지는 수평으로 된 막대기를 사용하는 반면에 5는 '五'로 해야 한다. 역에서 생수(1-5)와 성수(6-10)를 나눌 때에 한 기법과 같아 보인다. 즉, 성수는 6=5+1, 7=5+2... 등과 같다.

지금 우리가 수를 사용하는 경우는 수가 좌측에서 우측으로 수직적으로 증가하지만, 마야인들의 경우는 수직적으로 밑에서 위로 증가한다. 이 점은 하나의 괘 안에서 효가 증가하는 방식과 완전히 같은 것이다. 점과 막대기는 수를 나타내는 것이고 위는 도상을 사용하였다. 1-20까지의 '위수位數'[2]는 신의 얼굴 아니면 그것의 대안적인 얼굴들을 사용하였다. 이는 역에서 수에는 반드시 상과 사가 따르는 것과 같다고 할 수 있다. 상象·수數·사辭의 트로이카가 역의 수 개념과 이해에도 그대

---

2) 수와 위를 구별하여 특히 위에 해당하는 수를 '위수'라고 하여 수와 구별한다.

로 적용이 된다. 아래 (도판 6)을 보면 마야인들이 역과 같이 수와 상징을 어떻게 일치시켰는가를 한 눈에 볼 수 있다. 즉, 아라비아 숫자 아래에는 그것에 해당하는 마야수와 그 아래에는 그 수에 해당하는 상징이 있다.

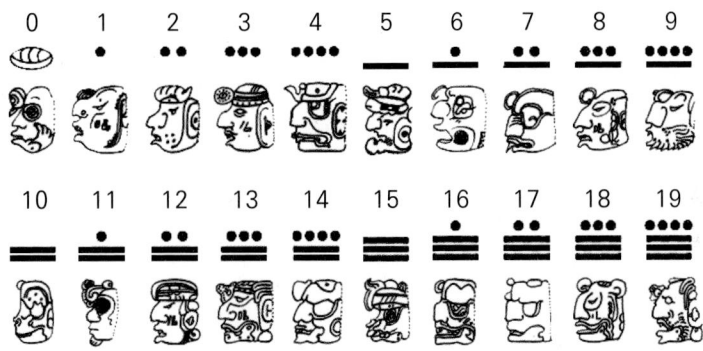

(도판 6) 마야의 수와 상(Douglas, 2009, 71)

모든 숫자는 신의 얼굴로 표시한다. 숫자 8은 옥수수 신이다. 10은 사람의 해골이다. 잘 비교해 보면 4는 14와 5는 15와 6은 16과…닮아 있다. 그렇다면 13까지가 숫자의 기본 형태임을 짐작할 수 있다. 그래서 13이란 수에서 다음 수로 확장된 것이라 추리할 수 있다. 《찰람 발람》 문헌 속에 "13이 그 때 7을 만들어낸다"(애브니, 2007, 315)라고 적혀 있다. 이는 앞으로 말할 사희판의 구조와 연관하여 매우 주요하다.

셈법에 있어서 가감승제가 마야 셈법에도 그대로 적용이 된다. 마야의 수 개념은 거의가 력법曆法에 관련된 것이다. 그런 의미에서 한국의 김일부가 역易은 력曆이라 한 것과 그 맥락을 같이 함을 암시하고 있다. 아르구에예스는 수란 순수 정신 구조 자체를 그대로 반영하는 것이라 한다.(Arguelles, 1987, 56) 그런 의미에서 마야인들은 자신들의 정신세계를 수, 즉 력법에 나타난 수로 표시했다. 다시 말해서 력법에 나타난 수를 보면 마야인들의 정신 세계를 알 수 있다는 것이다.

아르구에예스는 마야인들의 수를 구성하는 것을 두고 '마야 구성소The Mayan Factor'라고 했다. 구성소 가운데 대표적인 것이 13과 20이다. 다른 수들은 모두 이 구성소에서 파생된 것이라 해도 과언이 아니다. 앞으로 정역과 연관하여 이들 수들의 의미를 더욱 자세하게 파악하게 될 것이다. 이들 두 구성소는 가감승제를 통해 다른 수들을 도출해 낼 수 있다. 먼저 장주기 역법에 있어서 가장 핵심되는 수 260은 13×20=260에 의하여 계산된 것이다. 여기서 13은 수 그리고 20은 위수인 것을 항상 명심해야 한다. 그러면 13과 20은 어떻게 계산된 것인가? 13은 6+7=13에 의한 것이다. 7는 우주의 중심에 있는 수이고 7-1=6에서 6이 나온다. 그리고 1은 만물의 통일과 조화를 의미하는 수이다. 다시 말해서 전체수이다. 7에서 이러한 1을 감한 것이 6이다. 그런데 우리는 윷판의 중앙 수직과 수평축에서 13을 확인한다. 20은 13+7=20의 셈법에 의한 것이다.(같은책, 60) 그렇다면 여기서 나누기 셈법만 구사 안 된 가감승제의 계산법이 모두 등장하였다. 가감승제 가운데 가장 많이 사용되는 것은 승법이다. 정역에서와 같이 9는 기저 구성소base factor라 할 수 있다. 즉, 9×2=18, 9×4=36, 9×8=72 등과 같다.(같은책, 70) 이들 9 승법이 정역에서 얼마나 주요한 역할을 할지는 상상을 초월할 정도이다. 마야의 수 체계는 (도판 7)과 같이 20을 2진법적 곱하기 작용을 한 것이라 할 수 있다.

이러한 마야의 셈법을 두고 프랙털 셈법이라고 한다. 나누기 셈법은 수가 너무 커져서 다루기 힘들 때에 사용한다. 다시 말해서 마야인들은

승법으로 너무 커서 다루기 힘든
수를 나누기 셈법을 구사하여 '나
머지 수'로 큰 수를 대신한다. 명리
학에서 주로 사용하는 셈법으로서
이는 앞으로 선기옥형 등에서 천지
운행도수를 계산할 때와 마야의 장
주기법을 계산할 때에 매우 주요하
게 다루어질 것이다.

서양에서도 현대 수학에서 괴델
등에 의해 '나머지remainder'(mod)라
는 언어를 수에 도입하여 구사할

1
20
400
8000
160,000
3,200,000
64,000,000
1,280,000,000
25,600,000,000
512,000,000,000
10,240,000,000,000
204,800,000,000,000
4,096,000,000,000,000

(도판 7) 마야의 프랙털 셈법
(Arguelles, 1987, 56)

수밖에 없는 것은 그것이 동양의 역법과 마야에서 유래한 것이라 할 정
도이다. 실제로 괴델이 1930년 대 초에 괴델 증명을 할 때에 괴델수라
는 것을 구사할 때에 수와 기호와 언어를 일치시켰다. 이는 서양에서 수
에 언어[辭]가 개입된 계기이다. 괴델 증명 등에서 이 기법이 도입되어
불완전성 정리가 완성된 것이고 보면 마야인들과 동양인들은 수의 천
재들이었음이 분명하다. 이에 대한 자세한 설명은 력법 계산법에서 다
시 언급될 것이다.

마야 수 개념과 역

아르구에예스는 마야의 력법과 역이 일치함을 '2진 3단법binary triplet'
과 위에서 이미 말한 훈압 쿠에서 찾는다. 이 두 도상을 통해 마야인들
이 동북아의 역에서 그들의 력법을 가져온 것임을 확신한다. 그러나 아
르구에예스는 중국에서 역은 아직 력曆으로 충분히 발전하지 못했음을

알지 못했다. 그는 8괘와 64괘를 마야력과 일치시키는데 거의 무비판적이었다. 그가 동양에서 역이 어떻게 발전되었는가를 알기에는 그것이 너무 전문적이다. 역의 강물은 흘러 한국의 정역에서 비로소 역을 력으로 이해하게 된다.

고대 마야 멕시칸들이 그려 놓은 아래 판화는 '인식의 문door of perception'이다. 이를 일명 '3단2진법도'라 하며 이 말 자체가 그 구조를 잘 나타내고 있다. 이 인식의 문은 공자가 계사전 상 서두에서 말하고 있는 시생원리를 그대로 반영하고 있다. 즉, 시생원리란 "태극이 음양을 낳고 음양이 사상을 낳고 사상이 팔괘를 낳고…"를 두고 하는 말이다. 이는 훈압-쿠와 그 구조가 일치하는 것으로서 실로 마야 역법 연구

(도판 8) 인식의 문: 3단 2진법도(Arguelles, 1987, 31)

의 단서와 같고 나아가 동북아의 역법과도 그 상관성을 보여주는 것이라고 아르구에예스는 장담하고 있다.

여기서 2진법의 2란 음과 양을 의미하고, 3단이란 효가 발생하는 3단계를 의미한다. 다시 말해서 하나의 소성괘는 3단의 발생 과정을 거쳐 만들어진다. 64괘는 물론 2n에 의하여 n=6단계를 거친다. 아르구에예스의 말대로 공자의 시생원리를 이렇게 마야인들은 중앙아메리카에 가지고 가서 하나의 예술로 승화시킨 것인가? 우리의 마야 력법과 역의 그것과의 관계는 이렇게 인식의 문을 같이 들어가는 것으로 시작한다.

요약을 하면 2진3단법도는 몇 가지 점에서 역과 일치를 한다. 음과 양이란 2진법을 구사한다는 점, 밑에서 위로 향하는 수직적 방법으로 수가 발전한다는 점, 그 발전 방법이 3단으로 나누어 하나의 단위로 위로 상승한다는 점, 수와 위로 나누어 수를 셈한다는 점 등이 그것이다. 가히 이 정도라면 양자 간의 역사적 그리고 고고학적 증거를 구태여 제시하지 않아도 일란성 쌍둥이라 할 정도로 같다고 할 수 있지 않을까? 그러나 양자 간의 합치점을 주장하자면 그 이상의 증거를 제시해야 할 것이다.

마야 역을 거론함에 있어서 요체가 되는 것은 두말할 것 없이 왜 위를 20으로 수를 13으로 하느냐이다. 13이 기차라면 20은 기차가 지나가는 철로와 같다. 그래서 20을 위 그리고 13을 수라고 한다. 13과 20 그리고 18을 역, 나아가 정역에서는 이들 수들을 어떻게 볼 것인가? 이에 대한 대답을 하기 위해서는 먼저 간지법을 이와 연관하여 생각해 보지 않을 수 없다. 10천간 12지지와 연관하여 생각해 볼 수 있다는 것이다. 12지지라는 열차가 10천간이란 철길 위로 달리는 것과도 같다. 만약에 철길이 원환으로 되어 있다면 처음 출발한 역에 해당한 열차 칸이 일치되는 때가 바로 60갑자에 해당한다.

철길은 20을 마디로 한 역으로 나뉘고 그 위로 13개 칸의 열차가 달린다고 생각하는 것과 같다고 할 수 있다. 그렇다면 20은 위이고 13은 수라고 할 때에 이는 마야의 발상법과 같다고 할 수 있다. 다시 말해서 20과 13을 순열조합 시키는 방법이 천간지지법과 같다. 아래 두 도상은 13과 20이 서로 변환하는 관계 구조를 표로서 일목요연하게 만든 것이다. 좌측은 마야의 수로 우는 아라비아 수로 표시한 것이다.(같은책, 67)

만약에 천간지지를 이에 비유를 한다면 마야력은 260갑자라 할 수 있다. 역이 60갑자인 것은 10과 12가 서로 수가 되고 위가 되어 변환을 하고 있기 때문이고, 마야력이 260갑자인 것은 13과 20이 변환을 하고 있기 때문이다. 천간지지를 시간에 적용할 때에는 특히 '절기節氣'라 한다.

천간지지의 경우 12번째마다 기차역이 있다면 마야력인 '촐킨Tzolkin'

1	8	2	9	3	10	4	11	5	12	6	13	7
2	9	3	10	4	11	5	12	6	13	7	1	8
3	10	4	11	5	12	6	13	7	1	8	2	9
4	11	5	12	6	13	7	1	8	2	9	3	10
5	12	6	13	7	1	8	2	9	3	10	4	11
6	13	7	1	8	2	9	3	10	4	11	5	12
7	1	8	2	9	3	10	4	11	5	12	6	13
8	2	9	3	10	4	11	5	12	6	13	7	1
9	3	10	4	11	5	12	6	13	7	1	8	2
10	4	11	5	12	6	13	7	1	8	2	9	3
11	5	12	6	13	7	1	8	2	9	3	10	4
12	6	13	7	1	8	2	9	3	10	4	11	5
13	7	1	8	2	9	3	10	4	11	5	12	6
1	8	2	9	3	10	4	11	5	12	6	13	7
2	9	3	10	4	11	5	12	6	13	7	1	8
3	10	4	11	5	12	6	13	7	1	8	2	9
4	11	5	12	6	13	7	1	8	2	9	3	10
5	12	6	13	7	1	8	2	9	3	10	4	11
6	13	7	1	8	2	9	3	10	4	11	5	12
7	1	8	2	9	3	10	4	11	5	12	6	13

(도판 9) 20과 13을 순열 조합표

의 경우에는 20번째마다 기차역이 있다고 할 수 있다. 마야력에서는 이러한 역법의 주기를 '촐킨'이라 하며 역의 '절기節氣'에 해당한다. 촐킨과 절기는 시간의 주기를 나누는 단위이다. 아래 그림은 절기를 나누는 기차역 같은 것에 해당하는 마야 신의 얼굴상을 넣었다. 즉, 20개의 위에는 마야와 아즈텍의 신상을 부착해 두었다.

(도판10)에 의하면 세로는 20칸, 가로는 13줄이다. 세로 20칸은 위에서 아래로 수가 향하고 있으며 13단위마다 신상을 넣었다. 가로 13줄

Mayan Day Signs														Aztec Day Signs
Imix	신상	21	41	61	81	101	121	141	161	181	201	221	241	Cipactli
Ik	2	22	42	62	82	102	122	142	162	182	202	신상	242	Ehecatl
Akbal	3	23	43	63	83	103	123	143	163	신상	203	223	243	Calli
Kan	4	24	44	64	84	104	124	신상	164	184	204	224	244	Cuetzpallin
Chicchan	5	25	45	65	85	신상	125	145	165	185	205	225	245	Coatl
Cimi	6	26	46	신상	86	106	126	146	166	186	206	226	246	Miquiztli
Manik	7	신상	47	67	87	107	127	147	167	187	207	227	247	Mazatl
Lamat	8	28	48	68	88	108	128	148	168	188	208	228	신상	Tochtli
Muluc	9	29	49	69	89	109	129	149	169	189	신상	229	249	Atl
Oc	10	30	50	70	90	110	130	150	신상	190	210	230	250	Itzcuintli
Chuen	11	31	51	71	91	111	신상	151	171	191	211	231	251	Ozomatli
Eb	12	32	52	72	신상	112	132	152	172	192	212	232	252	Malinalli
Ben	13	33	신상	73	93	113	133	153	173	193	213	233	253	Acatl
Ix	신상	34	54	74	94	114	134	154	174	194	214	234	254	Ocelotl
Men	15	35	55	75	95	115	135	155	175	195	215	신상	255	Cuauhtli
Cib	16	36	56	76	96	116	136	156	176	신상	216	236	256	Cozcacuauhtli
Caban	17	37	57	77	97	117	137	신상	177	197	217	237	257	Ollin
Etznab	18	38	58	78	98	신상	138	158	178	198	218	238	258	Tecpatl
Cauac	19	39	59	신상	99	119	139	159	179	199	219	239	259	Quiahuitl
Ahau	20	신상	60	80	100	120	140	160	180	200	220	240	260	Xochitl

(도판 10) 13단위 마야 신상과 7주6야 (Calleman, 2004, 128)

은 백과 흑이 반복된다. 백은 낮 흑은 밤을 의미한다. 7주 6이 13을 만든다. 마야와 아즈텍의 13과 20의 수 이해 구조는 같으나 신상만 각각 다를 뿐이다.

애브니는 13과 20의 유래에 관하여 다른 발상을 한다. 즉, 그는 260 이란 수가 전제된 다음 이를 13으로 나누면 20이 되고, 20으로 나누면 13이 된다고 한다. 이 때에 260은 옥수수의 생산 주기이기도 하고 방울뱀의 산란 주기이기도 하다는 것이다. 그래서 그는 13과 20이란 수의 조합으로 260이 된 것이 아니고, 260이란 수가 먼저 전제된 다음에 13과 20이 거기서 파생되었다고 한다. 다시 말해서 마야인들은 자연의 생산 주기에서 260이란 수를 먼저 인식한 다음 그 다음으로 13과 20이 파생되었다고 보고 있다. 인간의 생체 주기 266일(정확하게 265.77일)은 마야인들의 촐킨이었으며 이것은 출산주기birthing cycle와 일치한다는 것이다.(애브니, 2007, 316) 그러나 260이란 수를 이렇게 자연의 출산주기와 일치시키는 것은 무리라고 본다. 왜냐하면 260은 근사값이지 정확한 값은 아니기 때문이다. 이 수를 별의 운행 도수에 적용한다고 할 때에 근사값으로 셈하기에는 무리라고 판단되기 때문이다. 그래서 우리는 한국의 사회로 가서야 이에 대한 정확한 답을 얻을 수 있을 것이다. 13, 18, 그리고 20을 한꺼번에 일관성 있게 설명해 낼 수 있는 것은 윷판인 사희판 뿐이기 때문이다.

위에서는 13과 20을 열차와 철도에 비유하여 설명하였다. 이번에는 이를 두 개의 수레바퀴에 비유하여 순환방향을 설명해 보기로 한다. 즉, 두 개의 시계 톱니바퀴로 비유하여 그 순환 방향을 알아보기로 한다. 주역의 원도는 64괘를 30과 34로 상·하경으로 나누어 서로 상반된 방향으로 순환하게 만든다. 하나는 순 방향(시계 반대 방향)으로, 다른 하나는 역방향(시계 방향)으로 배열을 한다. 마야 역에서는 13과 20으로 두 개의 바퀴를 만들어 서로 상반된 방향에서 움직이도록 한다. 이 때에 두 바퀴의 방향은 서로 반대이다. (도판11)

주역 상·하경은 30:34로 간지는 10:12로 비대칭이고 마야력은 13:18:20으로 비대칭적이다. 그러나 두

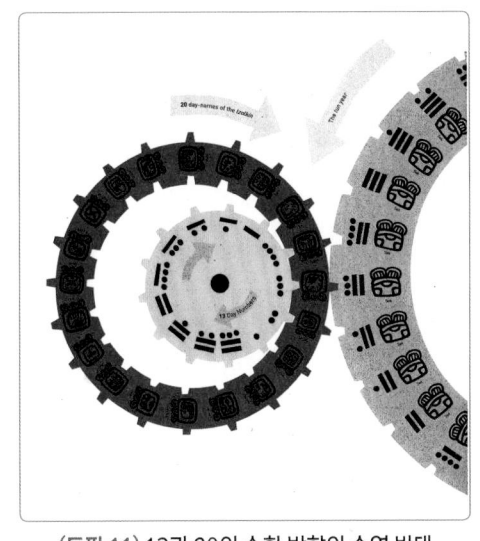

(도판 11) 13과 20의 순환 방향의 순역 반대
(Benedict, 2010, 24)

개의 수가 서로 순과 역으로 상반된 방향으로 운동한다는 점에서는 같다. 마야력은 세 수가 서로 맞물려 순환한다.

마야인들은 날을 '킨kin'이라 하고, 달을 '쿰쿠cumcu'라고 한다. 그들에게 1년은 18개월이고, 각 달은 20일이다. 그래서 1년은 360일이다. 그런데 여기서 우리의 관심과 주의를 요하게 하는 수가 있다. 그것이 바로 '5'이다. 5는 마야에서도 명패수이다. 대각선 논법의 세로는 '명패', 가로는 '물건'이라 한다. 5에 점을 더하여 수의 증가를 가능하게 만들기 때문이다. 수 5를 '우야엡Uayab'이라고 한다. 이 말의 의미는 '불행 unlucky'이다. 마야인들은 왜 이러한 불행한 숫자 5를 360에 첨가하여 365일을 일 년으로 삼았을까. 이렇게 마야인들에게는 260일과 365일의 두 가지 기수 연 체계를 가지고 있었다. 그것은 5가 갖는 대각선 논법 상의 의미 때문이다. 이에 대해서는《대각선 논법과 역》(2012, 지식산업사)을 참고하기 바란다.

중앙아메리카인들의 가장 공통된 단위는 '킨kin'이고 1이다. 킨은 태양을 의미하기도 하고 시간을 의미하기도 한다. 그리고 킨은 태양 주기 그 자체를 의미하는 전체로서의 수이기도 하다. 킨은 동사로도 사용되어 '라–킨lah-kin'이라고 하면 '태양과 동반한다'를 의미한다. 이는 마치 한국어에서 '날'이라고 하면 그것이 시간 전체를 의미하기도 하는 것과 같다. '날'은 마야어에서 '나르다'라는 동사적 의미도 함께 갖는다. 즉, 마야인들에게서 시간을 나르는 것 자체가 바로 '킨'이다.

제2장

마야수와
한국 놀이 문화

갓난아기로부터 성년에 이르기까지 우리들의 가장 보편적인 3대 놀이는 곤지곤지 잼잼, 공기놀이, 윷놀이일 것이다. 이 놀이들의 성격을 논리적으로 파악하여 이를 마야수와 연관을 시키는 것이 이 장의 목적이다. 칸토어의 대각선 논법 6대 요소라는 관점에서 관찰을 할 때에 이들 3대 놀이는 일관성을 보여주고 있으며 우리 민족의 고유한 사유 구조가 잘 반영돼 있다. 그리고 이것이 마야의 그것과도 일관성을 갖는다.

도리도리 짝짝궁과 곤지곤지 잼잼은 쌍벽을 이루는 동일한 놀이이다. 그러나 그 성격이 판이하게 다르다. 수의 전개 과정을 통해 볼 때에 전자가 집합에 해당한다면 후자는 멱집합에 해당한다. 이는 양자 간의 차이는 크다는 것을 보여주며 이러한 차이에서 2수와 3수가 가능하게 되었고 이어서 음양오행과 천간지지론으로까지 발전한다. 다음 공기놀이는 곤지곤지의 연장이다. 그 셈하는 규칙이 같다. 그리고 훈민정음의 창제 원리 역시 공기놀이의 규칙을 따른다.

우리 민족의 최대 놀이는 윷이다. 윷은 청소년기에 접어들어야 놀 수 있는 놀이이다. 그 이유는 윷판을 사용하는 방법을 알아야 하기 때문이다. 곤지곤지는 아무런 도구 없이 손가락으로만 가능하고 공기놀이는 공기알이란 도구가 있어야 하지만 윷놀이는 윷가지와 윷판이 필요한 놀이이다. 처음 두 가지 놀이는 피아제의 용어를 빌릴 때에 감각운동기 (0세-18개월)와 전조작기에 할 수 있는 놀이이지만 윷은 구체적조작기(7세)에 들어서서야 가능하다.

3대 놀이에서 마야수들을 확인할 수 있지만 마야의 구성수 13, 18, 20을 일괄적으로 일관성 있게 말할 수 있는 것은 윷을 통해서이다. 마야 구성수들을 생산주기와 연관을 시키기기도 하고 13과 20의 승수, 그리고 18과 20의 승수로 260과 360을 말하기도 한다. 그리고 순서를 바꾸어 260과 360을 나누기 하여 13과 18 그리고 20을 말하기도 한다. 그러나 한국의 사희로 돌아와 보면 이들 세 수들이 모두 사희판 속에서 일관성을 갖게 된다. 마야와 우리 고대 문명의 밀접한 연관성과 나아가 역과 마야력과의 관계를 말하기에 앞서 이를 한국의 놀이 문화와 연관 시키는 것이 좋다. 특히 단동십훈은 앞으로 마야력 이해에 결정적인 도움을 준다.

2.1 한국 놀이 문화와 마야 역

"세 살 버릇이 여든까지 간다"는 말은 세 살 때 배운 학습이 여든까지 간다는 말과도 같다. 우리 민족에게는 갓 태어난 아이에게 가장 먼저 가르쳐주는 말과 놀이가 있다. 그것이 바로 바로 '도리도리 짝짝궁'과 '곤지곤지 잼잼'이다. 5-6세가 되면 공기놀이를 한다. 청소년기 때부터 죽을 때까지 하는 놀이는 윷이다. 이 세 가지는 놀이인 동시에 고도의 학습이라 할 수 있다. 이들이 놀이라는 것은 알고 있지만 고도의 학습 과정이라고 하면 잘 납득할 수 없을 것이다. 그러나 이 세 놀이는 우리 민족 고유의 철학과 사유 방식이 담겨져 있는 것이다. 아니 이들이 원래는 학습 내용이었는데 놀이로 바뀌었다고 할 수 있을 것이다.

대각선 논법의 6대 요소라는 관점에서 볼 때에 도리도리 짝짝궁은 배열과 가로와 세로 만들기라 할 수 있다. 6효로 만들어진 64괘를 정방형 안에 배열했을 때에 대각선이 만들어진다. 이 과정이 바로 곤지곤지이다. 왼손 바닥에 오른손가락을 찍는 행위는 5에 생수가 12345의 순서대로 찍어 합하여 성수가 만들어지는 것으로 이것이 바로 대각선화 과정이다. 그리고 이어 잼잼은 대각선화를 반대각선화하는 과정이다. 생수 5는 물건인 동시에 명패이다. 5와 5가 자기 언급을 하는 데서 오행의 토와 천간지지가 만들어진다.

도리도리 짝짝궁과 패리티

공자가 지었다고 하는 역의 《계사전》에 "한 번 양하고 한 번 음하는 것이 도"(一陰一陽爲之道)와 "태극이 음양(혹은 양의)을 낳고 음양이 사상을 낳고"란 구절이 있다. 우리 민족에게는 단군 시대부터 전해져 내려온 교육 방식 가운데 하나인 단동십훈檀童+訓이란 것이 있었다고 한다. '단동십훈'이란 돌이 안 된 아기들에게 가르치는 열 가지의 가르침으로, 인간이 지켜야 할 법도와 인격 성장을 위한 교훈이자 논리이자 놀이(노래)라고 할 수 있다.[1] 단동십훈은 실로 역의 기원을 우리에게 알려주는 내용들이다. 이의 내용을 현대의 대각선 논법에 응용하여 현대화 시키고 이론적으로 전개하는 것은 여기서 하려고 하는 주요한 작업이다.

이에 먼저 단동십훈의 내용은 원론(제1훈-5훈)과 실천(제6훈-10훈)의 두 부분으로 나눌 수 있다. 원론은 아이에게 전후좌우상하의 3차원 공간을 인식시키는 부분(1훈-3훈)과 중앙과 주변(4훈-5훈)의 구별을 인지시키는 부분으로 크게 나눌 수 있다.

제1훈 : 불아불아弗亞弗亞

걸음마를 막 시작한 아이의 허리를 양손으로 잡고 좌우로 기우뚱거리며 어른들은 "부라부라" 한다. '불弗'은 하늘에서 땅으로 내려온다는 뜻이다. '아亞'는 땅에서 하늘로 올라간다는 의미다. 그래서 '불아'는 단군신화에서처럼 신이 사람으로 땅에 내려오고, 신선이 되어 다시 하늘로 올

---

1) 이에 관한 정보와 자료는 http://www.nol2.com/607/e4b/trackback에서 인용된 것임을 밝혀둔다.

라갔다는 상징에서 영원한 생명을 지닌 어린이에의 예찬으로 풀이된다. 즉, 차원의 상하(세로)를 인지시키는 교육이다.

제2훈 : 시상시상詩想詩想

아이를 앉혀놓고 앞뒤로 끄덕끄덕 흔들면서 "시상시상" 하며 흥얼댄다. 천지인天地人 삼재三才는 '한'에서 시작되었다는 조상들의 생명시원이 나타난 말이다. 즉, 차원의 전후를 인지시키는 교육이다.

제3훈 : 도리도리道理道理

머리를 좌우로 돌리게 하면서 아이에게 가르치는 십훈 중 최초의 교과목이다. 자라면서 천지만물이 무궁한 하늘의 도리로 생겼듯이 너도 이런 도리로 태어났음을 잊지 말라는 자연의 섭리를 가르치는 교육이다. 즉, 차원의 좌우(가로)를 인지시키는 교육이다.

제4훈 : 지암지암持闇持闇

두 손을 폈다 쥐었다 하는 동작과 함께 엄마는 "지암지암(잼잼)" 하며 손놀림을 가르친다. '암闇'은 어둡고 혼미스럽다는 뜻이다. '지암'은 세상의 혼미한 것을 가려서 파악하라는 의미다. 즉, 전체와 부분의 구별을 가르치는 교육이다.

제5훈 : 곤지곤지坤地坤地

아이의 왼손바닥을 펴게 한 다음 오른손 검지로 왼손 바닥을 찧게 하며 엄마는 '곤지곤지' 한다. '십十'이라는 글자의 모양새는 음(一)을 양(ㅣ)이 관통하는 모습이다. 즉, 중앙과 주변의 구별을 가르치는 교육이다.

제6훈 : 섬마섬마西魔西魔

전후좌우상하와 중앙과 주변의 구별을 할 줄 안 다음에 아기는 다리에 힘을 주어 혼자 일어서야 한다. 첫 발걸음을 내딛게 하는 훈련이다.

제7훈 : 업비업비業非業非

아이에게 할 말과 안할 말을 가르치는 것이 '업비'다. 말을 제대로 할 줄 아는 교육이다. 일어선 다음 다른 인간을 만날 때에 말하기 법을 가르치는 것이다.

제8훈 : 아함아함亞合亞合

손바닥으로 입을 막으며 소리내는 동작이다. 두손을 가로 세로로 포개면 '아亞'자 모양이 된다. 이것은 천지 좌우의 형국을 내 가슴속에 모신다는 것을 상징한다. 서고 말한 다음에 천지인을 자기 속에 품는 것을 가르치는 교육이다.

제9훈 : 작작궁 작작궁作作弓 作作弓

손바닥으로 손뼉을 치며 노래를 배운다. 도리도리로 음양을 만들어 낸 다음 이것을 다시 하나로 만들어 짝을 만드는 교육이다. 이렇게 하나의 짝이 만들어지면 짝을 궁이라고 하며 궁은 쌍을 만든다. 짝이 음양이라면 궁은 오행인 것이다.

제10훈 : 질라아비 훨훨의羅阿備活活議

나팔을 불며 춤추는 동작이다. 이제 천지 우주의 모든 이치를 깨달았으니 기쁘다. 이제 지기地氣를 받아 태어난 이 육신, 활활活活 잘 자라도록 살아가자는 뜻이다.

이밖에도 '깍꿍覺弓'이라는 것도 있다. 아이를 놀라게 해 주려고 눈을 크게 뜨고 "깍꿍" 한다. 궁弓은 새 을乙자 모양의 음양을 말하며 우주의 근본을 의미한다. 깍꿍 혹은 각궁은 근본을 깨달으라는 뜻이다. 이렇게 단동십훈에는 인간의 가장 기초적인 신체 움직임을 놀이로 나타내고 있다. 그 안에 담긴 뜻이 작위적이라 하더라도 오감을 활용함으로써 인간의 성장과 발달에 필요한 교육적 자극은 충분히 들어 있다. 단동십훈 가운데 도리도리(제3훈), 작작궁 작작궁(제9훈), 지암지암(제4훈), 곤지곤지(제5훈)으로 중심으로 이를 역과 연관시켜 설명을 부연하기로 하면 다음과 같다.

먼저 '도리도리'는 머리를 좌우로 반복해 돌리는 실로 십훈 중에 최초의 교과 과정이라 할 수 있다. 머리를 태극이라고 할 때에 태극이 음양을 낳는 행위라고 할 수 있다. 어머니 배 속을 무극이라면 무극의 상태에서 갓 세상 밖으로 나온 애기들이 무의식으로 그리고 충막무짐의 세계에서 모든 분간을 하게 하는 행위가 바로 도리도리이다. 어른들도 머릿속이 몽롱할 때에 고개를 좌우로 흔든다. 그러면 의식이 맑아지고 밝아진다. 잠에서 깨어나서도 고개를 좌우로 돌린다. 이것 모두가 도리도리 행위라고 할 수 있다. 초인격심리학transpersonal psychology에서는 의식이 깨지 않은 상태를 '전분별predifferentiation' 혹은 이때의 자아를 '전자아pre-ego'라고 한다. 타락 이전의 에덴동산의 상태이다. 타락과 함께 의식이 깨어난 것을 자아ego와 분별differentiation이라고 한다. 도리도리란 다름 아닌 전자아에서 자아가 깨어나게 하는 행위 이상도 이하도 아니라고 보면 된다. 그리고 우주론적 표현이 '일음일양지위도'란 우주 발생 논리이다.

도리도리는 낮과 밤의 변화를 포함한 지구의 자전과 공전에 관한 것이다. 구약의 창세기는 "낮이 되니 밤이 되고 밤이 되니 낮이 되더라"(창세기 1장)라고 한 것과 같다. 도리도리 한 번은 하룻 일, 두 번은 이틀 일이다. 도리도리는 다음에 말할 곤지곤지와 함께 한 짝(도리 도리)이 두 번 반복되는 것이다. 이는 계사전에서 말하는 음양이 사상(태음, 태양, 소음,

소양) 되는 것을 의미하는 것이라 볼 수 있다.

　그러면 어떻게 도리도리가 사상이 될 수 있는가. 그것을 가능하게 하는 것이 작작궁작작궁(짝짝궁)이다. 도리도리가 하나의 머리(태극)를 좌우로 돌리는 것이라면, 짝짝궁은 좌우의 두 손을 마주치면서 소리를 내는 것이다. 삼국유사의 만파식적에서도 두 손을 마주쳐야 소리가 난다고 했다. 두 손뼉을 마주치는 짝짝궁이란 행위가 그러면 그렇게도 쉬운 행위인가? 그렇지 않다. 과학자들이 이 사실을 알게 된 것은 1950년대 이후부터이다. 좌와 우가 있지만 어느 것이 좌이고 어느 것이 우인지를 지금도 확인할 수 없으며 정의를 내릴 수도 없다.

　《양손잡이 자연세계》(가드너, 1990, 231)를 쓴 마틴 가드너는 좌와 우 그리고 짝수와 홀수가 같은 것일 때는 '짝'(패리티parity)이란 말을 사용하였다. 이 말은 짝수와 홀수를 구별하기 위해서 수학자들이 제일 처음 사용한 것이다. 즉, 두 개의 정수가 모두 짝수이거나 홀수인 경우 두 숫자는 같은 '짝'(패리티)이라고 한다. 이 말은 숫자 이외에 다른 경우에도 사용되어 한 쪽이 짝수이고 다른 쪽이 홀수인 경우 두 숫자는 같은 '패리티'라고 한다.(같은책, 231)

　1920년대에 물리학자들은 소립자의 움직임을 기술하는 파동함수에 이 패리티 개념을 적용하여 양자수에는 함수에 +1을, 그 반대일 때에는 -1이란 함수를 붙여주었다. 이렇게 짝을 만들어주니 함수들 간에 곱하기와 나누기 등을 자유자재로 할 수 있어서 획기적인 과학의 발전을 가져 왔다. 드디어 닐스 보어가 가슴에 항상 음양 상징 표를 달고 연구를 하여 상보성 이론에까지 이르게 되었다. 이렇게 서양에서는 좌우 손뼉이 마주친다는 결론에 이르는 데는 수천 년의 세월이 걸렸다. 그리스 사람들은 우주를 구성하는 것의 원질arche이 무엇인지에는 관심을 가졌지만 그것이 음과 양이란 짝으로 되어져 있다는 사실은 몰랐던 것이다.

　그리스 철학자 가운데 짝짝궁의 이론을 알고 있었던 철학자가 있었다. 그가 헤라크레이토스이다. 그는 "낮이 있으니 밤이 있고, 좌가 있으나 우가 있다"고 했다. 그러나 그는 아리스토텔레스학파에 의하여 여지없이 추방당하고 박해를 당했다. 아리스토텔레스는 동일률, 모순률, 배중률이란 판단의 법칙을 만들어서 철저하게 패리티 행위를 금지 시켰던 것이다. 플라톤 역시 약간의 동정을 할 여지는 있지만 그의 이데아론은 짝짝궁 행위를 위험시 하는 대로 빠지고 만다. 이렇게 볼 때에 도리도리 짝짝궁은 패리티 만들기 훈련인 것이다.

곤지곤지 잼잼과 멱집합의 원리

　도리도리와 쌍벽을 이루는 것이 곤지곤지 잼잼(약칭 '곤지곤지')이다. 둘은 같아 보이지만 하늘과 땅 만큼 다른 것이다. 그 이유는 수의 구조를 파악해 보면 쉽게 알 수 있다. 피타고라스는 '만물은 수'라고 했다. 한동석은 수를 "사물의 기미이며 또한 유와 무의 변화하는 상이며 단과 다의 운동현상"(한동석, 2004, 191)이라고 했다. 동서양 사상의 차이는 수를 이해하는 방식에서 달라진다. 수에는 기수와 서수가 있고, 진법이 있고, 수와 상과 사를 함께 보는 소위 트로이카의 문제가 있다. 최근 바디우와 들뢰즈 간에 벌어진 일과 다의 문제도 궁극적으로는 수를 이해하는 방식의 문제인 것이다. 서양 수학의 기초는 유클리드가 정해 놓은 정리와 공리에서 2500여년 동안 전혀 변하지 않았다. 그리고 칸트는 수학을 변하지 않는 불변의 법칙으로 보았을 정도이다.

　그러나 19세기 기하학에서 비유클리드 기하학이 나타나면서 수학의 영구 불변성은 흔들리기 시작하였다. 1881년 이탈리아의 수학자 부르알리-포르테Burali-Forti는 서수에서 역설을 발견했다. 그 직후 칸토어는 기수에서 역설을 발견했다. 두 기수와 서수에서 발견된 역설은 철학 뿐만아니라 논리학에도 지대한 영향을 주었다. 칸토어의 대각선 논법은 기수와 서수의 역설, 그 연장이라 할 수 있다. 여기에 더하여 전산화 시대와 함께 수의 진법 문제가 거론되지 않을 수 없다. 다시 말해서 대표적으로 2진법과 10진법과 같은 문제 말이다.

이러한 제반 수의 본질에 관한 이해를 손가락 셈하기로 먼저 해본 다음이 아니면 도리도리와 곤지곤지의 차이를 바로 이해할 수 없다. 먼저 진법이란 관점에서 양자를 비교할 때에 도리도리는 2진법 그리고 곤지곤지는 3진법과 연관이 되고 특히 후자는 멱집합의 원리에 밀접한 연관이 된다는 사실을 알게 된다. 도리도리와 곤지곤지는 마치 같아 보인다. 즉, 계사전의 일양일음을 말하는 것이 아닌가 여길 수도 있다. 그러나 도리도리는 하나의 얼굴을 좌우로 돌리는 것이지만 곤지곤지는 아이의 왼손바닥을 펴게 한 다음 오른손 검지로 왼손 바닥을 찍게 한다. 음(―)을 양(l)이 관통하는 모습과 찍힌 점(•)은 한글 모음의 기본 3대 요소인 l , ―, •이다.

음과 양의 2분법적 대칭에 대하여 찍는 점과 같은 제 3의 중간자가 나타난 것이다. 이 중간자의 역할이 매우 주요하다. 5개의 수지로 볼 때에 엄지-식지-중지-약지까지는 일음일양을 적용할 수 있지만 소지는 사정이 다르다. 소지에서 굴屈은 양, 신伸은 음이라고 한다. 엄지를 굴하면서 처음 셈을 시작할 때에 소지는 굴하면서 동시에 '신' 한다. 이를 '재륵再扐'이라고 한다. 소지는 굴셈의 마지막이지만 그것은 곧 전체 자체로서 새로운 신셈의 시작이 된다. 이것이 부르알리-포르테의 '순서수의 역설paradox of order number'로서 1881년도에 발표하였다. 굴셈과 신셈의 반환점이 바로 소지이다. 곤지곤지로 굴셈을 하다가 신셈을 시작하기 직전에 잼잼을 한다.

엄지를 굴셈의 기준점으로 하면 소지는 굴셈에서 신셈으로 바뀌는 '반환점'이다. 굴은 양이고 신은 음이다. 그래서 굴신이란 짝은 도리도리가 만들어 내는 것이다. 그래서 하나의 수지가 굴신을 한다는 것은 도리도리를 한다는 말과 같다. 이제 엄지-식지-중지-약지까지 굴을 하다 소지에서 굴이 신으로 반환을 한다고 하면 이 반환점을 T라고 할 때에 소지가 이에 해당한다. 그런데 이 반환점은 자기 언급을 한다. 이 자기언급을 T에서 T'로 분간한다. 굴셈과 신셈을 도리도리라면 소지에서 짝짝궁을 한다. 다시 말해서 소지는 굴과 신을 동시에 하는데 이를 자기언급 혹은 '재륵'이라고 한다.

굴셈은 엄지-소지 사이의 5개, 신셈은 소지-엄지 사이의 5개 수지가 있는 셈을 한다. 여기서 5는 소지가 굴신을 동시에 하는 수이다. 두 셈을 모두 합하면 10개이다. 이를 012345-5678910과 같은 10진수로 일정한 방향으로 배열하기로 한다. 여기에 굴셈과 신셈을 시작하는 데서부터 굴0굴1굴2굴3굴4굴5와 신0신1신2신3신4신5로 표시하기로 하자. 그러면 모두 12개가 된다.[2] 굴0과 신0이란 둘이 추가되었기 때문이다. 이를 함께 ABC로 나누어 표시하면 아래와 같다.

A(굴셈)	굴0	굴1	굴2	굴3	굴4	굴5	굴4	굴3	굴2	굴1	굴0	...	(x)
B(십진수)	0	1	2	3	4	5	6	7	8	9	10		
C(신셈)	신5	신4	신3	신2	신1	신0	신1	신2	신3	신4	신5	...(5—x)	

도리도리짝짝궁　곤지곤지 반환점　도리도리짝짝궁　곤지곤지 반환점

2) 이것이 바로 10천간이 12지지로 되는 이유이다.

굴과 신이 반환하는 점에서 도리도리가 곤지곤지로 바뀐다. 이를 페어홀스트 방정식 x(5-x)로 표시하면 아래와 같다. 즉, 여기서 5와 10은 두 개의 반환점이고, x는 굴의 수, (5-x)는 신의 수이다. 그러면,

$$x(5-x)=$$

0 20 15 10 5 0 5 10 15 20 0

와 같다. 5를 상수라 할 때에 x에 0, 1, 2, 3, 4, 5를 대입한 결과이다.

굴을 양으로 하고 이를 x로 표시할 때에 신에 해당하는 음은 (5-x)이다. 여기서 페어홀스트 방정식은 x(5-x)이다. 지금까지 음과 양을 잘못 이해해 온 가장 큰 원인은 양(굴)을 x로 음(신)을 -x로 표시하는 간단한 오류에 있었다. 두 가지 음양에 대한 이해방식의 차이는 하늘과 땅 만큼 이라고 할 수 있다. 양이 x이면 음은 (5-x)이다. 여기서 5는 상수이다. 실로 단동십훈의 가치를 돋보이게 하는 것은 페어홀스트 방정식이라 할 수 있다. 도리도리와 곤지곤지는 5를 상수로 반환한다. 여기서 5는 수지의 개수를 의미한다. 개수로는 5개이고, 서수인 번째는 소지이다. 소지에서 반환점이 생긴다. 굴과 신을 하나의 순환으로 볼 때에 반환점에서 하는 작용이 바로 곤지곤지이다. 페어홀스트 방정식을 통하여 우리는 굴과 신의 순환 작용을 한 눈에 보게 되었다.

2수 분화와 3수 분화가 문제로 제기된다. 굴과 신만을 고려하면 2수 이지만 여기에 반환점의 자기 언급을 넣으면 3수가 된다. 자기언급을 '중' 혹은 중간점이라고 할 때에도 그 본의를 많이 상실할 수 있다. 마치 음과 양을 양적인 중간인 것처럼 착각할 우려가 있기 때문이다. 곤지곤지는 2수이지만 잼잼은 3수이다. 위에서 본 바와 같이 재륵에서 수가 초과되기 때문이다. 도리도리가 짝짝궁을 할 때에 이런 짝짝이 현상이

생긴다. 위 페어홀스트 방정식에서 보는 바와 같이 5와 10에서 재륵이 발생하고 반환점이 생기고 이런 반환점을 가능하게 하는 수가 상수 5이다. 짝짝궁에 해당하는 상수가 있기 때문에 반환점이 만들어지는 것을 알 수 있다. 상수에서 방정식의 값은 0이다. 0이기 때문에 공백으로 생각하고 이를 무시해버리면 순환 작용 자체가 불가하다. 0이란 수는 없음을 의미하는 동시에 반환점 혹은 중을 의미하기도 한다. 수지의 굴과 신의 중간이 0이며 이 0이 없으면 굴신 자체가 불가능해진다는 말이다. 굴신하게 하는 원동력이 굴과 신의 반환점인 0에서 일어난다. 알랭 바디우는 이 지점을 '공백의 가장자리edge of void'라고 한다.

소지는 굴(낮)이 신(밤)으로 바뀌는, 하루로 말하면 낮이기도 하고 밤이기도 한 중간 지점인 저녁에 해당한다. '재륵'이라고 하는 소지의 작용이 짝짝궁에 해당하며 도리도리가 곤지곤지로 반환되는 곳이기도 하다. 이 재륵의 지점은 음도 양도 아닌 제 3의 지점이다. 소지-약지-중지-식지-엄지로 복귀하는 굴신셈하는 작용을 매개하는 중간자로서 소지는 제 자신을 굴했다 신하는 힘 밖에는 없다. 자기 자신을 움직이는 것이기 때문에 간격도 거리도 자기 자신과의 그것이 전부인 자기언급이다. 그러나 제 자신에서 제 자신을 분리시켜 내는 작용이 다름 아닌 도리도리이다. 그래서 음양이란 태극이 자기 자신에서 자신을 분리시켜내는 것이다.

곤지곤지와 음양오행론
도리도리에서는 발견되지 않던 논리가 곤지곤지 속에는 있다. 계사전의 '태극생음양'이라는 논리는 한 방향으로 진행하는 시생원리 그대로이다. 소위 가일배법加—培法의 원리 그대로이다. 그러나 곤지곤지에서는 사정이 다르다. 짝짝궁 대신에 '잼잼'이다. 다섯 손가락을 한꺼번에 폈다 닫았다 하는 것이 잼잼이다. 곤지곤지까지만을 하게 되면 도리도리와 같이 숫자 4가 만들어진다. 그런데 문제는 다섯 번째인 소지는 그 역할이 다섯 수지 모두와 대칭을 만드는 즉, 1:5로 대칭관계를 만든다. 한마디로 말해서 비대칭적이다. 소지라는 부분과 5라는 전체와 대응을 하는 것이 잼잼이다. 즉, 원의 주변과 중심 사이에서 만드는 대칭이다. 이는 마치 멱집합에서 자기 자신인 부분과 다른 부분들과 일대일 대응을 하는 것과 동일한 대칭이다.[3] 그래서 곤지곤지는 도리도리와는 달리 멱집합의 원리가 적용된다.

역에서 괘가 발생하는 것을 집합론적으로 볼 때에 두 가지가 있다. 효는 '요소element'이고, 괘는 '부분part'이다. 역에서 셈을 할 때에는 셈하려고 하는 물건이 담긴 그릇과 반드시 그 옆에는 그것을 담을 빈 그릇을 두어야 한다. 서양에서 집합론이 나타나기 전까지는 그릇에 담길 물건의 개수를 직접 셈하였다. 그러나 집합론 이후부터는 물건이 담긴 전체집합과 빈그릇이라는 공집합을 동시에 상정한다. 역은 후자인 방법을 취한다. 그래서 양이란 빈그릇에 '담김'이고, 음이란 '안담김'이다. 2n에서 '2'란 수는 '담김'과 '안담김'이란 두 언어이다.

담김과 안담김이라는 두 가지 경우만을 생각하면 수가 2, 4, 8,…과 같은 방법으로 발전하지만, 여기에 멱집합의 경우를 생각하면 사정은 달라진다. 즉, '빈그릇' 자체도 하나의 부분으로 보아야 하고, 전체 모두가 다 담김도 하나의 집합으로 생각해야 한다. 이때에 비어 있는 빈 그릇 자체는 담겨진 개수는 없어도 수가 담길 위치는 있어야 함을 의미한

---

3) 집합 {a,b,c}의 멱집합을 {∅, a, b, c, ab, bc, ca, abc}라고 할 때에 'abc'는 집합 자체이다. 이 것은 다른 부분과 비대칭적이다. 전체와 부분 간의 대칭이기 때문이다.

다. 이때 집합론과 역은 수와 위를 동시에 고려의 대상으로 삼아야 하고, 개수가 없는 빈그릇 자체의 위치를 표시해 주어야 하는데 집합론에서는 그것이 ∅이고 역에서는 곤(☷)이다. 그리고 모두 다 담김은 집합의 요소를 모두 표시해 주고 역에서는 그것에 해당하는 것이 건(☰)이다.

이때에 공집합 ∅과 집합 자체도 부분에 해당하는가 안 하는가 할 때에 이것은 '담김'도 '안담김'도 아닌, 다시 말해서 유도 아니고 무도 아닌 양쪽 모두인 '구俱'이다. 그러면 역에서는 이러한 구를 어떻게 처리하고 그것을 표시하는 기호는 무엇인가? 이런 난제를 해결하기 위해서 역에서는 수의 진법을 바꾸고 차원을 상승시켜 해결하고 그 때마다 새로운 용어들을 개발하였다. 이에 해당하는 교육 방법이 다름 아닌 도리도리와 곤지곤지인 것이다. 도리도리는 1, 2, 4, 8…2^n과 같은 2진법적 방법이다. 그러나 이러한 방법에서 생겨난 멱집합의 부분인 공집합과 전체 집합을 첨가하면 수는 갑자기 1, 3, 5…로 발전하게 된다. 이 두 수의 계열은 서로 별개이나 서로 밀접하게 연관이 된다. 이것이 3수분화와 2수분화의 유래이다.

도리도리와 곤지곤지가 연관되는 것은 2수분화와 3수분화의 합과 같다고 할 수 있다. 도리도리에 의하여 음과 양이 생겨났을 때에 그것을 가능케 한 태극을 어떻게 처리할 것이냐고 할 때에 음양(2)+태극(1)=3이라고 할 수밖에 없다. 이때에 전체집합 자체인 태극(1)을 절대로 음양(2)과 동일한 차원에서 더하기 할 수 없다는 주장과 그렇게 해야 한다는 주장이 맞서게 된다. 유클리드 수학은 전자의 입장이고 현대 집합론은 후자의 입장이다. 이는 철학의 양대 산맥을 결정하는 결정타를 가하는 주제이다. 퇴계는 전자를 율곡은 후자의 입장을 취한다.

'도리'를 한 번 하고 짝짝궁을 하면 음양(2)+태극(1)=3이고, '도리' '도리'를 두 번 하면 음양(2)+음양(2)+태극(1)=5이다. 물론 이는 현대 집합론 가운데 멱집합의 논리를 적용한 결과이다. 그러면 3수의 태극과 5수의 태극을 어떻게 구별할 것인가? 이때에 5수의 태극을 태극(1)에 대하여 '황극'(5)이라고 한다. 여기서 공집합(∅)은 무극(0)이라고 한다. 이것이 다름 아닌 태극과 함께 김일부가 나눈 삼극론이다. 이는 현대 집합론이 아니면 명쾌하게 설명해 낼 수 없는 부분이다. 이를 대각선 논법의 6대 요소들이라는 관점에서 보았을 때에 명패를 무극, 태극을 물건, 황극을 대각선으로 볼 수 있다. 특히 5가 황극, 10이 무극, 1이 태극이다. 오행에서는 5가 '土'이다. 이는 페어홀스트 방정식에서 얻은 수이다.

2수분화와 3수분화를 비교해 볼 때에, 다시 말해서 도리도리와 곤지곤지를 비교해 볼 때에 후자는 일관성이 없어 보인다. 음양(2)+태극(1)이란 구조 때문이다. 도리도리는 음(1)+양(1)=2와 같은 부분+부분의 구조이지만, 곤지곤지는 음양(2)+태극(1)로서 부분+전체의 구조이다. 여기에 반드시 추가로 지적하고 넘어가야 할 부분은 3수에서 다음 수로 전개되는 데는 두 가지 방법이 있다. 3과 2, 4,…를 곱하기 하는 방법과 다른 하나는 멱집합의 원리를 적용하여 3, 5로 전개되는 두 방법이 바로 그것이다. 전자는 3×2=6, 3×4=12로 변하는 바로 그것이다. 여기서 6수와 12수가 새로 생겨난다. 이에 순서대로 3과 5 그리고 3과 6의 관계에서 10천간 12지지가 생기는 배경을 알아보기로 한다.

3극: 양, 공집합(혹은 전체집합), 음
5행: 5행은 목, 화, 토, 금, 수이다. 여기서 토는 공집합이기도 하고 전체집합이다.

10천간: 5는 다시 도리도리를 하여 음양이 목(양)—목(음), 화(양)—화(음), 토(양)—토(음), 금(양)—금(음), 수(양)—수(음)로 갈라져 아래와 같이 10천간으로 변한다.

목(양)—갑	목(음)—을
화(양)—병	화(음)—정
토(양)—무	토(음)—기
금(양)—경	금(음)—신
수(양)—임	수(음)—계

10천간은 5행을 다시 도리도리하여 생긴 결과이다. 그러나 여기에 곤지곤지가 포함돼 있다는 사실에 유의하여야 한다. 그것은 '무기戊己'가 오행의 토에 해당하는 것이라는 점이다. 이는 3수에서 온 5와, 2수에 온 4수가 절묘하게 결합돼 있는 것이라 할 수 있다.

다음은 3극에서 6수로 발전하는 관계를 알아 볼 차례이다. 그리고 6수와 5수의 상호 관계도 알아보아야 한다. 6수는 다름 아닌 멱집합에서 공집합과 전체집합을 동시에 포함시키는 경우이다. 다시 말해서 토를 공집합인 경우의 토와 전체집합인 경우의 토로 나누는 것이다. 土라는 한자를 파자하여 공집합일 때는 토ㅣ로 전체집합일 경우는 토ㅡ로 표시하기로 한다. 그러면 6수는 목, 화, 토ㅣ, 토ㅡ, 금, 수가 된다. 다시 10천간을 만들 때와 같이 도리도리를 다음과 같이 하여 거기에 이름을 달아 주면 그것이 다름 아닌 12지지가 된다.

자=목(양)	축=목(음)
인=화(양)	묘=화(음)
진=토ㅣ(양)	사=토ㅡ(음)

오=토 | (양)	미=토―(음)
신=금(양)	유=금(음)
술=수(양)	해=수(음)

과 같다. 여기서 이러한 수의 증가를 가능하게 하는 것은 토이다. 토가 가지고 있는 공집합적 성격과 전체집합적 성격은 전방위적으로 작용을 하여 다양성을 만들어 내고, 만들어 낼 때마다 역학은 새로운 용어들을 개발한다. 그래서 도리도리와 곤지곤지는 언어를 만들어 내는 공장과 도 같다. 오행과 천간지지가 모두 이 두 작용에서 생겨난 것에 지나지 않는다.

무극, 태극, 황극이라는 세 개의 명패, 물건들 그리고 대각선사이에 대각선화가 이루어지면서 오행과 천간지지가 가능해졌다. 이제 남은 것은 이들 명패와 물건들 사이의 사상寫像, 즉 대각선화를 통해서 다음 과정인 반가치화와 반대각선화가 어떻게 진행되는가를 볼 차례이다.

수의 기원과 발달로 본 곤지곤지 잼잼

우리가 흔히 쓰는 10진법(올림법)은 손가락이 10개라는 이유 때문에 쓰기에 편리한 것 이외에 그것이 특별히 우대될 아무런 이유도 없다.[4] 편리에 따라서는 12진법도 쓸 수 있다.[5] 10진법과 12진법 가운데 어느 것이 더 유용하느냐고 할 때에 이 두 진법은 서로 보완하는 것이 가장 이상적이라 할 수 있다.

동양사상의 거의 모든 것은 태극, 음양오행, 팔괘, 그리고 천간지지에

---

4) 10을 의미하는 라틴어 decem이란 양손이란 뜻이다.
5) 예를 들어 명태 20마리를 1코(혹은 한 두름), 고등어 두 마리를 1손, 마늘 100개를 한 접 등도 모두 10진법의 일종이다.

모아진다고 할 수 있다. 우주론과 존재론이 모두 이들 언어들의 조합에 의하여 새로운 용어들이 창조되면서 전개된다. 그래서 마지막으로 10 천과 12지지를 두고서 수의 진법 문제를 다루어 보기로 한다. 10진법이 편리한 것 같지만 현대 전자계산기에서는 2진법이 훨씬 더 편리하고 효과적이라는 사실이 알려졌다. 12진법과 10진법을 함께 써야 효과적인 이유는 두 수의 약수를 보면 알 수 있다. 10의 약수는 2와 5 둘 뿐이지만, 12의 약수는 2, 3, 4, 6 등 무려 4개로 배가 된다. 약수가 많다는 것은 나누어 떨어지는 수가 많다는 것으로 셈하기에 편리함을 준다.

10과 12를 정다면체의 문제로 보면 서로 보완적 성격임이 더욱 분명해진다. 10과 12의 최대공약수는 각각 5와 6이다. 축구공의 경우를 보면 5각형과 6각형이 각각 12개와 10개씩이다. 6각형만으로도 5각형만으로도 축구공을 만들 수 없다. 골프공도 사정은 마찬가지이다. 5각형이 왜 반드시 6각형과 쌍을 이루어야 하는지에 대한 이유는 현대 수학을 가능하게 한 오일러 지수[6]와 이것이 관계되기 때문이다. 이에 대한 자세한 논의는 생략하기로 한다. 인체의 5장6부와 우주의 5운6기 등은 모두 5와 6이 서로 보완적 성격이 있음을 의미한다. 10천간과 12 지지는 짝짝으로서 5운6기의 조화에서 그 연장으로 구면의 세계에서 이루어지는 조화라 할 수 있다.

도리도리와 곤지곤지는 2진법과 3진법을 교육하기 위한 고도로 발달된 어린이 교육 방법이다. 이것이 얼마나 발달된 것인가는 수의 기원과 발전 과정을 보면 더욱 분명하게 알 수 있다. 수학에는 응용과 순수의 두 가지가 있다. 동물의 어미들은 자기 새끼가 한 마리 실종되면 그것

---

6) 오일러 지수란 꼭지점수-변의 수+면의 수=2이면 한붓 긋기를 가능하게 한다는 지수를 두고 하는 말이다.

을 안다. 셈을 하여서 알까 아니면 다른 것들과 구별 혹은 분별하여 알까. 둘에 셋을 더하면 다섯이라고 할 때에 사과 두 개와 세 개를 수와 대응을 시켜서 셈하는 방법과 순수 수만으로 암산을 하는 방법이 있을 것이다. 후자의 경우가 순수 수학에 해당한다. 그러나 기원전 2000여년경 이집트의 아메스 문헌Ahmes paper에 의하면 응용수학이 순수 수학보다 앞서 있었다는 것을 알 수 있다.

한 예로서 로마인들의 수 I, II, III, IV,⋯X, L 등은 모두 손가락의 모양에 수를 일대일로 대응시켜 만든 것이다. 그런데 로마인들은 수를 물건과 일대일로 대응시켜 만들 때에 대응시킬 물건이 없는 것, 즉 0을 표시할 줄 몰랐다. 손의 경우 손의 앞을 보고 셈을 한다면 그 뒤에 손등이 있다는 것을 고려하지 않았다. 굴1은 신4란 사실을 몰랐었다. 만약에 고려했더라면 0개념이 생겼을 것이다. 로마인들과 그리스인들에게 0은 없었다. 여기에 응용 수학의 한계가 드러난다. 대응하는 물건이 없으면 수도 없다는 응용수학의 한계 말이다.

이제 순수 수학은 엄격한 의미에서 아랍, 페르시아, 인도, 그리고 마야 같은 비서양권 발견의 몫으로 돌려질 수밖에 없게 되었다. 0이 발견되자 그것이 제일 많이 사용되는 곳은 다름 아닌 물리학과 같은 응용분야이다. 실로 현대 과학에서 0없이는 아무 것도 할 수 없게 되었다. 즉, 물리학의 진공 이론과 '0점 장'까지 포함해서 말이다. 0이 없으면 안 되는 것은 아래 셈하기에서도 나타난다. 가감승제를 할 때에 0은 있어도 없어도 되는 수가 아니라 완전한 셈하기 결과를 가져오게까지 한다. 즉,

$$A+0=A$$
$$A \times 0=0$$

와 같다.

0을 수로서 취급하자면 수를 생각하는 발상자체를 바꿔야 한다. 수라는 것을 처음 발상할 때 먼저, 위치position, 0zero, 그리고 더하기addition라는 세 가지를 동시에 하여야 한다. 이러한 발상은 힌두-아랍 세계에서 먼저 된 것 같지만, 사실은 동북아 문명권에서는 그것보다 더 오래된다. 수의 발상에 연관된 이 세 가지는 수 이전에 문화와 사고방식에 해당하는 문제이다. 단동십훈은 수의 발상에 관한 교육방식 가운데 하나이다.

곤지곤지 잼잼을 하자면 자리(位)와 수를 동시에 고려해야 한다. 마치 집합론에서 물건이 담겨져 있는 그릇과 빈 그릇을 동시에 놓고 물건을 빈그릇에 담는다고 할 때에 빈그릇은 자리 자체이다. 이것이 왼손 바닥에 해당한다. 이제 오른 수지를 거기에 담는 행위를 한다. 이것이 바로 곤지곤지 잼잼이다. 아래 로마숫자가 발전되는 과정을 보면 곤지곤지의 원리가 더욱 명확해진다. 1111(4)까지만을 수지로 셈하고 5는 V로 표시한다. 이는 손가락을 모두 폈을 때의 모양이다. V를 아래 위로 마주 붙이면 X가 되고 이것이 10이다. V는 잼잼의 행위이다. 곤지곤지와 구별하여 로마 숫자에서 11111(5)이라 하지 않고 마지막 소지는 대각선에 넣어 표시한다.

(도판12)에서 우리가 사용하고 있는 아라비아 숫자가 지금과 같이 되기까지 발전되어 온 5단계 과정을 한 번 살펴보자. (가), (나), (다), (라), (마)의 5단계로 나누어 발전된 과정을 볼 때에 (가)에서는 세로로 된 막대를 긋기이다. 아마도 이를 손가락과 일대일 대응을 시켰을 것이다.

5에 해당하는 수는 막대기 4개에 대각선이 첨가되었다. 대각선은 다른 4개를 가로지기 하여 전체를 포괄하면서 통과한다. 엄지가 나머지 4

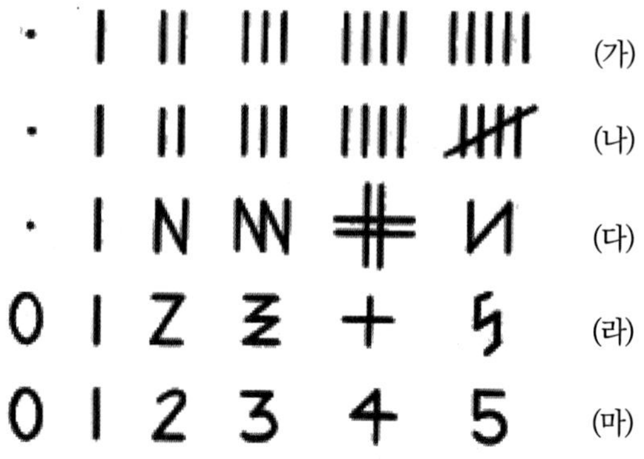

(도판12) 아라비아 숫자의 전개 과정(Middleton. Goldstein, 1966, 627)

지들을 통괄하는 것과 같다. 이것이 잼잼에 해당한다. 막대 두 개를 대 각선으로 연결하고, 3은 2를 중복한 것이다. 4는 가로 2개와 세로 2개 로 서로 십자형을 만들었다. 5는 2를 거울 대칭형으로 만든 것이다. (라) 에서 큰 변화는 점이 0으로 변했다는 것이다. 2와 3은 (다)의 그것을 90 도 회전시켰다. (다)의 4는 단선으로 된 십자형이다. 5는 (다)의 5 아래 위에 반대 방향으로 가로선을 첨가하였다. (마)는 지금 우리가 사용하 는 그대로로서 (라)의 모양을 조금 편하게 변용한 것이다.

여기서 아라비아 숫자 1-5가 발전해 온 과정을 볼 때에 위치, 제로, 그리고 더하기를 확인한다. 0는 점이란 위치를 표시하는 것이다. 그리 고 숫자의 모양을 변화시키는데 있어서 큰 변수는 가로와 세로, 그리고 대각선이다. 바로 우리 한글의 창제 원리에 있어서 가장 주요한 것은 가로와 세로와 대각선 그리고 원이다. 이들을 우리는 아라비아 숫자의 발전 전개 과정에서도 확인하는 바이다.

다시 말해서 아라비아 숫자 발전 과정은 한글의 창제 원리에도 적용 된다. 한글은 아라비아 숫자가 발생한 순서 그대로 창제되었다 할 수 있다. 즉, 가나다라마의 순서에 따라서 한글의 자음과 모음의 구조를 파악해 보기로 한다.

　　가: ·
　　나: ·, ㅣ
　　다: ·, ㅡ
　　라: ㅇ, ㅏ, ㅓ, ㅗ, ㅜ
　　마: ㅇ, ㅑ, ㅕ, ㅛ, ㅠ,

　공기놀이를 먼저 고찰한 다음 다시 한글 창제원리로 되돌아와 생각해 보기로 한다.

공기놀이와 마야수

　도리도리와 곤지곤지가 돌을 전후한 어린 아이를 교육하는 방법이라면 공기는 7세 이상이 되어야 할 수 있는 놀이이다. 피아제의 말을 빌리면 도리도리는 감각운동기(0~4세)에 하는 놀이이고, 공기놀이는 전조작기와 구체적 조작기(7~17세) 이상이 되어야 할 수 있는 놀이이다. 공기놀이가 도리도리와 다른 점은 전자는 공기알이라는 도구를 손으로 사용하는 점이다. 이는 공기알 하나를 하늘 위로 올리고 나머지를 1234의 순서대로 집는 행동으로서 곤지곤지의 연장이라 할 수 있다. 공기놀이 행위 방법은 다음과 같이 5단계로 전개된다. 그리고 이는 마야인들이 공기알 같은 점으로 1234를 표시한 다음 5는 가로 막대기를 그어 그것에 점 하나씩 더해 나가는 법과 일치한다.

　1. 한 개의 공기알을 하늘 위로 올린 후 나머지 네 개를 차례로 1개씩 집으면서 동시에 공중에 띄운 공기알을 받는다. 기수와 순서수를 동시

에 고려한 셈법이다. 즉, 1개라는 개수와 4번이라는 순서수의 원칙을 지켜야 한다. 공기알 4개가 순서대로 하늘에 띄운 것과 일대일 대응을 해야 한다. 여기서 하늘에 띄운 한 개가 5이고 나머지 4개는 생수1234에 해당한다. 여기서 순서대로 4개를 집는다고 할 때에 순서수의 역설을 어떻게 해결할 것이며, 땅에 있는 3개와 하늘에 올린 1개를 어떻게 연관시킬 것인가가 공기놀이의 논리적 의미라 할 수 있다. 즉, 땅의 4개 공기알은 1:1의 비율로 나뉜다. 이는 윷놀이의 도에 해당한다.

2. 다시 1개를 하늘에 올린 다음 한 번에 2개씩 집어 받는다. 여기서는 2개의 요소로 하나의 집합을 만들어 두 개의 집합을 만드는 것이다. 여기서는 2개의 개수와 2번이라는 순서수를 함께 생각해야 한다. 기수와 서수는 동일한 수 2로서 대칭적이다. 즉, 2:2로 나뉜다. 윷놀이의 개에 해당한다.

3. 다시 1개를 집어 올리고 땅에 있는 4개를 1:3으로 나누어 1을 먼저 집고 다음 세 개를 집든지, 아니면 그 반대일 수도 있다. 이는 기수의 수가 비대칭적이나 순서수로는 2개이다. 윷놀이의 걸에 해당한다.

4. 다시 1개를 집어 올리고 4개를 한꺼번에 집는다. 그러면 바닥에는 한 개도 남는 것이 없다. 다시 말해서 4:0이다. 엄격한 의미에서 4개를 한꺼번에 다 집은 다음에 다음 차례로 빈 땅의 자리 그 자체도 집어야 한다. 다시 말해서 공기알이 수라면 수가 있는 자리에도 값을 주어야 하고, 빈 땅 자체를 집어 올리는 행위를 해야 한다. 이는 윷놀이의 윷에 해당한다.

5. 5개의 공기알을 모두 한꺼번에 집은 후에 손의 등과 바닥을 반대로 뒤집어서 공기알 5개를 모두 손바닥에 담는다. 이것은 윷의 모에 해당한다. 여기서 손바닥과 등은 곧 땅과 하늘의 관계이고 양과 음의 관

계이다. 담음과 안담음의 관계이다. 이것은 잼잼의 행위이다.

  1~4번까지는 땅바닥과 하늘을 나누었지만 5번에서는 손바닥과 등으로 나눈다. 그 차이를 대각선 논법의 6대 요소로 설명하면 다음과 같다. 하늘과 땅은 양과 음이다. 그리고 하늘에 1개 올리는 것은 명패이고 땅에 남는 것은 물건이다. 이를 대응시킨다는 것이 다름 아닌 대각선화이다. 손바닥은 음 그리고 등은 양이라고 할 때에 손바닥의 공기알을 등에 올린다는 것은 반가치화이다. 다시 등에 있는 것을 바닥에 담는다는 것은 하늘(5)을 바닥으로 돌리는 것으로서 반대각선화라 할 수 있다. 손을 꺾는 행위 자체가 반대각선화라는 것이다.

  1~4번까지는 곤지곤지라면 5번은 잼잼의 행위이다. 하늘로 올린 1개는 오행의 토이다. 그것은 순서수 5번째에 해당한다. 그리고 천간에서는 무기에 해당한다. 토가 다시 음과 양으로 나뉘고 무와 기가 다시 음과 양으로 나뉘는 것은 다름 아닌 공기알 5개를 모두 손바닥에서 손등으로 올린 다음 손을 꺾어서 다시 손바닥으로 받는 것으로서 이는 모두 잼잼을 반복하는 행위이다. 이것은 1~4번까지 하던 것(곤지곤지)과는 전혀 다른 행위이다. 땅바닥과 하늘을 손바닥과 등으로 대칭한다. 그리고 5개 모두를 한꺼번에 셈하는 것은 멱집합의 원리이고 동시에 순서수의 역설을 그대로 말하는 것이다. 다시 말해서 곤지곤지 셈법과 잼잼의 셈법을 다룬 것이다. 주먹 전체가 하나의 단위가 되는 것(잼잼)과 손가락이 단위가 되는 것(곤지곤지)이 같은 집합일 수는 없다. 칸토어는 특히 잼잼에 해당하는 수를 순서수로는 ω라 하고 기수로는 $\aleph$에 해당한다고 했다.

  이러한 공기놀이의 순서수와 기수의 집합론적 성격은 한글 창제에도 그대로 적용이 되었다고 본다. 잼잼에 해당하는 자음과 모음이 무엇이냐고 할 때에 모음에서는 그것이 흑점 ·이고 자음은 ㄹ이다. 이는 모두 잼잼에 해당하는 것이다. 마야에서는 이러한 5에 해당하는 수를 '우야 엡'이라 하면서 주요시 여긴다.

세 모음소(·, ㅡ, ㅣ)에서 8성(ㅏ, ㅓ, ㅗ, ㅜ, ㅑ, ㅕ, ㅛ, ㅠ)이 시작됨과 같이 그 가운데 ·은 세 모음소의 으뜸이 된다."고 했다. 그리고 세 모음소에 대해서 다음과 같이 설명하고 있다.

· 하늘의 위로서 방위 공간을 나타낸다. 혀를 축소하여 소리를 깊이 하는 것으로 형은 원이고 상은 천이다.

ㅡ 땅의 수로서 자리의 시간적 서차를 나타낸다. 혀는 조금 줄이고 소리는 깊지도 얕지도 않게 한다. 형은 평이고 상은 땅이다.

ㅣ 위도 아니고 수도 아닌 '무극지진無極之眞'이다. 혀는 줄이지 않고 소리는 얕게 한다. 형은 입이고 상은 인이다.

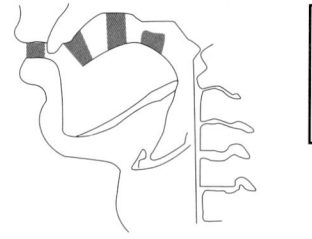
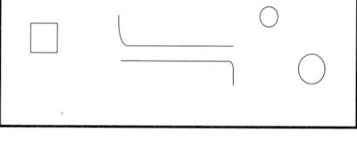

(도판 13) 한글 자음과 생김새 형상.(한태동, 1998, 36).

한글의 경우, 자음은 발음 기관과 발음 작용을 상형했지만, 모음은 하늘, 땅, 사람 등 자연의 핵심 3요소를 상형했다. 첫 소리 글자가 자음의 경우는 모두 17자인데, 어금니 소리자 ㄱ은 혀뿌리가 목구멍을 닫는 모양을, 혀소리 ㄴ은 혀가 윗 잇몸에 붙는 모양을, 입술 소리 ㅁ은 입의 모양을, 잇소리 ㅅ은 이의 모양을, 목청소리 ㅇ은 목구멍 모양을 본떠서 만들었다.('훈민정음 해례본 제자해' 중에서)

인류문명사상 최초로 한글은 자음의 발성 부위를 그대로 기호화하여 자음 부호로 사용했다.(한태동, 1998, 36) 첫 소리 자음 17자의 경우 소리가 나는 음성 기관의 위치에 따라 다섯 개의 부류로 나누고, 다시 각 부류마다 세 개의 요소로 나눈다. 첫째, 어금닛소리 ㅇ, ㄱ, ㅋ은 혀의 뿌리가 목구멍을 막는 형상을 본뜬 것이다. 오행 상으로는 목에 해당한다. 집합론적으로 보아 ㄱ을 나무의 기본 요소로 뿌리라 할 때에 ㅋ은 나무가 무성하게 자람을 뜻한다. ㄲ은 첫 소리 17자에 들지 못하나 나무가 자라 잎이 무성함을 뜻하기 때문에 ㄱ으로 겹치게 했다. ㄴ, ㄷ, ㅌ, ㄸ은 혀의 끝만 입천장에 닿는 모습을 기호화 한 것이다. ㅅ, ㅈ, ㅊ은 혀의 끝이 입천장에 대고 있어서 구강기압이 찰과할 수 있는 상태를 그린 것이다. 발음이 기관의 형상을 자연스럽게 기호화하였기 때문에 한글의 자음 부호는 모든 언어의 기준이 되고도 남는다.

〈ㅇ〉은 목구멍의 생김새를 기호화한 음이다.(후음)
〈ㆁ〉은 목젖의 생김새를 기호화한 음이다.(아음)
〈ㄱ〉은 혀의 뿌리가 들리면서 목구멍을 막는 모습을 기호화한 것이다.(설음)

2.2 윷판과 마야 문명

마야 구성소와 윷의 수

캘리포니아 소재 작은 마을 소노마 레이크Sonoma Lake에 있는 박물관에는 인디언의 놀이 도구가 전시돼 있는데 거기에는 윷판과 윷말이 함께 나란히 놓여 있다. 한국의 윷놀이 도구들을 방금 가져다 놓은 듯이 동일하다. 소노마 레이크는 샌프란시스코시 북쪽 70여 마일 지점에 있는 도시로서 북미주에 속한 곳이다. 그런데 중앙아메리카 마야와 아즈텍 유적지로 갈수록 윷놀이 흔적은 다반사로 발견된다. 지금도 멕시코에서 성행하고 있는 '팔톨리patolli'란 놀이는 윷놀이에 근접하는 놀이이다. '팔톨리'란 말은 '납작한 콩 혹은 팥'이란 뜻이다. 우리 나라의 윷놀이도 팥이나 콩 같은 씨앗을 두 조각으로 나누어 하던 놀이라고 한다.(윤석희, 2013, 38)

그런데 팔톨리가 한갓 놀이가 아니라 그것을 통해 종교적인 의식을 했기 때문에 1521년 가톨릭 신부들이 이 놀이를 보고 법으로 금하고는 이와 관련된 모든 자료들을 불사르고 파손해 버렸다. 그러나 가톨릭교회의 영향이 미치지 않는 곳에서 그 명맥을 유지해 와 지금에 이르고 있다. 후대의 연구에 의하면 팔톨리는 아즈텍의 역법에 연관이 되는 것으로서 인도의 주사위 놀이인 '팔치시pachisi'와도 유관한 것으로 보인다.

(도판 14) 인디언 팔톨리 놀이(신원봉, 2002, 30)

고고학적으로 그리고 역사적으로 더 추적을 하는 것은 어렵지만 우리는 여기서 팥톨리와 윷에 나타난 놀이 규칙과 그 규칙에 나타나 있는 수 개념의 비교를 통해 두 문명 사이의 유사성과 동일성을 더 확인하려고 한다.[7]

마야 역을 결정하는 주요한 수는 13과 18(혹은 19), 그리고 20이다. 그런데 이 세 숫자의 유래와 기원에 관한 견해는 학자들마다 각자 다르다. 13은 기본수이고, 20은 일수이고 18은 월수이다. 13 × 20=260을 '촐킨tzolkin'이라 하고, 20 × 18=360은 '합Haab'이라고 한다. 촐킨과 합을 한 눈에 보여주는 것이 사희의 '윷판'과 '윷말'이다. 사평판杷枰板으로 알려진 윷판은 그동안 인디언 문화와 관계가 있는 것으로 상식적 차원에서 알려져 왔다. 그러나 마야의 월력에 해당하는 주요한 세 숫자와 밀접한 관련성이 있다는 것은 아직 연구된 바가 없는 줄로 안다.

윷판의 구조로부터 시작하여 마야에 관련하여 목적에 맞게 관찰해 보기로 한다. 윷판은 4개의 윷말이 가는 길이다. 기차가 가는 철도와 같다고 할 수 있다. 말이 가는 데는 세 가지 방법이 있다. 1/4원(4분원). 1/2원(반원), 그리고 온원으로 가는 것이 바로 그것이다. 온원과 4분원은 가는 방법이 각각 한 길 뿐이지만 반원의 경우는 수직축과 수평축 반원으로 두 길이 있다. 그런데 이들 사평판의 수들이 마야력의 세 구성수와 연관이 있다는 것이다. 4분원이 13과, 반원이 18과, 온원이 20과 각각 연관이 된다는 것을 입증해 나갈 것이다. 철도에는 주요한 역이 동서남북 그리고 중앙의 다섯 곳에 있다. 윷판에는 꼭지점vertex(V), 변edge(E), 면face(F)의 세 종류가 있다. 이 세 종류는 현대 수학을 탄생시킨 오일러

---

7) 이 책 원고가 완성된 후 필자는 윤석희 저 『천부윷의 재발견』(서울:지하仙, 2013)을 접하게 되었다. 이 책 안에는 윷에 관한 정보가 담겨져 있다. 참고를 바란다.

정리Euler's Theorem와 연관이 되는 매우 주요한 것이다. '꼭지점'은 말이 가는 위로서 역과 같고, 변은 꼭지점과 꼭지점을 이어주는 선(철길)과 같고, 면은 변과 변 사이에 생긴 공간을 두고 하는 말이다. 이에 대한 자세한 논의는 다음 절로 미루기로 하고 우선 여기서는 윷판 안에서 이 셋 (V, E, F)의 개수가 얼마나 되는지부터 알아보기로 한다.

셈하는 방법에는 두 가지가 있다. 순환점들인 변환점, 반환점, 전환점(시발점인 동시에 종착점), 중앙점을 두 번 셈하는 것과 한 번 셈하는 것의 차이에 따라서 마야 구성수 13, 18, 20이 결정된다. 두 번 셈하는 것을 두고 '재륵再扐'이라고 한다. 이는 마치 손가락 셈법에서 소지와 엄지를 굽혔다 다시 펴 굴과 신을 두 번 셈하느냐 아니면 굴과 신 가운데 어느 하나만 셈하느냐와 같은 문제라 할 수 있다. 그래서 '재륵'이란 굴과 신을 동시에 하는 것을 두고 하는 말이다. 이 세 순환점과 중앙점에서 재륵이 발생하는 여부에 관심을 모아서 사희를 관찰해 나가면 그것이 마야 구성수와 밀접하게 관련이 있는 것을 발견하게 될 것이다.

거듭 강조해 말하면 재륵이 일어나는 곳은 순환점들이 있는 곳이다. 그래서 5곳(1전환점, 2변환점, 1반환점, 1중앙점)에서 그것이 가능하다. 두 변환점은 수평 대칭축을 만들고, 반환점과 전환점은 수직 대칭축을 만든다. 사실상 윷판에서는 출발과 도착을 사방, 그리고 중앙 어디서나 할 수 있다. 재륵이 일어나는 5개의 점들을 특히 '재륵점retrograde point'이라 부르기로 한다. 이들 재륵점에 주의를 기울이는 것이 마야력과 사희 그리고 우주의 구조를 이해하는 관건 가운데 관건이다.

가장 주요한 구성수는 13이다. 13을 찾는 방법은 두 가지이다. 하나는 사평판의 수직과 수평에 있는 점들을 합하면 13이 된다. 수평과 수직은 사평판을 만드는 기축이다. 그래서 13을 '기축수axial number'라 부

르기도 한다. 기축수로서 13은 구성
구조가 복잡하다. 13 속에는 변환점
2개 그리고 반환점과 전환점 그리
고 중앙점들이 들어가 있다. 즉, 5개
의 재륵점들이 다 들어가 있다.

5개의 재륵점들에서 재륵을 하게
되면 10이 된다. 그리고 비재륵점들
8개를 합하면 모두 18까지 셈할 수
있다. 이제 이들 두 기축에 들어 있
는 재륵점들의 재륵과 비재륵 여부

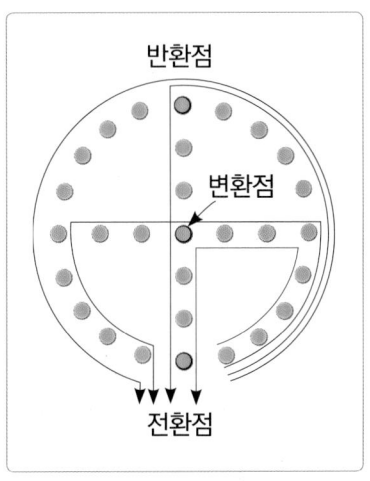

(도판 15) 윷판 순환도(박상화, 1981, 44)

에 따라서 구성수 13, 18 그리고 20이 결정된다.

두 기축이 비재륵이면 13이지만 재륵이면 18이 된다. 두 기축은 5개
의 재륵점들과 모두 연관이 되는데 이 재륵점들에서 재륵을 하지 않으
면 13이 되고, 하면 18이 된다. 그런데 13과 18을 4분원과 반원에서도
확인을 할 수 있다. 즉, 마야의 월인 위날 18수가 기축과 반원에서도 확
인이 된다는 것이다. 사평판을 수직이나 수평으로 나누어 반원을 만들
때에 수평축(수직축) 두 개의 변환점(반환점)에서 재륵을 하게 되면 모두
18이란 수가 나온다. 여기서 중앙점은 재륵을 하지 않았는데 중앙점도
재륵을 하면 19가 된다. 마야 역법에서 월수를 셈할 때에 18과 19가 동
시에 고려의 대상이 되는 이유가 여기서 분명해진다.

다음으로 13이 4분원과 연관이 되는 이유를 알아보자. 사평판을 수
직과 수평을 중심으로 4등분한 것을 4분원이라고 한다. 4분원 안에는
중앙점과 1개의 변환점(반환점)이란 두 개의 재륵점들이 있다. 이들 가운
데 어느 하나가 재륵을 하게 되면 13이 된다. 두 개 모두가 재륵을 하면

14가 되고, 두 개 모두 재륵을 하지 않으면 11이 된다.

마지막 구성수 20은 쉽게 얻어진다. 즉, 온원 전체의 꼭지점들의 합은 모두 20이다. 중앙점이 제외되나 4개의 재륵점을 가지고 있다. 이들 4개의 재륵점들이 모두 비재륵이면 그것이 다름 아닌 20이다. 20은 마야 촐킨의 일수와 같다. 그런데 온원에서도 만약에 4개의 재륵점에서 재륵을 하면 24가 된다. 13에는 재륵점이 5개, 18에는 4개, 20에는 4개가 있다.

세 개의 구성수는 결국 재륵점들의 수와 그 재륵점들이 재륵이냐 비재륵이냐에 따라서 결정이 되고, 수평이나 수직에 있는 점들을 공유한다. 여기서 재륵을 자기언급이라고 할 때에 재륵이란 말은 '비틈'이란 말로 바꿀 수 있고 비재륵은 '안비틈'이란 말로 바꿀 수 있다. 이렇게 논리적 언어로 바꾸어 놓으면 사평판과 마야 세 구성수들의 논리적 구조를 한 눈에 규명할 수 있다. 이에 관해서는 아래 절에서 다시 논할 것이다.

마야 구성수는 프랙털 구조를 가지고 있다. 이 말은 마야 구성수인 20, 18, 13이 온원과 반원 그리고 4분원으로 확인된다는 말과 같다. 프랙털 구조라 함은 전체와 부분이 재귀 반복을 하고 있음을 의미한다. 재귀반복이란 말이 다름 아닌 '재륵'이다. 이는 앞으로 말할 마야 구성수들이 서로 톱니바퀴를 만들어 순환하는데서 잘 나타날 것이다. 재륵이란 자기언급이고 프랙털은 자기언급 구조에서 가능해진다. 5개의 재륵점들을 가지고 재륵과 비재륵이란 측정어로 4분원, 반원, 온원 안의 점들을 셈하면 다음과 같다. 이는 세 개의 구성소들이 순환을 할 때에 어떤 유기적 관계가 있는지를 한 눈에 보게 한다.

	4분원	반원	온원
재륵	14	20	0
비재륵	11	16	20

4분원이 13이 되는 것은 자기 안에 있는 3개의 재륵점들 가운데 2개가 재륵을 할 경우이고, 반원이 18이 되는 것은 자기 안에 있는 4개의 재륵점들 가운데 2개가 재륵을 할 경우이다. 3개가 하면 물론 19가 된다. 4분원과 반원 가운데 있는 2개가 재륵을 하여 13과 18이 되는 규칙성을 발견하였다. 재륵은 다시 말해서 변환점, 반환점, 전환점의 세 곳에서 두 번 셈하는 데서 발생하는 현상이다.

특히 13은 수직과 수평 두 기축에 있는 점들이 비재륵을 하든지 아니면 4분원안에 있는 점들 가운데 2개가 재륵을 하여 만들어진다. 반원은 수직이나 수평 가운데 하나의 축만 연관이 된다. 그리고 온원은 수직과 수평축에 있는 재륵점들과만 연관이 된다. 그렇다면 4분원, 반원 그리고 온원이 모두 기축과 연관이 됨을 확인한다. 이 기축이 있어서 그것이 세 구성수가 서로 맞물려 순환하도록 한다. 이를 확인할 차례이다. 기축이란 다름 아닌 원에서는 지름이고 사각형에서는 대각선이다. 그렇다면 이들 기축인 대각선은 사각형의 가로, 세로와 서로 연결이 되는 것이고 이는 대각선화와 반대각선화에 연관이 되는 문제이다. 사평판에 있는 점들을 사각형으로 만들어 보면 그것이 대각선 논법과 연관이 됨을 알 수 있다.

사평판의 위상학적 고찰

사평판 안의 이러한 구성수의 비례 관계를 확인하면 (도판 16)과 같다.

백점의 개수는 18개이고 흑점의 개수는 11개이다. 그리고 정대각선 상에 있는 백점과 흑점의 개수는 4:3으로 비대칭적이다. 부대각선상은 모두 백점으로 7개이다. 사각형의 가로와 세로에 배열된 흑점과 백점의 합은 20이다. 가로나 세로의 6과 대각선상의 7의 합은 13이다. 가로 6, 세로 6, 그리고 대각선 7을 합하면 19이다. 여기서 중앙점 1개를 빼면 18이 된다. 부대각선상에 있는 백점 7개를 반가치화하면 흑점 7개가 된다. 이를 반대각선화하여 가로, 세로와 합하면 흑점이 모두 18개 된다. 정대각선상을 반가치화하면 흑이 4개, 백이 3개가 된다. 가로와 세로에 있는 백 11개와 합하면 모두 14개가 된다.

여기서 가로와 세로를 함께 셈하면 꼭지점은 가로에도 속하고 세로에도 속한다. 그래서 이는 변환점이나 반환점으로 재륵이 일어나는 곳이다. 그런데 문제는 이 꼭지점은 대각선을 셈할 때에도 포함이 된다. 그래서 꼭지점은 가로와 세로 그리고 대각선을 셈할 때에 모두에 포함이 된다. 그리고 두 개의 대각선이 만나는 중앙점은 흑점으로도 백점으로도 계산될 수 있다. (도판 16)에서는 백점으로 되어 있다. 마야 구성수는 다름아닌 사평판을 사각형으로 만들어 놓았을 때에 대각선 논법과 연관이

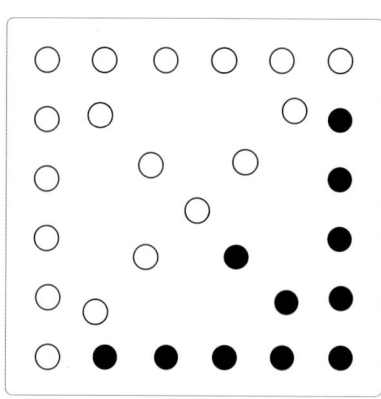

(도판 16) 사각형 사평판의 흑백점 4:3비율

되는 것을 발견하게 된다. 여기서도 문제시 되는 것은 재륵이다.

대각선에 해당하는 수평과 수직 축이 반대각선화하여 그것이 사각형의 가로나 세로가 되는 데에 따라서 수가 증감한다. 이는 마치 칸토어의 대각선 논법에서 그러한 것과 같다. 이렇게 수의 과대와

과소를 만드는 원인은 다름 아닌 재륵 때문이다. 즉, 자기언급 현상 때문이다. 우리는 이를 사평판 속에서 한 눈에 확인할 수 있었다. 마야수의 세 구성수들이 이런 구조를 가지고 있음은 한국의 사희를 통해서만 밝혀질 수 있다. 지금까지 마야 연구 학자들 특히 애브니 같은 학자들도 이들 수들이 어디서 왔는지 확실한 답을 제시하지 못하고 있는 실정이다. 그렇다면 문제는 한국의 사희 놀이의 구조는 어떻게 만들어졌고 그 기원이 어디이냐의 질문에 직면하게 된다.(윤석희, 2013, 1장 참고)

마야 구성수는 쉽게 수지 계산법에서도 도출해 낼 수 있다. 다시 말해서 동양인들의 셈법대로 엄지에서 1하고 굴하면서 셈해 나갈 때에 엄지로 다시 돌아오면 엄지를 재륵하지 말고(펴지 말고) 셈하여 나가면 소지에서 13이 된다. 이 소지에서 다시 엄지까지 와서 엄지를 펴면 그것이 18이 된다. 만약에 엄지와 소지를 재륵을 하여 처음부터 다시 셈하면 그것이 20이다. 애브니는 마야인들이 손가락과 발가락을 모두 셈하는 데서 20을 만들었다고도 한다. 그러면 일관성 있도록 어떻게 13과 18을 만들었는가. 여기서도 주요한 것은 재륵의 문제이다. 다시 말해서 마야수에는 손가락 5진법에 재륵과 비재륵을 적용하면 쉽게 얻어지고 사평판도 여기에서 예외는 아니었다.

끝으로 (도판 17a)는 한 붓 긋기가 불가능한 구조이다. 다시 말해서 가로와 세로, 그리고 두 개의 대각선을 모두 한 번 붓 긋기로는 다 통과할

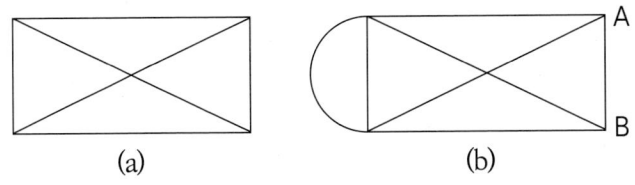

(a)   (b)

(도판 17) 윷판의 한붓긋기

수 없다. 한붓 긋기가 가능하자면 V-E+F=2라는 오일러 공식이 성립하여야 한다. 그러나 윷판은 그것이 불가능하다. 그것이 가능하게 하는 방법은 다름 아닌 재릌이다. (도판 17b)에서 보는 바와 같이 꼭지점 하나에서 재릌을 하는 것이다. 재릌을 한다는 것은 한 꼭지점에 두 번 간다는 것이다.

꼭지점 한 곳에서 재릌을 하여 변을 하나 밖으로 나가게 한다. 그리고 그 변에 이웃하는 다른 꼭지점에 연관을 시킨다. 그러면 그 새로운 꼭지점도 재릌을 해야 한다. 재릌을 두 번 한다. 그러면 비로소 한 붓 긋기가 가능해진다. 사평판으로 볼 때에 마야 세 구성수들 13, 18, 20은 단순하지 않다. 여기에는 재릌이라는 자기언급이란 변수가 들어가야만 한다. 이는 마야 구성수가 서로 맞물려 순환 구조를 만들 때에 그것을 가능하게 하는 원인이 재릌에 있음을 말하기 위해 미리 말해 두는 것이다. 아래 이어지는 절들은 세 구성수들이 어떻게 서로 맞물릴 수 있는가를 뒷받침하기 위해 마련된 것들이다.

윷판의 면수와 태양의 운행구조

마야 문명과 우리의 그것이 근접함을 보여주는 단서는 사평판을 거미집 모양으로 바꾸어 보면 그것이 다름 아닌 훈압-쿠(도판 4)와 같음에서 극명하게 드러난다. 판을 아래와 같이 그 모양을 변형시켜 보면 그것이 훈압-쿠와 같음을 쉽게 발견할 수 있다. 수직과 수평에 있는 점들을 주변의 점들과 연결하여 만든 것이다.

(도판 18)을 '거미줄 망형type of spider net'(약칭은 '망형')이라고 하자. 윷판이 3수분화적임을 한 눈에 확인하게 만들어주는 망형이다. 망형은 윷판을 꼭지점, 변, 면을 동시에 생각하도록 만들어 준다. 여기서 지금까

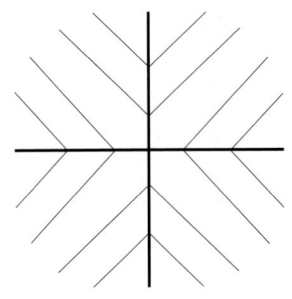

(도판 18) 훈압-쿠와 윷판의 반대각선화

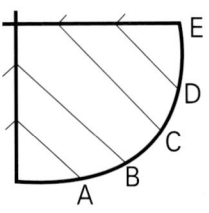

(도판 19) 면으로 본 사평판

지 다루지 않았던 '면'에 대하여 생각해 보기로 한다. 먼저 1/4 되는 부분만을 잘라 내어 면의 수를 셈하기로 한다.

면을 생각할 때에 면적의 크기와 면의 각도에 대하여서는 모두 무시하고 면을 만드는 변의 숫자에만 관심을 갖는다. 그러면 변이 4개인 B와 D를 기준으로 하여 이를 1이라고 하면 변 1개당 0.25가 된다. 그러면 변이 3개인 A와 E는 0.75이고, 변이 5개인 C는 1.25가 된다.

$$
\begin{array}{r}
\text{A와 E} = 0.75 \\
\text{C} = 1.25 \\
\underline{\text{B와 D} = 1} \\
\text{합계 } 4.75
\end{array}
$$

그러면 전체 면은 4.75이고 윷판 전체의 면은 4.75×4=19가 된다. 우리는 여기서도 마야 구성소 18(19)을 만나게 된다.

면에서도 재륵의 문제를 생각할 수 있다. 중앙점에서 수직과 수평이 만드는 기축선도 변으로 생각할 때에 이것은

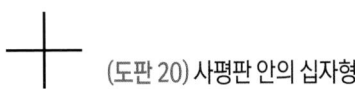

(도판 20) 사평판 안의 십자형

와 같은 십자형이다. ABCDE 5개의 면들 속에는 이 기축선이 만드는 변이 하나씩은 들어가 있다. 그런데 C는 2개가 들어가 있다. 1개가 추가되어 있다. 그래서 1.25란 점을 갖는다. 그렇다면 망형 전체에서는 이런 추가분이 4개 있게 되고 점으로는 4개이기 때문에 1점이다. 이 1점 때문에 18이 19가 된 것이다. 만약에 19에서 이 재륵이 만드는 수 1을 빼면 그것이 18이 된다. 이렇게 망형 안에 있는 면에도 재륵 현상이 나타난다. 십자형은 자기 자신이 만드는 4변으로 면 1점을 추가한다.

그러면 왜 면 안에는 이렇게 다른 비율의 면이 있느냐는 질문이 제기된다. 면을 만들기 위해 수직과 수평에 있는 점들을 모두 사각형(도판16)의 가로와 세로에 있는 점들과 일대일 대응시켜 면을 만들었다. 변은 그 수가 1개씩으로 고정적이지만 면의 경우는 이러한 비율의 차이가 생긴 것이다. 그 비율을 보면 3:4:5이다. 이는 피타고라스의 수인 것이다. 만약에 윷판을 28수의 별자리로 본다면 이들 면들이 가지고 있는 비율은 다름 아닌 1년 4계절 동안 별들의 운행과 연관이 되어 동지, 하지, 춘분과 추분을 나누는 그것과 같다.

두 개의 변환점은 수평축에서 춘분과 추분, 그리고 두 개의 반환점은 수직축에서 하지와 동지로 나눈다. 이는 지구의 적도를 중심으로 한 변화율이라 볼 수 있다. 동지와 하지 그리고 추분과 춘분이 있는 곳에서는 반드시 재륵 현상이 나타나야 한다. (도판17)의 한 붓 긋기에서 보는 바와 같이 재륵 현상이 나타나지 않으면 다음 꼭지점(여기서는 절기)으로 넘어 갈 수가 없다. 재륵이란 비틈으로 전후, 상하, 좌우가 반대로 되는 뫼비우스띠 현상을 두고 하는 말이다.

(도판21)은 윷판의 경우 실제 태양 중심의 운행 구조에서 어떻게 재륵이 적용되는가를 한 눈에 보여준다. 윷판의 수평축은 지구의 적도이고

수직축은 관찰자가 관찰하는 위치이며 중앙점은 관찰자의 정수리라고 할 때에 수직축은 4계절의 변화에 따라서 각도를 조절한다. 관찰자가 윷판의 원주 상에 섰을 때에 관찰자의 정수리에 해당하는 것이 윷판의 중앙점이다. 이제 관찰자가 태양을 바라본다고 할 때에 전자와 후자가 만드는 각도가 z이다. 윷판에서 볼 때에 이 각도는 수직축과 곁가지가 만드는 각도이다. 이에 대하여 x는 수평축과 수직축이 만드는 각도로서 이 각도가 상수값인 y의 손익에 따라서 하지와 동지가 결정된다. x의 손익에 따라서 z값도 변하게 된다. x가 수직과 수평축의 사상에 의하여 만들어지는 대각선 값이라면 이 값을 조정하는 값이 바로 y이다. y의 이동에 따라서 z값도 변한다. 관찰자는 같은 장소와 같은 시간대에서 관측을 하고 적도도 고정적이지만 태양도 변하고 있기 때문에 손익 율려 운동을 하게 된다.

만약에 임의의 한 지점에서 관찰

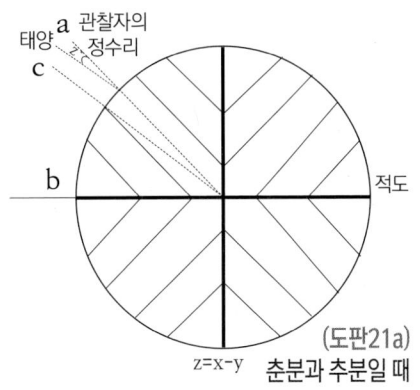

(도판21a) 춘분과 추분일 때

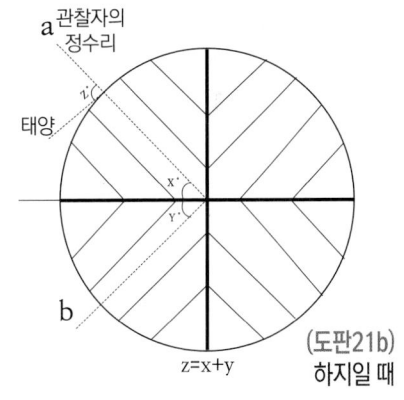

(도판21b) 하지일 때

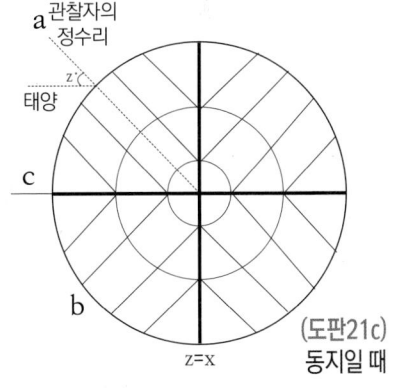

(도판21c) 동지일 때

(도판21) 태양과 지구의 적도가 만드는 각도
(Downing, 2001, 238)

자가 관찰하는 위치의 정수리zenith와 태양이 만드는 각도를 z라고 하고, 태양과 적도가 만드는 각도를 x라고 할 때에 z와 x가 z=x가 되는 경우가 (도판21a)과 다름 아닌 춘분과 추분이 지난 첫 번째 날이다. 이때에 태양은 적도의 상공에 있다.

추분이 지나고 하지가 오게 되면 태양은 적도 위로 올라오게 되어 (도판21b)와 같아진다. 물론 관찰하는 시간은 정오이다. 이때에는 z=x-y라는 식이 성립한다. 여기서 y는 태양과 적도가 만드는 각도이다. y값은 지구가 기울어져 있는 값으로서 23.45도이다. 그래서 하지 다음 날은 태양이 적도의 북쪽으로 23.45도 기울어진 곳에 있게 된다. 반대로 동지 때에는 (도판21c)와 같이 23.45도 남쪽으로 기울어져 있다.

윷판 원주상의 어느 한 지점에 섰을 때에 관찰자의 머리 위 정수리는 윷판의 중앙이 된다. 이 중앙점으로 수평축(적도)이 지나간다. 다시 관찰자가 태양을 바라볼 때 만드는 각도가 z라는 것이다. 관찰자와 적도가 만드는 각도가 x이다. 이때에 z와 x의 각도 크기를 나타내는 것은 윷판 안의 수직이나 수평축의 어느 한 점이 원주와 만나 만드는 각도이다. 그 각도의 크기가 같은 때가 춘분과 추분이다. 그리고 z=x+y일 때가 동지이고, z=x-y일 때가 하지이다.

동지와 하지와 춘분과 추분이 지난 첫째 날에 적도를 중심으로 하여 지구와 태양이 만드는 세 가지 각도를 z, x, y라고 할 때에 이들 삼자 간에는 아래 등식이 성립한다.

동지 지난 첫째 날   z=x+y
하지 지난 첫째 날   z=x-y
춘분과 추분 지난 첫째 날 z=x

이 세 경우에 상수값은 y인 24.35도이다. y값이 수평축, 그리고 수평축의 상과 하 어디로 움직이느냐에 따라서 춘분과 추분 그리고 하지와 동지가 결정된다. 다시 말해서 a와 b는 수직축이 신축성 있게 수평축의 상과 하에서 움직인 것이다. 그리고 c는 수직축에 달린 곁가지이다. 그래서 a와 c 사이의 각도인 z는 관찰자와 태양 사이의 각도인데 이 각도가 상수값 y가 수평축의 상과 하의 어디로 움직이느냐에 따라서 계절이 변한다.

여기서 주요한 것은 춘분과 추분일 때에 b가 수평축과 같아져 버린다는 점이다. 수직과 수평이 같아져버렸다는 말이다. 대각선화가 된 것이다. 그러면 $z=y$가 되어져버린다. 이러한 현상을 두고 재귀라고 한다. 수지에서는 소지와 무지에서 일어나는 자기언급의 현상인 것이다. z라는 각도를 보자. 그것은 관찰자가 a라는 수직축에 서서 태양을 바라보았을 때에 자기의 정수리와 만드는 각도이다. 그런데 이 각도가 상수값 y에 따라서 수평축의 상하를 오르내리게 한다.

그렇다면 지금과 같은 우주에서 변화를 야기시키는 것은 y값이라 할 수 있다. 다시 말해서 지구가 기울어져 있기 때문이라 할 수 있다. 이러한 상수 값이 더하기와 빼기를 하는 것을 두고 손익법이라고 한다. 하지에서 손하고 동지에서 익한다. 이를 역에서는 율려律呂라고 한다. 그러면 마야인들은 이 율려를 어떻게 이해하고 있는가를 알아보기로 한다.

마야수와 윷놀이의 순환구조

윷판은 하늘의 구조인 동시에 땅의 구조이다. 윷판에 붙여져 있는 순수 우리 말 명칭에 의하면 그것은 마치 전형적인 시골 마을의 한 농촌 가옥과 그 주변에 논밭이 있는 들판과도 같다. 들판의 중앙에는 집이

한 채 있고 그 집의 사립문을 열고 나오면 사방에 밭이 있는데 그 밭들과 밭 주변에 심겨진 나무들의 이름들을 윷의 말들이 가는 역과 같다면 그것을 전형적인 윷판의 그것이 된다. 그리고 윷 가지를 쟁기와 같다고 보면 사희가 농경문화의 산물인 것이 분명하다. 농경문화에서 하늘의 별자리 관찰은 필수이다. 그래서 윷판(사평판)은 곧 천체도이기도 한다.

윷판의 말들은 모두 4개이다. (도판14)에서 인디언들의 팥톨리에서도 그것을 확인한다. 그런데 윷가지는 4개인데 만드는 점수의 수는 5가지이다. 도·개·걸·윷·모가 그것이다. 여기서 5(모)라는 초과분이 생겼다. 초과분 5는 점수가 제일 높은 것이다. 그리고 이 초과분 5가 바로 대각선 논법과 관련이 된다. 대각선 논법에서 초과분이 생기는 이유와 연관이 된다는 것이다. 마틴 가드너의 카드(도판2)와 윷판을 비교하면 이 말이 쉽게 이해된다. 윷의 말은 대각선 논법의 제 요소들을 다 갖추면서 동시에 마야수의 구성소들도 그 속에서 모두 발견할 수 있다. 대각선 논법과 마야 세 구성소 혹은 구성수를 동시에 확인할 수 있는 것으로서 사희만큼 도움이 되는 것이 없다는 사실을 위에서 확인했다. 먼저 윷의 말이 갖는 구조를 보면 다음과 같다. 우리 문화 속에 깊이 스며들어 있고 퍼져 있는 윷판과 윷말의 구조는 여기서 사족을 달 필요가 없을 정도로 쉽게 파악이 된다.

(도판14)와 (도판22)를 비교를 해 보면 대각선 논법이 쉽게 이해된다. 가드너의 카드놀이에서는 정대각선을 이용했지만 여기서는 부대각선을 그러하기로 한다. 백점 4개인 부대각선을 반대각선화한다.

그것을 다시 반가치화시키면 그것이 모 5점이 된다. 흑점은 4개이지만 거기에 추가분 1이 더해진다. 반대각선화와 반가치화하는 과정을 추가분으로 한다. 그러나 이것은 가수 혹은 허수이다. 윷말은 4개인데 점수는 5를 주기 때문이다. 20세기 가드너와 19세기 칸토어가 이 사실을 알았더라면 연속체 가설의 함정에 빠지지는 않았을 것이다.

모에서 윷까지는 연속적이고 일관성이 유지된다. 젖혀지면 점수를 주고 엎어지면 안주는 일관성이 유지된다. 이런 일관성을 유지하는

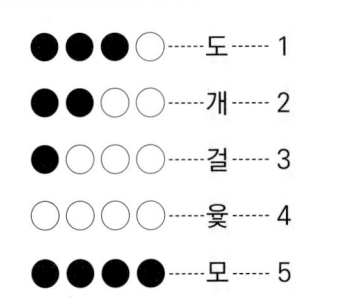

(도판22) 윷말과 해당 점수표
(박상화, 1981, 135-141)

원칙을 고수하게 되면 모는 당연히 0이어야 한다. 그러나 최고의 점수인 5를 준다. 그러면 윷과 모는 연속적인가 비연속적인가. (도판22)는 박상화선생이 그의 소책자 『정역을 바탕한 영가와 평화유희』에서 만들어 놓은 것이다. 물론 선생이 필자의 의도와 같이 그것을 대각선 논법과 마야 구성소에 일치시킨 것은 아니지만 여기서 많은 도움이 되어 그대로 전제한다.(박상화, 1981, 135, 141) 칸토어와 윷을 매개해 주는 역할을 20세기 수학자 마틴 가드너가 해주고 있다.

(도판22)는 연속체 가설의 문제와 관련하여 각별한 의미를 갖는다. 흑백 물림도('빽도'로 알려짐)는 백점3+흑점1 혹은 흑점3+백점1이다. 물림도 속에 선을 그어 백점 속에는 흑선을 흑점 속에는 백선을 넣었다. 이는 흑백이 연속이면서 비연속이라는 것을 보여주기 위해서이다. 흑 속의 백 혹은 백 속의 흑과 같다. 만약에 이러한 물림도가 없다면 윷과 모는 불연속적이 되고 말 것이다. 이는 마치 음양도에서 본 음속에 양, 양속의 음과 같다고 할 수 있다. 이는 실로 서양 사상이 극복하려고 하는 연속과 비연속의 문제를 한 눈에 해의하게 만들어 주는 것이라 할 수 있다. 이는 가드너도 미처 말하지 못했던 한국적 지혜의 소산이라 할

수 있다.

다음은 위 윷판을 위상학적으로 그 모양을 달리해 보는 것이다. 위상학이란 도형의 위치만을 고려의 대상으로 삼는 수학을 두고 하는 말이다. 즉, 위상학은 전철역 지도와 같이 역과 역 사이의 거리, 그리고 길 사이가 직선이든 굴곡이든 그것은 상관하지 않고 오직 역과 역 사이를 연결하는 관계와 위치만을 고려의 대상으로 삼는 수학의 한 분야이다. 이러한 위상 수학이 오일러(1708-1783)라는 수학자로부터 시작한다.

여기서는 먼저 위상학적으로 윷판의 모양을 다른 것으로 바꾸어 본다. (도판 23)은 사평판(사희 혹은 윷판)의 중앙점을 중심으로 윷판에서 회전 방향을 만들면서 거기에 1/4원(4분원) 단위로 숫자를 적어 본 것이다. 7개의 점들이 중앙점에서 원의 둘레로 확산되면서 나선형을 만든다. 그러면 중앙점은 숫자가 없는 백점이다. 그리고 중앙점을 중심으로 하여 좌우 수평대칭점은 변환점, 상하 수직대칭점은 반환점, 그리고 출발점과 종착점을 전환점이라고 한다. 이들 세 곳을 순환점이라고 한다. 그 곳에 모두 숫자 3이 있는 것이 특징이다. 중앙의 백점은 숫자상으로는 0와 같다. 그리고 거기서 1이 시작한다.

7개의 별이 좌선하는 방향은 그대로 북두칠성이 북극성(중앙점) 주위를 1일 1회 회전하는 방향 그대로이다. 그래서 이를 두고 '칠성판'이라고도 한다.(윤석희, 2013, 133) 중앙점과 세 개의 순환점들에서 재륵을 하느냐 안 하느냐에 따라서 수직과 수평축의 수가 각각 7(반환점과 전환점)이 되기도 하고 6이 되기도 한다. 숫자 3(변환점)이 재륵을 하느냐 안 하느냐에 따라서 18과 20수가 만들어지는 것을 위에서 보았다. 윷판 위에 있는 1~7과 백점은 5개 재륵하는 수에 따라서 셈하기가 달라지고 나아가 마야 구성소들이 다양하게 만들어진다. 앞으로 마야 세 구성수들 13, 18, 20 이외의 다양한 마야수들이 모두 이 윷판 위의 수들과 그 수의 위치 값이 갖는 성격에 따라서 다양하게 달라지는 것을 보게 될 것이다. 그런 의미에서 (도판23)은 중앙점의 의의를 부각시키는데 공헌을 한다. 두 축에 있는 수가 6이 되기도 하고 7이 되기도 하게 하는 것이 다름 아닌 중앙점이기 때문이다.

(도판23) 1-7의 수로 본 윷판의 칠성판 구조
(박상화, 1981, 44)

수직축과 수평축이 각각 1/2원(반원)으로 나누며 두 축에는 공히 7개의 역들이 있다. 여기서 우리는 쉽게 13이란 수를 찾아낼 수 있었다. 알기 쉽게 기차와 철도 그리고 기차역에 비유를 하였지만 윷판은 하늘의 별자리를 그대로 모형한 것으로 알려져 있다. 즉, 중앙점 하나는 북극성이고 그 주변의 일곱은 북두칠성의 7개의 별들이다. 여기서 가장 문제시되는 것은 그것이 역의 수이든 별들의 수이든 상관없이 수평과 수직을 만드는 7이란 수이다. 이 7수 속에는 중앙의 1(재륙점)이 포함돼 있다. 7개 별 가운데 4번째 별(변환점에 해당)을 두고 특히 '문곡성文曲星'이라고 한다.

이 문곡성은 기독교의 7개 촛대 가운데 중앙에 있는 것이다. 북두칠성의 3개의 별을 좌우에 두었을 때에 중앙에 있는 별이다. 이 별이 중요한 이유는 이 별이 있는 위치가 바로 지구의 정북(자오)이기 때문이다. 천체의 정북은 북극성이다. 그런데 지금의 우리 지구는 북극성에서 23.65도 기울어져 있다. 지구의 자오선에서 북극성까지는 36도, 북극성에서 문곡성까지는 23.5도, 그래서 자오선에서 문곡성까지는 59.5도

기운다. 바로 혼천의 혹은 선기옥형이 이런 원리에 의하여 만들어졌다. 이에 대한 자세한 설명은 다음으로 미루기로 한다.

윷판의 중앙을 판 전체로 보았을 때는 북극성이지만 북두칠성 자체 안에서 볼 때에는 중앙에 있는 문곡성이다. 이러한 이중적 성격 때문에 사시사철의 변화가 생기고 윤달과 윤일이 발생하게 된다. 윷판의 이러한 구조는 곧 일종의 프랙털 현상과도 같으며 이런 프랙털 현상 때문에 자연의 변화가 생긴다. 마야수의 구성소 속에서도 우리는 이러한 프랙털 현상을 발견하게 될 것이다. 우리의 윷판 속에 이런 구조가 없다면 그것은 하나의 놀이 도구에 불과할 것이다. 이러한 프랙털 현상을 우리는 윷의 말이 갖는 구조 속에서도 발견하게 된다.

(도판24)는 만자 형으로 된 윷판 안의 선들을 철길이라고 할 때에 철길의 안과 밖의 화살표의 방향이다. 즉, 안쪽은 시계 방향이고 바깥쪽은 반시계 방향이다. 그러나 안과 밖의 선들이 마주 붙어 있다. 전형적으로 뫼비우스띠에서 사각형 전후의 선들을 뽑아 내었을 때에 만드는 구조이다. 다시 말해서 윷판은 위상학적으로 보았을 때에 3차원 이상의 위상학적 구조를 갖는다고 할 수 있다.

이는 우주의 구조인 것이다. 태양계를 비롯한 천체가 충돌 없이 회전할 수 있는 이유는 이러한 위상학적 구조 때문이다. 우리 민족은 위상학에 밝은 민족이다. 한복을 제단 할 때에는 반드시 이러한 고차원의 구조를 이용해야 한다. 그런 의미에

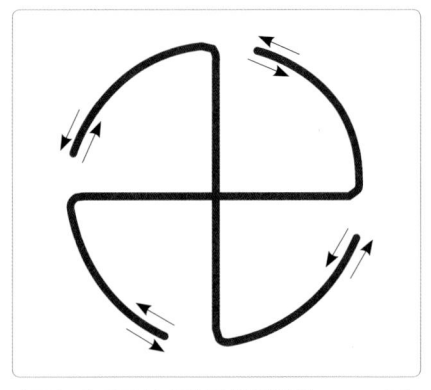

(도판24) 윷판의 회전 방향(박상화, 1981, 44)

서 (도판24)는 한복바지의 앞뒤가 마주 붙는 구조라 할 수 있다. 이에 대한 자세한 논의는 '초공간과 한국문화'를 참고바란다.(김상일, 1999, 참고)

윷판과 세 구성수들의 맞물림

위 (도판24)는 온원, 반원, 4분원을 한 눈에 볼 수 있게 하는 장점이 있다. 이에 기초하여 마야 구성수들을 다시 확인하기로 한다. 사평판과 말들은 동일한 수의 구조, 즉 구성소들 간의 프랙털 구조를 갖는다는 사실이 밝혀졌다. 사평판에는 고유 한국말 명칭이 있다. 즉, 사평판을 중앙에 집이 있는 들판으로 생각할 때에, 집의 안방을 중심으로 한 바퀴 돌며 있는 들판의 밭들의 이름은 '앞밭', '뒷밭', '쨀밭', '날밭'이다. 말들이 가는 점들은 4방 밭들 주위와 집을 중심으로 수직과 수평으로 난 길에 심겨져 있는 나무들과 같다. 마치 에덴동산 같이 중앙과 주변이 나뉘어져 있는 들판과 같다. 에덴동산에서도 중앙과 주변이 문제가 되듯이 윷판에서도, 그리고 마야수에서도 그것이 문제가 된다.

중앙의 생명의 나무가 문제이듯이 수직과 수평이 만나는 중앙점이 문제의 점이다. 그 이유는 재륵을 하기 때문이다. 즉, 그것이 지구地球이든 천구天球이든 문제가 되는 것은 바로 중앙과 주변이라는 구별 자체 때문이다. 수에 적용을 할 때 중앙수와 주변 수들 간의 문제라고 할 수 있다. 마야 구성소란 바로 이에 대한 문제를 다루는 수 체계이다. 기독교 원죄 교리도 궁극적으로 재륵이란 관점에서 재조명해야 할 것이다. 원죄는 윤리적인 문제가 아니고 논리적인 것이기 때문이다. 신이 인간에게 중앙과 주변의 나무를 구별케 한 것이 원리의 시작이기 때문이다. 곤지곤지 잼잼이 이 문제에 해당한다.

각각 밭들의 명칭들은 형용사가 되듯이 각각의 나무들(점들)에는 '뒷도', '찌도', '날도',…와 같은 명칭들이 붙어 있다. 이제 마야의 13, 18, 20의 명칭들을 윷판 위의 점들에 일대일 대응을 시켜서 위에서 밝혀 놓은 제 위치에 붙여 놓으면 (도판25)와 같다. 이는 (도판 107)과 대조를 만든다. 즉, (도판25)는 비재륵으로 (도판 107)은 재륵으로 수를 셈하여 윷판에 일치시킨 것이다.

지금 마야 연구 학자들은 경쟁적으로 13, 18, 20 구성소 숫자의 기원을 찾으려 하고 있다. 그러나 여러 다양한 설만 있을 뿐, 셋을 하나로 통일시켜 규명해 줄 만한 배경을 찾지 못하고 있다. 방울뱀의 산란 주기와 옥수수의 성장 주기 등, 은유법에 의한 다양한 추측만 있을 뿐이다.

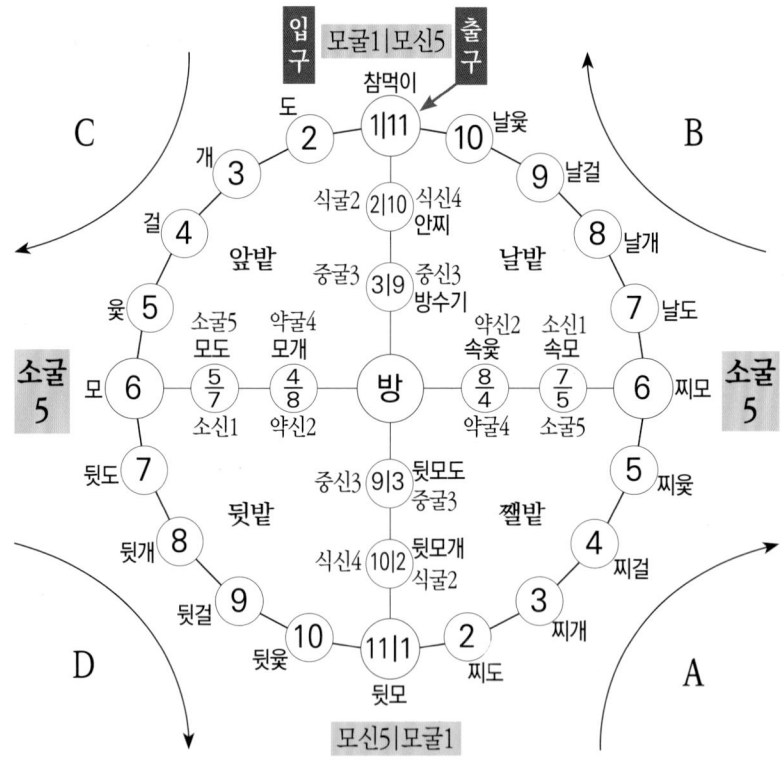

(도판25) 수지수와 윷판과 마야 구성수

특히 13의 경우는 기독교에서 그 기원을 찾기도 한다. 그러나 우리의 윷판과 윷말만이 세 구성소들을 단 하나의 구조로 일관성 있게 일괄적으로 규명하고 있다.

(도판25)는 수지수와 윷판을 일치시켜 놓은 것이다. (도판107)과 함께 이 책의 대미를 장식한다 해도 과언이 아닐 정도이다. 참먹이, 모, 뒷모, 찌모, 그리고 방수기 5곳에서 (도판25)는 재륵을 하지 않는 경우이고, (도판107)은 하는 경우이다. 1-10 사이의 수들이 원주 그리고 수직과 수평 축에 배열된다. 4곳에서 양자는 중복이 되고, 방수기에서는 수직과 수평이 중복이 된다. 이 중복되는 곳이 재륵이 생기는 곳으로 수지셈할 때에 굴신을 동시에 하는 무지와 소지에 해당하는 곳이다. '방'에서는 네 개의 방에 연관이 되어 재륵을 하고 다른 4개에서는 두 개의 밭에 연관이 되어 재륵이 된다. (도판107)에서 이들 5곳에서 재륵을 할 때에 13, 18, 20을 쉽게 확인할 수 있다. 세 구성수는 윷판 안에서 다각도로 확인된다. 이는 수지셈을 할 때에 무지와 소지에서 재륵을 하느냐 안 하느냐에 따라서도 쉽게 확인된다.

수지와 윷판이 이렇게 일치하는 이유는 그것이 궁극적으로 5진법으로 되어 있기 때문이다. 이는 실제로 말이 지나다니는 길이기도 하다. 마야인들은 결국 이들 구성수들 간의 유기적 관계를 밝히는데 실패했다. 우리와 같은 윷판을 발견하지 못했기 때문이다. 아마도 마야 연구 학자들이 이 사실을 안다면 경탄을 금할 수 없을 것이다. 여기서 주요한 것은 뒷모(무지)에서 두 번 셈하지 않는다는 점이다. 비재륵이란 말이다. 여기서 윷판의 고유명칭은 이해에 많은 도움을 준다. 이들 명칭들은 유일회적이기 때문에 표식을 나타내는데 더 이상 도움을 줄 수 없다. 이들 고유 명칭에 해당하는 수지 명칭은 대조해 보면 될 것이다. 방은 항상 중지이다. 그리고 뒷모는 무지임을 참고로 말해 둔다. 또 다른 방법으로 마야수를 확인하는 방법은 아래와 같다.

윷판과 윷말은 하드뿐만 아니라 소프트까지 프랙털 구조를 과시하면서 마야 구성수를 찾아내고 있다. 실로 윷판은 지구인 동시에 천구라는 점에서 세 구성수들과 일치함을 보여 줄 것이다. 여기서 우리는 은유법은 최대한 자제하여야 할 것이다. 가장 과학적인 그리고 논리적 관찰의 기준은 재귀과 비재귀이다. 이런 관점에서 보면 선기옥형은 마야와 한국 문화가 일치함을 더욱 선명하게 보여줄 것이다. 그러나 선기옥형 역시 윷판의 연장임을 알아야 한다.

윷판에서 13을 찾는 방법 가운데 다른 하나는 두 개의 기축에 있는 점들을 합하는 방법이다. 이 때에 중앙에 있는 방을 수평이나 수직 가운데 어느 하나로만 셈하여야 한다. 비재귀이란 말이다. 다른 한 방법은 피자를 자르듯이 4분원으로 자를 때에 재귀를 하는 것을 통해서이다. 즉, 뒷모(무지), 찌모(소지), 방(중지)에서 재귀을 하는 것이다. 두 번 굴과 신을 한다는 말이다. 한 번은 비재귀이고 다른 한 번은 재귀이다. 다시 말해서 두 개의 기축으로 만들면 비재귀이고, 4분원으로 만들면 재귀이다. 전자를 '기축13'이라 하고 후자를 '4분원13'이라 한다. 특히 4분원13은 4분원 안의 세 곳에서 재귀을 해서 13이 된다. 재귀은 $f(x)=x$로 표시하고, 비재귀은 $f(x) \rightarrow x$로 표시한다.

그래서 재귀은 함수와 변수가 같아지는 것이다. 즉, $f(x)=x$를 재귀이라 하는 이유는 명패와 물건이 같기 때문이다. 함수인 $f(x)$는 명패이고, 변수인 x는 물건이다. 명패가 물건이 되고 물건이 명패가 되는, 그래서 서로 사상하는 것, 이것이 대각선화이다. =에 대하여 →는 명패가 물건을 만들어 내어도 그 역은 아니라는 말이다. 명패와 물건이 갈라지는 것을 두고 하는 말이다.

그래서 13은 재록13과 비재록13으로 나누어 생각할 수 있다. 재록을 하는 이유는 기축(명패)을 원주(명패)로, 그리고 원주를 기축으로 만들기 위해서이다. 등호를 화살표로 화살표를 등호로 바꾸게 하는 것이 다름 아닌 재록이다. 재록을 하게 되면 원주상에 있는 모, 찌모, 뒷모, 방수기 같은 네 개가 기축이 되는 동시에 원주가 되고, 원주인 동시에 기축이 되어버린다. 그래서 기축에 있는 네 개의 점들이 사각형의 가로와 세로에 있는 점들(원의 원주상의 점들)과 서로 일대일 대응을 한다. 이를 두고 재록 이라고 한다. 기축의 13이 모두 주변의 20과 일대일 대응을 할 때에 네 점들은 재록을 하는 곳이다. 심지어는 두 기축 가운데 수평이 명패이고, 수직은 물건일 수도 있다. 그리고 그 반대일 수도 있다.(도판21 참고)

바로 '비재록의 재록화' 이것이 선행조건으로 필요하다. 이 선행조건 을 충족시켜 주는 것이 '기축13'이 '4분원13'이 되는 것이다. 전자는 기축에 있는 점들이 13이 되는 것이고, 후자는 4분원 상의 점들이 13이 되는 것이다. 13이라는 수로 기축 안에 있는 점들과 4분원 안에 있는 점들이 일대일 대응을 한다.(도판21) 기축 안의 수와 4분원 안의 수가 일치한다. 이렇게 수에서 일대일 대응을 한 다음에 두 기축과 4분원은 서로 사상작용mapping을 한다. 대각선(기축13)이 가로나 세로와 사상을 하니 이것이 바로 반대각선화이다. 만약에 4분원에서 기축으로 향하면 그것은 대각선화이다. 즉, x→f(x)이면 대각선화이고 그 반대인 f(x)→x이면 반대각선화이다. 사상이란 x=f(x)이고 이는 대각선화가 완성된 상태이다.

이렇게 대각선화와 반대각선화가 기축13과 4분원13사이에서 이루어지면 순환작용을 하기 시작한다.[8] 수평과 수직의 두 기축은 함수로

8) 이러한 기축과 주변의 사상작용을 상사영과 하사영이라고 한다. 이에 대한 논의는 '대각

서 체이기 때문에 작용을 못한다. 그런데 '4분원13'은 변수로서 용이기 때문에 작용을 할 수 있다. 4분원13이 작용을 하기 시작하면 기축13도 작용을 따라하게 된다. 왜냐하면 전자와 후자는 두 기축에서 맞물려 있는 부분이 있기 때문이다. 그래서 4분원13이 작용을 하기 시작하면 반원과 맞물림 하기 시작한다. 맞물릴 수 있는 이유는 반원 역시 기축에서 맞물려 있고 쩰모와 방에서는 재륵을 같이 하기 때문이다.

　4분원13과 반원18이 어떻게 서로 맞물릴 수 있는가에 대하여 생각해 보기로 하자. 위에서 말한 대로 13은 18과 쩰밭과 방에서 재륵을 같이 한다. 이에 더하여 18은 모에서 재륵을 더한다. 그러면 쩰밭은 13과 18이 맞물림 할 수 있는 접합점이다. 4분원도 재륵이고 반원도 재륵이기 때문에 이 둘이 마주 붙는 것은 '비틈의 비틈'이란 연접을 통해서이고 이는 '안비틈'이다. 이에 관해서는 아래 3.2에서 상론한다

　이는 거짓말쟁이 역설과 같은 것으로서 '거짓말의 거짓말'은 '참말'인 것과 같다. '재륵'을 사각형의 가로나 세로의 '비틈'과 일치시킨 결과이다. 이는 위상학적으로 사영평면이란 뜻이다. 위상범례에 의하면 클라인병은 가로와 세로 가운데 어느 하나는 '비틈'이고 다른 하나는 '안비틈'으로서 '비틈의 안비틈'으로 '비틈'이다. 이에 대하여 사영평면은 가로와 세로가 모두 비틈이기 때문에 '비틈의 비틈'으로서 '안비틈'이다. 그래서 클라인병은 사각형의 밖에 비틈인 뫼비우스 띠 주위에 마주 붙여야 하고, 사영평면은 사각형의 밖에 안비틈인 원주 주위에 마주 붙여야 한다. 이것은 위상학과 거짓말쟁이 역설이 절묘하게 일치하는 것이라 할 수 있다. 사영평면인 '비틈의 비틈'이란 연접은 '안비틈'과 결접해야 하고, 클라인병인 '비틈의 안비틈'이란 연접은 '비틈'과 결접을 해야

선논법과 정역'(지식산업사, 2015 예정)에서 다루었다.

한다.(김상일, 1999, 46-62)

'비틈의 비틈'을 연접連接이라 하고, '비틈과 안비틈'을 결접結接이라고 한다. 13과 18은 재륵을 해서 '비틈의 비틈'이란 연접이기 때문에 그것은 안비틈과 결접을 해야 한다. 그 안비틈이 바로 원주상의 20이다. 이때에 13과 20이 결접을 하면 260이, 18과 20이 결접을 하면 360이 각각 생겨난다. 마야력의 260과 360은 이렇게 하여 재륵과 비재륵의 결접을 통해 만들어진다. 그러면 어디에 결접을 할 것인가? 이제 반원이 온원과 마주 붙을 차례이다. 윷판의 원 혹은 사각형 둘레(가로와 세로)에는 재륵이 전혀 없는 20개의 점들이 있다. 이들이 온원과 정사각형을 만든다. 연접과 결접을 하는 곳은 재륵하는 곳이며 이곳이 네 개의 방수기, 모, 뒷모, 쨀모이다.

이러한 위상학적 구조를 가지고 있는 것이 마야 구성수 13, 18, 20이 서로 마주 물려 돌아가는 구조이다.(로빈슨, 1995, 127 참고 비교)

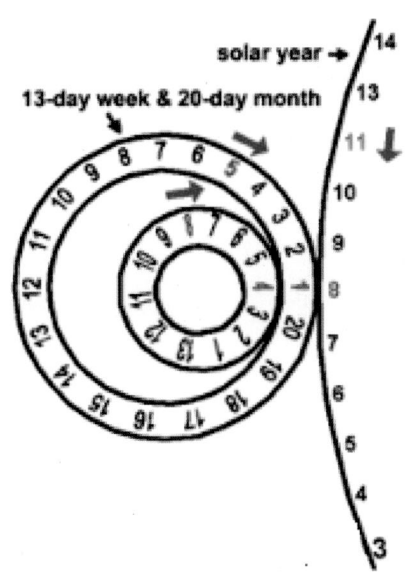

(도판 26) 마야의 구성수 13, 18, 20의 회전 방향(로빈슨, 1995, 127 참고 비교)

촐킨(좌)과 하압(우)의 맞물림, 4-1-8 다음에 8-5-11이 서로 맞물린다. (도판 26)을 이해하기 위해서는 20을 중심으로 하고 13과 18을 그것에 연관시키는 방법을 취하여야 한다. 마야인들은 두 종류의 달력을 사용하였다. 하나는 종교역(촐킨)이고, 다른 하나는 실용 태양역(하압)이다. 종교역은 13×20=260에 의해 1년을 260일로 보는 력이고, 다른 하나는 18×20=360에 의해 1년을 360+5=365일로 보는 실용력이다. 360에 우야엡 5를 더한 것이 1년 365일이며 이것이 지금 우리가 사용하는 태양역과 같다.

그렇다면 마야인들은 20을 중심으로 13과 18을 곱하기 하여 각각 촐킨 260과 하압 360을 도출해 낸다. (도판 26)에서 보면 20은 13과 18 사이에 위치한다. 그런데 13과 18은 서로 내원과 외원으로 되어 있고, 20과 18은 완전히 분리된 원으로 서로 맞물려 있다. 이러한 방식은 위상학의 사영평면적 구조를 그대로 반영하고 있다. 그 이유를 설명해 보기로 한다. 위에서 13은 '4분원13'과 '기축13'이란 두 가지로 나누어 볼 수 있다고 했다. 물론 여기서는 두 가지를 함께 생각해야 한다. 기축으로 생각하는 것은 체로서 함수로 생각하는 것이고, 4분원으로 생각하는 것은 용으로서 그리고 변수로 생각하는 것이다. 둘을 같이 생각한다는 것은 f(x)=x란 말이다.

먼저 기축 13으로 생각하기이다. (도판 26)의 좌측에서 13을 내원으로 하고 20을 외원으로 한 것은 윷판의 모양새 그대로이다. 다시 말해서 수직과 수평 두 기축13(함수)을 중앙에 두고 20개의 점들(변수)이 주변에 나열돼 있는 것과 같다. 그런데 이 경우 13과 20은 모두 비재륵이다. 두 수는 모두 재륵 없이 만들어질 수 있다. 그래서 회전 방향도 같을 수밖에 없다. 13이 기축의 수로서 중앙에서 체로 지켜 주기 때문에 용인 20

이 회전할 수 있다. 그런데 부동의 체로서 13이 어떻게 용으로 20과 함께 한 방향으로 움직일 수 있단 말인가? 재륵이 그 답이다.

여기서 바로 4분원13이 용으로서 등장하게 된다. 4분원13이 기축13과 일치한다는 말이다. 즉, 13은 기축 상에 있는 점과 원주 상에 있는 점들이 네 개의 재륵점들(방수기, 모, 뒷모, 쩔모)에서 서로 일치하게 된다. 여기서 체가 용이 되고, 용이 체가 된다. 그렇기 때문에 13은 마치 아리스토텔레스의 '부동의 동자'와 같이 체용이 같아지는 2중적 역할을 한다. 13과 20은 이러한 구조로 시계와 같은 방향으로 함께 회전한다. 고대 그리스 철학자들이 이 점을 몰랐었다. 그래서 부동자와 동자를 분리해 전자는 부동자로, 후자는 동자라는 구조로 양분시키고 말았다. 그러나 윷놀이 하는 사람들에게 이런 일은 있을 수 없을 것이다.

다음 20과 18의 맞물림 관계이다. 18은 반원 상에 있는 점들 가운데 모와 쩔모에서 재륵한 것이다. 반원 상의 점들은 16개이지만 두 곳(쩔모와 모)에서 재륵한 것이다. 그래서 18은 재륵을 하는 곳에서 20과 맞물린다. 그런데 20은 비재륵이지만 18은 재륵이다. 그래서 회전 방향이 반대일 수밖에 없다. (도판26)에서 볼 때에 18은 반시계 방향으로 counterclockwise, 20(13)은 시계 방향clockwise으로 회전한다.

18과 20은 서로 비틈의 구조로 뫼비우스띠인데 이것이 안비틈인 13과 결접을 하면 그것은 다름 아닌 사영평면이다. 그런데 만약 이 뫼비우스띠가 비틈인 13과 결접을 하면 클라인병이 된다. 그래서 13이 재륵이냐 비재륵이냐에 따라서 전체 구조가 클라인병이 되기도 하고 사영평면이 되기도 한다. 이렇게 위상학은 마야력을 이해하는데 첨단 논리적 배경이 된다. 이런 위상학적 첨단 논리가 우주 태양계 안에서도 그대로 적용된다는 것을 앞으로 보여줄 것이다.

제3장

태양계와
마야력의 논리적 구조

조지프 니덤은 '선기옥형璇璣玉衡' 혹은 '혼천의渾天儀'를 "완벽하게 복원하여 세계 과학박물관에 전시하자"고 했다. 그는 중국과학사의 대가가 아니던가? 그런 그가 중국 것도 아닌 우리의 것에 무슨 대단한 가치와 의의를 발견하여 이런 제의를 하였을까? 니덤의 말에 동의하여 1960년대 미국 스미소니언박물관 측에서는 구체적인 제의까지 한 적이 있다고 한다. 그러나 막상 우리 자신의 반응이 없어서 무산된 것 같다. 그러나 그 후 니덤 교수는 1986년 책으로 발간하여 "조선의 혼천시계는 동아시아 시계학사에 획기적인 유물로서 전 세계에 널리 알릴만한 가치가 있다"고 찬사를 아끼지 않았다.(문중양, 2006, 307)

필자는 우리 조상들의 지적 소산을 과학적으로 설명할 방법을 가지고 있지 못하고 있다. 그러나 여기서는 선기옥형의 구조를 대각선 논법의 제 요소에 맞추어 조명하고 그것을 마야력과 연관을 시킴으로서 선기옥형의 가치를 작게나마 발견하고 찾아내려고 한다. 먼저 태양계 안의 논리적 성격을 먼저 구명하려 한다. 태양계는 말 그대로 태양을 명패로, 다른 별들을 물건들로 되어 있는 대각선 논법 구조이다. 이런 구조에서는 어느 경우이든지 대각선 논법이 적용될 수 있다. 고정된 것과 고정되지 않는 것, 변하는 것과 변하지 않는 분별과 분리 속에서 역설은 발생하기 마련이다. 명패와 물건의 구별이 생기기 때문이다.

태양을 비롯하여 태양계 안의 모든 별들은 그 안에 자석을 가지고 있다. 남극과 북극은 그대로 대각선 논법의 '가치'에 해당하는 요소에 해당한다. 이에 착안하여 태양은 다중극을 가지고 있고, 지구는 단일극을 가지고 있다. 이러한 극의 차이는 별들의 회전 방향을 결정한다. 이를 '비틈의 비틈(사영평면)' 그리고 '비틈의 안비틈(클라인병)'과 같은 위상학적 언어로 바꾸어 놓음으로서 이러한 관계에서 태양의 흑점을 말하고 태양의 흑점이 마야 2012년과 어떤 관계인지를 고찰하는 것을 필두로 선기옥형 속에서 마야 구성수를 찾아내고 이를 위상학적 구조에 연관시키려 한다.

3.1 태양의 흑점과 삼족오의 논리적 구조

태양의 흑점과 일상문

태양은 하나의 큰 불덩어리라고 할 수 있다. 그러나 태양은 치밀한 논리적 구조에 의하여 작용을 한다. 우선 물리적 현상을 고찰하고 이것이 어떤 논리적 구조와 연관이 되는지를 알아보기로 한다. 태양의 핵에서 핵융합에 의해 생긴 에너지가 핵에서 해방되어 밖으로 나오는 것이 우리가 보는 태양의 햇빛이고 햇볕이다. 그리고 태양의 핵에너지는 다양한 현상을 만들어내는데 그 가운데 가장 괄목할만한 현상이 '흑점sunspot'이다.

태양의 표면에서 생기는 이러한 현상과 변화를 두고 태양의 기후solar weather, 혹은 '태양 활동solar activity'이라 한다. 우리가 흔히 통상적으로 말하는 태양 폭풍이란 것도 이에 해당한다. 관심의 적은 흑점이다. 큰 것은 무려 지구 크기만 한 것도 있다. 그 활동이 매우 맹렬하여 지구에 입히는 영향이 막대하다 할 정도이다. 마야력이 2012년에 집중하는 이유도 태양 흑점의 활동이 이 무렵에 활성화된다고 생각하기 때문이다. 태양 흑점 주기가 보통 11.1년인데 2012년 전후가 그 주기에 해당한다.

우리는 다른 어느 민족보다 태양의 흑점에 대하여 별다른 관심을 가진 민족이다. 고구려인들이 벽화에 그려 놓은 그림의 대종은 역시 하늘의 별자리이고 그 가운데 삼족오로 알려진 세 발 가진 까마귀에 관한 그림이다. 그런데 이 그림은 문헌 속에 '일상문日象文'으로 알려져 있다. 해 속에 있는 상이란 뜻이다. 그 상의 색이 검고 다리가 세 개인 까마귀와 같기 때문에 '삼족오三足烏'라 한 것의 유래이다.

해 안에 서조 까마귀가 들어 있는 일상문은 전한(기원전 206~기원후 9년) 시기에 처음 등장한다. 그러나 일상문은 태양을 숭배하던 동이족이 서북 방변에서 동북 방면으로 이동하는 과정에서 한 무리가 산동 반도로 내려가면서 중국의 동부와 한반도 그리고 일본 등지에 남겨 놓은 유산으로 본다. 해 속의 삼족오가 고구려 고분 벽화에 등장한 시기는 4세기 이후부터이다. 그러나 중국에서는 일상문이 자취를 감추어 가는데 고구려에서 다시 다량으로 나타나는 것은 그 출처가 어디인지를 짐작케 한다.(김주미, 2010, 35)

중요한 것은 도대체 일상문이 의미하는 대상이 무엇이냐 하는 것이다. 태양 숭배와 토템숭배와 같은 종교적 의미를 많이 부여한다. 그러나 필자가 볼 때에 고구려인들의 천문 지식과 일상문이 밀접한 관계가 있을 것이라는 점이다. 우선 일상문을 보면 수직으로 된 다리가 세 개이고 수평으로 된 날개도 세 개이다. 5세기 초 각저총의 날개를 접은 채세 발로 서 있는 해 속의 삼족오와 6세기 중반 집안 지역에 있는 오회분 4회묘 속의 날개를 반원형으로 펼친 채 서 있는 해 속의 삼족오를 비교해 보기로 한다. 날개를 펴고 접는 등 그 모양이 다르고 수직의 다리와 날개가 모두 왜 3개인가이다. 이에 대한 설명은 고구려인들이 태양의 흑점을 정확하게 관찰하지 않고는 나올 수가 없는 것이다. 먼저 두 개의 삼족오 그림을 비교한 다음 최근 과학자들이 관찰한 흑점을 비교해 보기로 한다.

물론 흑점을 포함한 태양 표면에서 일어나는 현상들은 모두 태양 안의 자기장magnetic field의 영향 때문이다. (도판27)에서 위의 것은 두 개의 삼족오이고, 아래 것은 태양의 흑점이다. 가운데 있는 검은 점들이 모두 흑점들이며 그 하나가 지구만하다고 할 때에 그 크기가 얼마인지 짐작할 수 있다. 그 색이 검기 때문에 이를 검은 흑조인 까마귀라고 생각한 것이다. 흑점이 검게 보이는 이유는 온도 차이 때문이다. 흑점 자체는 4,000K이지만 주위는 무려 5,800K이다.

주위의 온도와 흑점의 온도가 이렇게 차이가 나는 이유는 주변의 온도가 흑점을 충분히 뜨겁게 만들 수 있기 때문이다. 그런데 흑점이 검게 머물 수 있다는 것은 주변의 뜨거운 열기가 흑점에 전달되지 못하게 하는 어떤 요소가 있을 것이라는 추측을 가능케 한다. 바로 그 어떤 요소라는 것이 자기장이다. 자기장이 뜨거운 것과 찬 것 사이를 유통하지 못하게 막는다. 그 칸막이 선이 자기장이고 그것이 다름 아닌 까마귀의 날개와 다리를 만드는 부분의 선들일 것으로 본다. 고구려인들은 그 자기

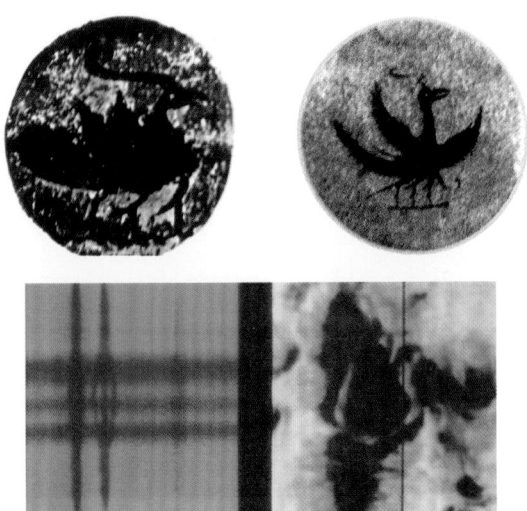

(도판27) 태양의 흑점(하)(Wolff, 2006, 321)과 삼족오(상) 비교(김주미, 2010, 165)

장을 관측해 본 것이다. 자기장은 원자와 이온 안에 있는 에너지 흐름의 단계를 변화시킨다. 그러한 힘을 자기장이 가지고 있고, 에너지가 발산하는 광선을 변화시킬 수 있다. 이렇게 만든 스펙트럼 광선의 선이 다름아닌 가로와 세로줄이다. 이것이 각각 까마귀의 다리가 되고 날개가 되어 무늬를 만드는데 이것이 일상문을 만드는 주된 내용이라 본다.

우선 삼족오를 보면 황금색으로 불타는 주위에 검은 까마귀 모양의 것이 서 있다. 이는 태양 내부의 모습을 그대로 그려낸 것이다. 이를 그려낸 것이 (도판 27)의 아래 것이다. 흑점의 바깥 부분은 하나의 선이고 흑점의 내부에 있는 광선은 세 개로 갈라진다. 셋으로 갈라진 선을 수평으로 가로지르는 세 개의 선이 또 있다. 이것이 바로 세 개의 발과 세 개의 날개로 보일 것은 당연하지 않은가? 그래서 삼족오는 종교적인 의미를 넘어선 정확한 고구려인들의 과학적 지식을 그대로 나타내고 있는 상징이라 할 수 있다는 것이다.

지만 효과와 삼족오

자기장이 만들어내는 스펙트럼 광선들이 두 개, 혹은 세 개로 갈라져서 좁은 공간 속에 나타나 보이는 것의 크기가 까마귀 정도로 보인다. 이를 과학적으로 '지만 효과Zeeman Effect'라 한다.[1] 지만 효과(혹은 '제이만 효과')란 자기장의 영향으로 분광선spectrum이 분리되는 현상을 두고 하는 말이다. 자기가 아닌 전기에서 분광 현상이 나타나는 것은 '슈타르크 효과'라고 한다. 지만 효과가 나타나는 곳에서는 어디서나 자기장이 작용한다. 과학자들은 태양에 자기장이 작용을 하면 스펙트럼 광선이

----

1) '지만 효과'란 말은 발견자 화란의 과학자 피테르 지만(1864-1943)의 이름을 딴 것이다. 1902년 지만은 '지만 효과' 발표로 노벨 과학상을 탔다.

나타나고 선들은 여러 갈래로 나뉜다는 사실을 알게 되었다. 태양 표면의 여러 다른 곳에서 동일한 선의 갈라짐 현상이 나타난다는 것이다.

태양의 자기장에 지만 효과가 나타나는 이유에 대하여 더 심도 있는 과학적 설명을 해 두는 것이 필요하다. 원자는 자기장이 있을 경우와 없을 경우에 그 변화가 완전히 다르다. 자기장이 없을 경우 원자는 같은 에너지를 갖는 몇 가지 서로 다른 전자 구성을 하고 있기 때문에 다른 전자 상태로 전이가 생겨도 하나의 분광선만 나타낸다. 그러나 자기장이 있을 경우에는 양자수에 따라서 각각의 전자에 다르게 영향을 미친다. 그래서 같은 에너지를 가지고 있던 서로 다른 몇 개의 다른 전자가 구성을 달리 하여 다른 에너지를 만들어 갖게 된다. 이때에 하나의 선이 2개 혹은 3개로 갈라지게 된다.

아래 그림에서 B=0는 자기장이 없을 경우이다. a, b, c와 d, e, f가 각각 하나의 가로선만 가지고 있다가 B≠0일 때는 자기장이 생길 경우인데 이때에 갑자기 3개의 선으로 갈라진다. 이들 3개 선들이 갖는 에너지는 서

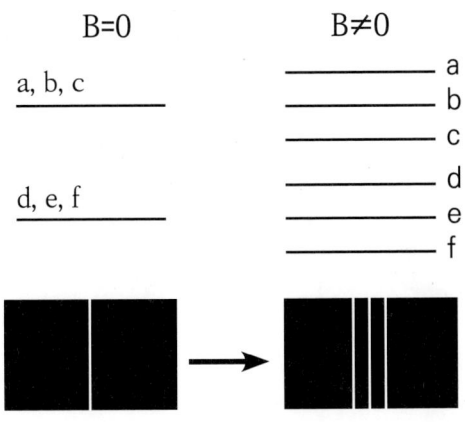

원래 1개의 선   자기장에서 원래의 선이 3개로 갈라진다.

(도판28) 지만 효과(Voit, 2008, 507)

로 다른 성격을 갖는다. 분리된 분광선의 사이와 거리는 자기장의 세기에 비례한다. 바로 이것을 측정한 것이 지만 효과이다. 지만 효과는 태양의 흑점 안에 있는 자기장의 강도를 측정할 때에 더 없이 좋을 수 없는 것이다. 지만이 이의 발견으로 노벨 화학상을 탄 것은 우연이 아니다.

자기장에 의하여 하나의 선이 2개 내지 3개로 변한다는 것은 소위 2수 분화와 3수 분화 문화론을 야기시킨다.(우실하, 2012, 제2부 참고) 해와 새를 결합시킨 문양은 주로 채도 토기 등에 그려져 있다. 삼족오의 다리가 2개와 3개로 변하는 소위 2수 분화와 3수 분화 체계란 해 안의 지만 효과에 의하여 그렇게 보인 것이라고 본다. 새의 다리가 2개냐 3개냐도 문제이지만 새의 날개나 머리가 2개냐 3개냐도 문제이다. 이를 분류해 보면, ①중국 화남의 농경지대의 남쪽에서는 새의 다리가 2개이다. ②이에 비해 북방 시베리아와 접촉이 쉬운 황하 중상류지역의 앙소 문화권과 홍산 문화권에서는 다리 3개가 주종을 이룬다. 이 두 큰 흐름인 2족과 3족이 한반도의 백두대간의 동서로 전자는 서쪽에 후자는 동쪽에 흘러들어 왔다.(김주미, 2010, 93)

(도판29) 앙소 문화 채도 속의 3족오와 2족오(김주미, 2010, 93)

위 그림은 앙소 문화권에 발굴된 자료이다. 이 자료의 문양에 의하면 새의 다리가 2개인 것도 있고 3개인 것도 있다. 이는 분명히 해를 관찰할 당시 흑점 속의 분광선의 차이 때문에 생긴 결과라 볼 수 있다.

(도판30)의 두 개의 그림은 3두3족(좌) 2족3두(우)이다. 머리는 가로로 다리는 세로로 배열하였다. 이것은 흑점이 자기장에 의하여 분광되는 모양과 일치한다. 관찰자의 시기와 장소에 따라서 이렇게 다르게 보일 것이다. 그리고 자기장이 있을 경우와 자기장이 없을 경우의 차이에 따라서도 이렇게 다르게 보일 것이다. (도판31)은 자기장이 없을 경우(좌)와 있을 경우(우)로 나누어 보았을 때 나타나는 선의 차이를 그대로 보여준다.

다리가 두 개냐 세 개냐의 문제, 그리고 3두3족이냐 2족3두냐의 문제 등은 모두 태양을 관측한 시기와 지역에 따라 관찰자의 눈에 그렇게 다르게 보인 것이라 할 수 있으며 이는 정확하게 오늘날의 천문학의 관찰 내용과 일치하고 있다.

그러면 흑점 부근이 왜 더 차가워 주변보다 검게 보이느냐이다. 이를 알기 위해서는 자기장의 성격을 좀 더 심도 있게 관찰하는 것이 필요하다. 자기장은 가시적으로 보이는 것이 아니다. 그러나 자기장을 (도판32)과 같이 선으로 된 그림으로 나타냄으로서 자기장의 구조를 알 수가 있다.(Voit, 2008, 508) (도

(도판30) 원의노부도설 속의 3족3두(좌)와
원의속절약기도 속의 2족3두(우)
(춘관통고 39권과 2권 중에서) (김주미, 2010, 235)

판32)에는 눈에 보이지 않는 자기장의 선을 적색으로 표시한 것이다. 선을 그리는 기준은 자기장 안에 콤파스를 놓았을 때에 그것의 바늘이 가리키는 방향에서 감을 잡을 수 있다. 만약에 자기장이 강하면 자기장 안의 선들은 더 가깝게 그려지고, 약하면 멀게 그려진다.

(도판31)은 물론 상상의 것이지만 자기장을 가시적으로 파악할 수 있는 주요한 수단이다. 태양 프라즈마[2) 안에 있는 이온들이나 전자들이 충전되면 그림 상에 있는 선들이 수직선이 아닌 나선형을 만들면서 움직이게 된다. (도판 32)에서 1은 자기장의 선들이 콤파스가 가리키는 방향을 따라 화살표 방향으로 가리키고 있다. 2는 자기장이 강하여 선들이 가깝게 보이는 부분이다. 3은 전자가 충전된 다음 이온화된 이후 나선형을 만든 모양이다. 이러한 자기장 안에서의 자기장이 만드는 모양들이 흑점에 그대로 나타나고 이를 관찰한 고대인들은 까마귀로 문양화 했던 것이다. 이것이 '일상문'의 유래라고 본다.

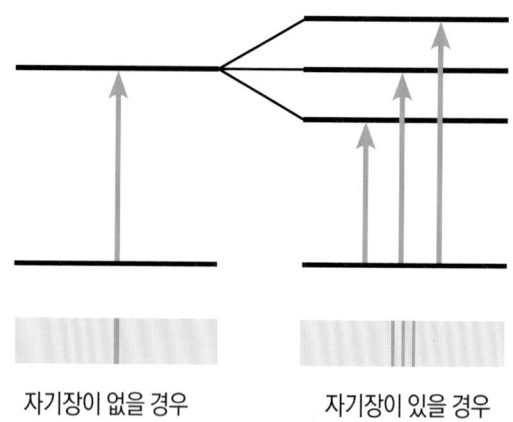

자기장이 없을 경우   자기장이 있을 경우

(도판 31) 자기장이 있을 경우(좌)와 없을 경우(우)(Voit, 2008, 508)

2) '프라즈마'란 고체도 액체도 기체도 아닌 제 4의 물질로서 1억도 이상의 고온에서만 가능한 물질이다.

그런데 한 번 (도판33)을 통해서 대각선 논증 관계를 알아보기로 한다. 거기에는 가로선 (m=0)과 세로선이 있다. 그리고 거기서 만들어지는 것이 대각선 m=1과 m=-1이다. 에너지 수직선과 가로선 m=0 사이에서 만들어지는 것이 대각선이라는 것이다. 결국 3개의 선은 가로에 3개 그리고 세로에 3개

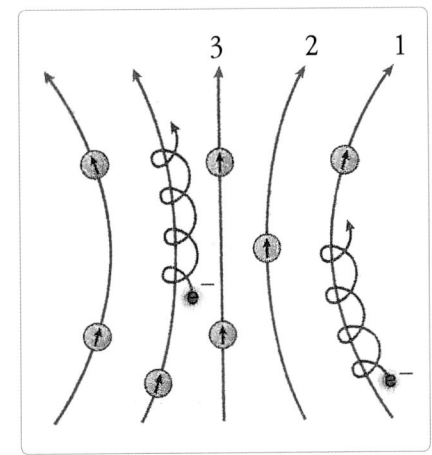

(도판32) 선으로 된 자기장의 모습
(Voit, 2008, 508)

가 만들어져서 이것이 3두3족이 된다. 그런데 대각선이 포함되느냐 안 되느냐에 따라서는 두 개로 보일 수도 있다. 이러한 대각선의 포함 여부로 머리와 다리의 개수가 달라진다.

대각선이 가로나 세로가 된다는 것은 다름 아닌 반대각선화이다. m=1이 m=-1이나 m=0이 되는 여부에 따라서 3개의 선으로도 2개의 선으로도 보인다. 여기서 2수 분화와 3수 분화가 결정된다. 결국 이러한 대각선 논법의 반대각선 여부에 따라서 문화 역시 2수와 3수로 갈라지게 된다. 이는 율려론에서 말하는 손(m=-1)과 익(m=+1) 관계를 그대로 말해주는 것이다.

3.2 태양과 행성들 간의 논리적 관계

우주는 거짓말쟁이 역설에 걸려 있다. 앞으로 우주가 진화하는데 따라서 어떤 논리가 적용될지 모르지만 지금 현재 태양계를 비롯한 우주

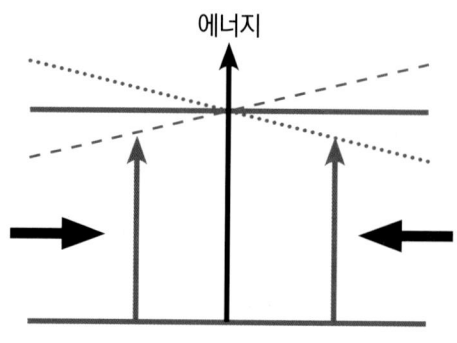

에너지

(도판33) 대각선 논법으로 본 지만 효과

를 지배하는 논리는 고대 그리스 철학자 에피메니데스가 말한 거짓말쟁이 역설 그대로이다. 여기서는 태양계 안을 지배하는 위상학적 구조를 통해 이를 규명할 것이다. (도판35)는 클라인병을 사영평면으로 바꾸기이고, (도판34)는 그 반대로 사영평면을 클라인병으로 바꾸기이다. 그런데 태양은 사영평면이고 태양계 안의 9개의 행성들은 클라인병(금성 제외)이다. 결국 태양계가 지금과 같이 운행될 수 있는 논리적 배경에는 사영평면과 클라인병을 서로 치환 가능하게 위치해 있다는 것이다. 태양계가 형성된 이후 이 논리 적용받지 못한 것들은 사라지고 말았다고 본다.

위상학과 거짓말쟁이 역설

먼저 대각선 논법의 대각선화와 반대각선화가 위상학적으로 어떻게 설명이 되는가를 원방각을 통해 먼저 알아보기로 한다. 뫼비우스띠는 사각형의 가로나 세로 가운데 어느 하나만의 '비틈'이고, 클라인병은 어느 하나는 '비틈'이고 다른 하나는 '안비틈'('비틈의 안비틈' 혹은 '안비틈의 비틈')이다. 사영평면은 가로와 세로 모두의 '비틈'이다. 우선 클라인병을 통해 대각선화와 반대각선화의 관계를 원방각을 통해 알아보기로

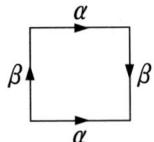

$P^2\#P^2$는 Klein병과 위상동형이다.

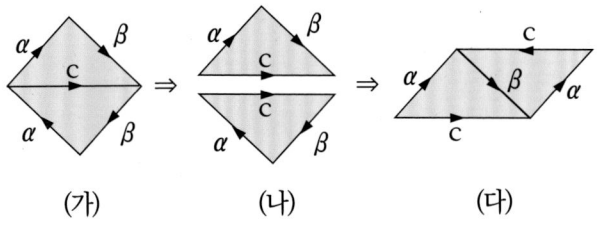

(가)   (나)   (다)

(도판34) 사영평면을 클라인병으로 바꾸기

한다.

(도판34)의 사각형 (다)의 세로(aa)는 '안비틈'이고, 가로(cc)는 '비틈'이다. 그래서 안비틈과 비틈이 연접해 있는 전형적인 클라인병 구조이다. 이제 이러한 클라인병이 어떻게 비틈의 비틈인 사영평면 (가)에서 만들어질 수 있는가를 보자. 마름모 사각형 (가)를 대각선으로 잘라서 두 개의 삼각형 (나)로 만든다. 방을 각으로 만들었다.

이 대각선이 다시 가로나 세로로 반대각선화되고 다시 그것이 대각선화되는 전 과정을 통해서 클라인병과 사영평면의 구조를 한 눈에 파악할 수 있다. 그리고 원방각의 관계도 알 수 있다. 방이 대각선에 의해 나뉘면 삼각형(각)이 된다. 우리 한글이 원방각으로 된 것이고 보면 각별한 의미를 갖는다.

(도판34) 안의 (가), (나), (다)는 방과 각으로 나뉜다. 사각형 (가)의 부대각선을 잘라 생긴 두 삼각형을 뒤집어 부대각선으로 다시 마주 붙인 것이 (나)이다. 그런데 (가)는 클라인병인데 (나)는 가로와 세로에서 서

로 마주하는 변들의 방향이 반대인 사영평면이다. 클라인병의 '안비틈의 비틈'이란 연접 구조가 '비틈의 비틈'이란 사영평면으로 바뀌었다. 그래서 (도판34)는 사영평면(가)을 클라인병(다)으로 바꾸는 과정을 한 눈에 보여준다. 이 과정 속에서 대각선화와 반대각선화, 그리고 다시 대각선화의 전 과정을 볼 수 있다. 그리고 이러한 과정은 천체의 운행 궤도와도 연관이 된다.

다시 말해서 이렇게 바꾸는 과정에서 대각선화와 반대각선화가 그 안에서 작용하는 것을 볼 수 있다. (가)는 가로와 세로가 마주 보는 변끼리 모두 방향이 반대인 사영평면이다. 그런데 이런 사영평면을 대각선화(나)와 반대각선화를 시키면 클라인병(다)으로 변해 버린다. 사영평면은 서로 마주하는 변들끼리는 방향이 반대이지만 인접하는 변들끼리는 회전 방향이 같다. 이러한 사영평면인 사각형을 대각선으로 나누어 삼각형으로 양등분 시키면 삼각형의 변들 가운데는 동일한 방향의 것이 생긴다. 그 이유는 사영평면 구조 안에는 위에서 말한 대로 이웃하는 변들끼리의 방향이 같기 때문이다. 다시 말해서 사각형의 네 변이 모두 반시계 방향이든지 아니면 시계 방향이다.

(도판34)에서 사각형 (가)의 대각선은 c이다. 이 대각선 c에서 사각형을 삼각형 두 개로 양등분 한다. 그러면 삼각형이 두 개 생겨난 것이 (나)이다. 아래 삼각형을 오른쪽으로 회전시켜 두 삼각형의 b를 화살표 방향에 따라서 합치시킨다. 다시 말해서 b와 b를 합치시키는 이유는 양자의 화살표의 방향이 같기 때문이다. 합치란 화살표의 방향이 서로 일치하는 것을 의미한다. 그 결과 (다)가 탄생하였다. 두 개의 b 가운데 하나가 소멸한 결과이다. 이를 '기하학적 소멸'이라 한다.

그러면 (다)는 클라인병이다. (가)의 사영평면이 (다)의 클라인병으

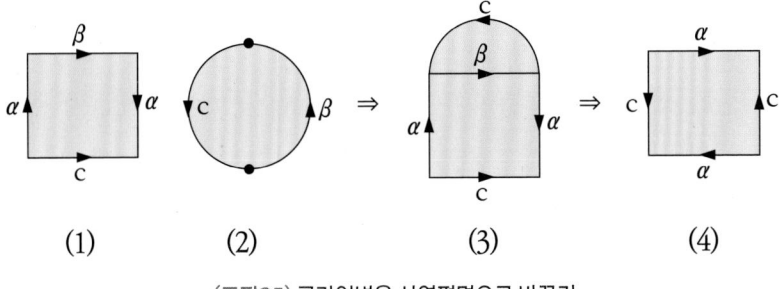

$$(1) \qquad (2) \qquad (3) \qquad (4)$$

(도판35) 클라인병을 사영평면으로 바꾸기

로 바뀐 것이다. (가)에서 대각선인 c가 (다)에서는 변이 되었고, 변인 b가 대각선이 되었다. 이런 과정을 통해 대각선화와 반대각선화를 한 눈에 보았다. 방을 각으로 바꾸면 대각선이 변이 되고, 변이 대각선이 된다. 대각선 논법이 위상학과 연관이 되는 현장을 한 눈에 볼 수 있게 되었다. 그런데 (도판34)의 경우 회전 방향이 같은 b를 사각형 자체 안에서 연접을 시켰지만, (도판35)와 같이 클라인병(1)을 사영평면으로 바꿀 경우에 사정은 달라진다. 즉, (도판35)에서 세 단계가 네 단계의 과정을 거쳐야 한다. 여기서 방과 원의 관계임을 보여준다. 방(1)의 밖에 원(2)을 하나 그린다. 방의 가로와 세로 가운데 가로(b와 c)는 화살표 방향이 같다. 원주에는 회전 방향이 같은 화살표를 정한다. 그리고 방에서 화살표 방향이 같은 b와 c에 원(2)을 가져다 붙이면 (3)이 된다. 다시 말해서 방향이 같은 b와 b를 먼저 일치시키면, b는 c와 화살표 방향이 같기 때문에 b는 소멸되고 c만 남는다(4). 이렇게 하여 생겨난 것이 다름아닌 사영평면이다.

(도판35)는 (도판34)와는 달리 화살표의 방향이 같은 b와 c를 사각형의 밖에 따로 원으로 만들어 두고 다시 사각형에서 원과 화살표 방향이 같은 변(b와 c)을 가져다 붙인다. 이런 경우를 두고 '연접'에 대하여 '결접'

이라고 한다. 원인 (2)는 안비틈이고, (1)은 '비틈의 안비틈'의 연접인 클라인병이다. 그래서 양자가 서로 결접 할 수 있는 접촉점은 바로 안비틈인 b와 c이다. 그래서 클라인병을 사영평면으로 바꾸자면 (1)의 안비틈(b와 c)을 (2)의 안비틈과 결접을 시켜야 한다. 이를 '안비틈과 안비틈'이라 한다. 이는 토러스이다. 클라인병과 사영평면 사이에는 토러스가 끼어든다. 연접은 '의'로 결접은 '와(과)'로 서로 연결시킨다. 연접은 사각형 내부와의 연결이고, 결접은 외부와의 연결이다.

다시 점검을 하면 (도판34)는 사영평면을 클라인병으로 바꾸는 것이고, (도판35)는 클라인병을 사영평면으로 바꾸는 것이다. (도판34)의 클라인병 안에는 b와 같이 화살표의 방향이 같은 것이 하나 들어 있다. 사각형을 양등분하여 삼각형으로 나누어 삼각형 안에서 인접하는 변들 가운데 회전 방향이 같도록(b와 b) 마주 붙여 이것으로 대각선으로 만들면 사각형 안의 대각선은 변으로 변한다. 대각선화와 반대각선화가 여기서 작동을 하고 있다.

여기서 화살표의 방향이 같다는 것은 '안비틈'의 원이고, 화살표 방향이 다르다는 것은 '비틈'으로 뫼비우스띠라는 것을 의미한다. 그래서 사영평면은 뫼비우스띠와 뫼비우스띠가 연접해서 만들어진다. 이는 두 개의 비틈이 그 안에 들어 있다는 것을 의미한다. 그런데 이런 두 개의 비틈인 사각형을 나누어 삼각형으로 바꾸고 그 중 하나를 회전시켜 변의 방향을 같게 하면 안비틈이 생긴다. 이 안비틈끼리 연접시켜 하나를 소멸시키면 비틈이 생겨나 클라인병이 사영평면으로 변해버린다.(도판35)

즉, 사영평면의 경우 가로와 세로가 서로 마주 보는 변들끼리는 방향이 반대이지만 인접하는 변들끼리는 방향이 같다. 그래서 사각형을 양등분하여 두 개의 삼각형으로 분리한 다음 삼각형에서 서로 방향이 같은 인접하는 변들끼리 마주 붙여 새로운 사각형을 만들면 그것이 바로 클라인병이 된다. 이때에 대각선(c)이 변이 되고, 변이 대각선(b)이 되어 버린다. 그래서 사영평면과 클라인병은 서로 대각선화와 반대각선화의 작용이 들어간 관계임을 알게 된다. 칸토어마저도 이러한 위상학적 대각선 논법은 몰랐었다.

위상공간을 통한 이와 같은 사고 연습을 하는 이유는 앞으로 말할 태양계의 회전 궤적을 논할 때에 이것이 그대로 적용될 수 있기 때문이다. 태양의 구조가 사영평면과 같은 "'비틈의비틈'과 안비틈"이다. 여기서 안비틈은 태양 밖의 다른 행성들과 결접되는 관계이다. 9개 행성들의 동서극들은 모두 '안비틈'인 것과 태양의 안비틈이 결접한다는 말이다.

바로 한 개의 태양과 9개의 행성들이 결접하는 관계 구조인 것이다. 사각형 가로의 상하에 1, 2, 3, 4, 5, 6, 7, 8, 9, 10을 적고 이를 비틀어 마주 붙일 때에 그것들이 연접하는 구조는 (도판36)과 같다. 전후좌우상하의 3차원에서 모두 그 방향이 반대로 된다. 이 뫼비우스띠(비틈)인 사각형 밖의 다른 뫼비우스띠(비틈)의 가장자리와 합치하면 '비틈과 비틈(비틈의 안비틈)'이기 때문에 클라인병이고, 원환과 같은 안비틈과 결접을 하면 '비틈과 안비틈(비틈의 비틈)'으

로 사영평면이 된다. 이를 위의 (도판34)를 통해 확인하였다. (도판35)는 원과 방이 결접하여 재연하는 사영평면과 클라인병의 관계를 한 눈에 보여준다.(Barr, 1964, 80)

'비틈'을 '거짓말' 그리고 '안비틈'을 '참말'로 바꾸어 놓으면 위

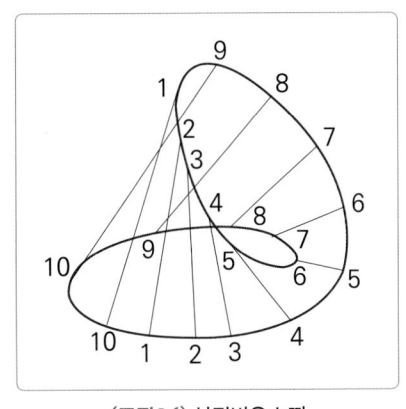

(도판36) 선뫼비우스띠

상학은 그대로 논리학으로 변하고 만다. 즉, '비틈의 비틈'이란 말은 '거짓말의 거짓말'과 참말'이고, '비틈의 안비틈'은 '거짓말의 참말'과 '거짓말'이다. 천체가 이와 같이 위상학적 구조라면 그것이 거짓말쟁이라는 말과 결국 같다고 할 수 있다.

태양계의 자기장과 거짓말쟁이

자기장의 강약에 따라서 지구와 같이 태양도 남북극으로 나뉜다. 북은 +이고 남은 -이다. 태양도 지구와 같이 동에서 서로 돈다. 태양의 흑점은 11년 주기로 나타난다. 적도 부근의 회전 속도는 남북극 지역 보다 빠르다. 그 이유는 태양 안에는 여러 개의 +와 -의 극이 있기 때문이다.

태양의 흑점이 생기는 원인은 태양이 가지고 있는 다수의 극들 때문이다. 지구에는 흑점이 생기지 않는데 태양에는 생기는 이유가 태양의 남북극과 적도 지역의 회전 속도가 다르기 때문이다. 다른 이유는 태양에는 지구와는 달리 남북극 이외에 다수의 극들이 적도 지역에 모여 있기 때문이다. (도판37)의 (b)에서 보는 바와 같이 적도 지방은 강한 자기장의 영향으로 휘어진다. 이 지역은 특히 도넛형이 된다. 더 활동이 극심해지면(11년 주기로), 적도 지방에서 생긴 힘이 남북극에 미쳐 남북극에 두 개의 벨트를 만든다(c). 이렇게 만들어진 것을 '자기장 루프magnetic loop'라고 하며, 이 루프가 태양 표면에 나타나 보이는 것이 흑점이다. 이 루프는 마치 말발굽형 자석과 같이 +와 -의 전극을 갖게 된다.

태양계의 구조를 그 자체로만 보면 역설을 피할 수 없다. 다시 말해서 명패와 물건으로 나뉘는 한 역설은 불가피하다. 동북아의 역易이라는 것이 처음부터 태양계 안의 역설을 보고 시작했을 수도 있다. 그래서 역易은 역逆이라고 했다. 태양계는 수리논리학자 람제이의 말을 빌려 말하면 논리적 역설과 의미론적 역설을 모두 그 안에 지니고 있다. 태양계는 태양을 명패로 그 주위에 수·금·지·화·목·토, 천왕성, 해왕성, 명왕성 같은 물건들과 그 물건들에는 달과 같은 위성이라는 '물건의 물건'을 포함하고 있다. 그러면 명패인 태양 자체는 이 태양계 안에 포함되는가 안되는가? 명패도 물건인가 아닌가? 이런 구조는 그 자체가 집합론적 역설 혹은 논리적 역설의 성격을 그대로 반영한다. 이런 집합론적 성격에서 생기는 역설을 람제이는 '논리적 역설'이라고 한다. 태양계 안에서만은 태양은 움직이지 않는 명패로서의 성격을 지닌다. 그런데 태양도 다른 은하계 안에 있는 명패를 중심하여 회전하지만 일단 태양계라는 집합 안에서는 부동이다. 이를 두고 선기옥형은 '천상부동'이라 한 것이다. 그래서 태양계는 역설적 구조를 잉태하고 있다.

태양계 안의 다른 한 역설은 의미론적 역설이다. 의미론적 역설이란 '참'과 '거짓'이라는 말의 의미에서 생기는 역설을 두고 하는 말이다. 태양을 비롯한 행성들은 그 안에 상반된 자석의 성격을 지닌다. 즉, 북극

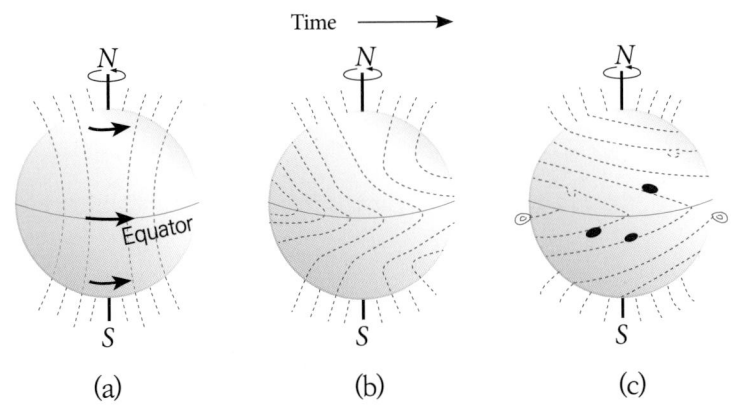

(도판 37) 태양 안의 남북극(Chaisson, 1988, 180참고)

(N 혹은 +)과 남극(S 혹은 −)이 그것이다. 이것을 '참말'과 '거짓말'이란 언어로 바꾸어 놓았을 때에 바로 거짓말쟁이 역설에 직면하게 된다. 의미론적 역설은 태양계 안의 별들이 갖는 자전과 공전의 문제와 연결이 되는 주요한 변수적 역할을 한다. 자전을 '자기언급'(역에서는 '재륵再扐'이라 함), 그리고 공전을 '타자언급'이란 말로 바꾸어 놓으면 태양계는 완전히 논리학의 한마당으로 변하고 만다. 이상에서 대각선 논법의 가로와 세로, 그리고 배열 등의 요소들이 태양계 안에서 확인되었다. 다음은 대각선화, 반가치화, 반대각선화 등을 확인할 차례이다. 19세기 칸토어가 발견한 대각선 논법은 20세기에 접어들어 러셀 역설로 발전한다. 양자가 공히 명패와 물건을 구별하고 그것의 자기언급의 문제를 다루기 때문에 같은 배를 타게 된다.

명패인 태양은 자기 안에서 남극과 북극뿐만 아니라 동극과 서극 등 다중적인 극을 갖는 반면에 물건인 지구에는 남극과 북극뿐이다. 금성에는 어느 극도 없다. 지구의 경우 동과 서극은 있지만 자석은 없다. 지구뿐만 아니라 태양계 안의 모든 행성들에게 공통적인 것은 동서에 자극이 없다는 점이다. 이 점은 앞으로 논리적으로 태양계를 설명하는데 있어서 결정적으로 주요하다. 동서는 위치만 있을 뿐이지 위를 차지하는 자력이 없다. 물건의 물건인 달 역시 지구와 같은 의미론적 구조를 갖는다. 두 개의 극이 남과 북과 같이 가치가 서로 다를 때에 이를 두고 '비틈'이라고 한다. 자력이 없을 때에는 '안비틈'이라고 한다. 그렇다면 자전 현상은 자기 비틈인 형상을 두고 하는 말이다. 그리고 위상학에서 비틈은 '뫼비우스 띠'를 두고 하는 말이다.

'비틈의 비틈'을 연접이라고 하며 이는 사영평면을 두고 하는 말이다. '비틈의 안비틈'이란 연접은 클라인병을 두고 하는 말이다. '비틈의 비틈'이란 연접은 '비틈과 안비틈'이란 결접이고, '비틈의 안비틈'이란 연접은 '비틈과 비틈'이란 결접이다. 이것이 위상학의 논리적 구조이다. 사각형 안에서 가로와 세로의 비틈과 안비틈을 '연접'이라 하고, 이것이 사각형 밖의 원(안비틈)이나 뫼비우스띠(비틈)에 접하는 것을 '결접'이라 한다. 결접을 특히 '연결합connective sum'이라 하고 #으로 기호화 한다.(Weeks, 2002, 70) 그래서 자연히 태양계 안에서 결접이란 한 행성이 다른 행성 그리고 태양과 행성과의 관계라 할 수 있다.

자전과 공전은 천체들 간의 중력, 태양에서 오는 바람 그리고 프라스마 등이 결정한다. 그런데 아직 천체 물리학자들이 밝히지 못하는 것이 있다. 그것은 태양계 안의 금성은 자전 방향이 왜 다른 행성과는 반대로 다른지, 그리고 회전을 할 때에 적도와의 기울기 각도가 왜 다른지를 구명하지 못하고 있는 것 등이다. 필자는 그것을 밝혀 주는 것이 다름 아닌 논리학이고 본다. 천체들이 가지고 있는 비틈과 안비틈이란 논리적 관계가 물음에 답할 수 있다고 본다. 아마도 이것은 필자가 내놓은 가설일 수 있다. 그러나 일관성과 적용성을 갖는 가설일 수 있다고 본다. 우리 민족의 별이 북두칠성이라면, 이집트인들에게는 시리우스, 그리고 마야인들에게는 금성이다.

이러한 위상학적 용어와 논리적 용어들을 태양의 운행 구조와 자기장에 적용할 수 있는 이유는 자기장이 마치 탄력성 있는 고무줄들elastic bands과 같기 때문이다. 그래서 매우 강력하게 요동치는 태양의 내부에 의하여 '비꼬이고 나아가 매듭contortions and knots'을 만든다. 1960년도에 미국의 천문학자 밥코크Horace Bobcock는 태양의 자장계의 구조를 구명하는데 성공했다. 아래 (도판38)과 같이 태양 안의 자장계는 가로(적도)와 세로(위도)에서 상하, 좌우 운동하는 것을 발표하였다.(Kaufmann and

Comins, 1987, 213)

　태양은 22년 주기로 자기 자신을 회전하는데 회전할 때마다 자기장이 (도판38)의 좌에서 우로 변해 간다. 세로선들은 자기장의 전기가 충전된 모습인데, 매 22년마다 세로선의 윗부분이 점차로 가로선의 적도에 접근한다. 적도 부근에서(우측 끝) 갑자기 자기장은 급회전을 하여 자기를 비틀어 남극(S)이 북극(N)이 되고, 북극이 남극이 된다. 바로 이 순간에 흑점이 발생한다. 이 회전점을 '부동점'이라 하고 머리에 가마가 생기는 원리이다. 대각선 논법의 가로와 세로가 확인되었다. 가로와 세로가 접근하는 것을 대각선화라 한다. 남극이 북극이 되고 북극이 남극이 되는 것을 반가치화라 한다. 급회전하는 것을 반대각선화라 한다. a-d까지는 대각선화의 과정이다. 그러나 e에서 급회전을 하는 것은 반대각선화이다. 그 순간 적도의 상하에서 남극과 북극이 뒤집히는 반가치화 현상이 나타난다. 적도 부근에서 발생하는 이러한 과정을 부분적으로 확대를 하면 아래 (도판39)와 같다.(Voit, 2008, 508)

　연접은 같은 사각형 안에서 가로와 세로가 마주 붙는 것이고, 결접은 사각형 밖의 것과 마주 붙는 것이라 했다. 그래서 결접은 태양과 다른

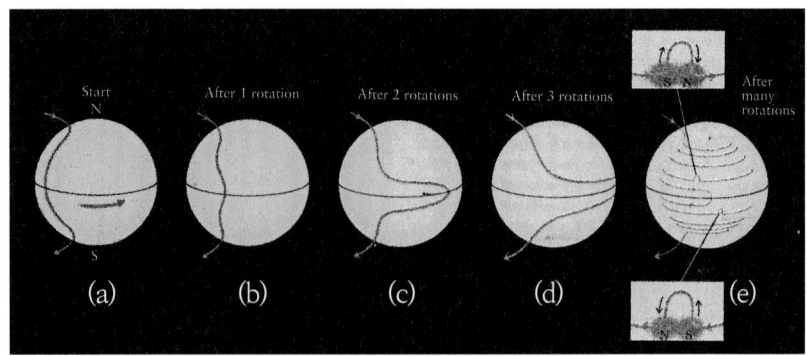

(도판38) 태양 자장계의 상하, 좌우 운동

행성과의 관계이고, 연접은 태양이나 행성들의 자기 자신 안에서의 가로와 세로의 관계이다. (도판39)를 통해 태양 안의 연접부터 알아보기로 한다. 세 개 자기장들의 쌍들이 윗부분의 셋으로 된 굵은 선들에 의해 나뉜다. 그리고 3선은 밖으로 나와 말발굽 형의 흑점을 만드는데 (윗부분에서) 그 온도가 4,500k 정도로 낮다. 그런데 여기서 중요한 것은 화살표들 사이에서 벌어지는 자기장들의 선들이다. 거기에는 자기장의 논리가 들어 있고 이 구조에 의하여 태양계 안의 회전 방향이 결정된다.

자기장의 구조와 태양계(1)

태양의 자기장 구조를 이해하기 위해서는 자석과 자기장에 대한 일반적 이해가 선행되어져야 한다. 자기가 전기와 다른 점은 자기언급적이라는데 있다. 다시 말해서 전기는 음극과 양극이 다른 선인 전선 속에 있지만, 자석은 하나의 막대기 안에 음과 양이 양극으로 나뉘어 공

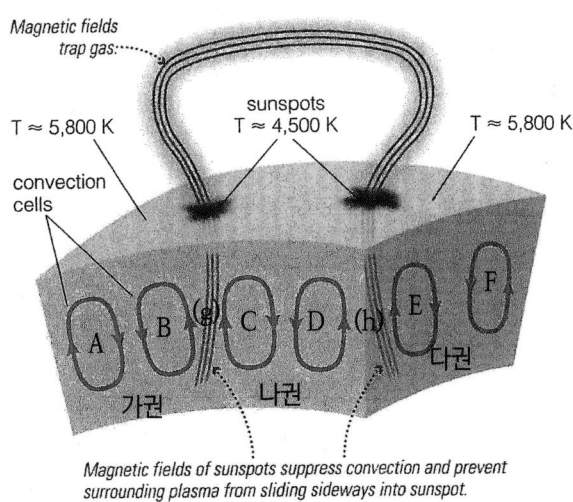

(도판39) 태양안 자기장의 논리적 관계(Voit, 2008, 508)

재하고 있다는 점이다. 이런 자기의 자기언급적 성격 때문에 동시에 역설적 성격도 피할 수 없게 된다. 그래서 '자기磁氣'는 말 그대로 '자기自己'라 할 수 있다. 여기서 만약에 음극인 남극을 '참말', 그리고 양극인 북극을 '거짓말'이라고 한다면, 자기는 자기언급적이 되어 '거짓말의 거짓말'이란 연접은 '거짓말과 참말'이란 결접과 같아진다. 거짓말이 거짓말과 연접이 되면 그 거짓말은 참말과 결접을 한다는 말이 된다. '뫼비우스띠의 뫼비우스띠'라는 연접은 '뫼비우스띠(비틈)와 원환(안비틈)'이란 결접과 같아져 사영평면을 만든다.

이제 이러한 자기의 논리적 성격은 다음과 같은 자기장에 나타나는 세 가지 원칙에도 그대로 반영이 된다.

제 1원칙: 자기장은 폐쇄적인 회로를 갖는다. 이 말은 자기는 막대의 바깥쪽에서는 북극에서 남극으로 흐르고, 안쪽에서는 그 반대로 남극에서 북극으로 흐른다는 것을 의미한다.
제 2원칙: 같은 극끼리는 서로 배척을 한다.
제 3원칙: 자기는 되도록 최단 거리를 통해 흐른다. 이러한 세 가지 자석의 성격에 의해 표를 만들면 다음과 같다.

(도판39)는 일단 자기의 제 1원칙을 지키고 있다. 즉, 막대의 안쪽은 남에서 북으로, 밖은 그 반대로 흐르고 있다. 그리고 두 영역은 분리주의 원칙에 의해 서로 선들이 겹치기를 하지 않고 있다. (도판39)는 거짓말이 참말이 되고 참말이 거짓말이 된다는 거짓말쟁이 역설구조이다. 남극이 북극이 되고 북극이 남극이 되는 순환구조이기 때문이다. 반드시 하나의 막대자석 안에서 '자기磁氣'가 '자기自己'가 되어야만 이런 거짓말쟁이 구조가 나타날 수 있다.

이제 (도판40)의 막대자석을 2등분 하여 (도판41)과 같이 되게 한다. 이는 일상 경험에서도 쉽게 볼 수 있는 현상이다. 두 개의 갈라진 자석은 각자 따로 두 개의 극을 갖는다. (도판41a)에서 서로 다른 극끼리 끌어당기는 힘을 갖는다. 그런데 막대의 안쪽과 바깥쪽

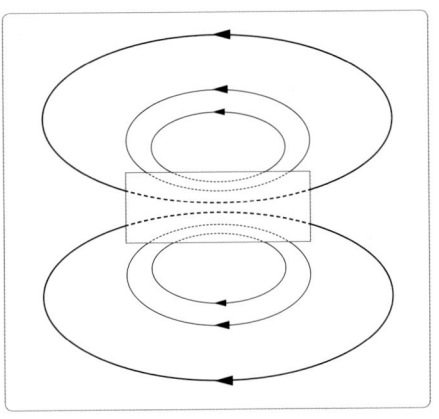

(도판40) 막대자석 주변의 자기장 흐름 구조
(Bartkowiak, 1985, 220-221)

의 화살표 방향이 서로 상반한다. 이 말은 아래 위에 있는 뫼비우스띠가 서로 결접하고 있는 형국으로서 클라인병적 구조임을 의미한다. 결접인 이유는 막대자석의 상하는 서로 분리주의 원칙에 의하여 겹치기를 하고 있지 않기 때문으로 연접이 아니고 결접이기 때문이다.(같은책) 그런데 (도판40)의 경우에는 전혀 결접을 하지 않고 있다. 제 2원리에 의해서 같은 극끼리는 서로 배척을 하고 있기 때문이다. (도판41)에서 상과 하에 나뉘어져 있는 4개의 자기장들은 좌우에서 분리돼버렸고, 상하는 서로 교류가 없는 (b)와 같다. 두 개의 뫼비우스띠가 좌우에 갈라져 있다.(Bartkowiak, 1985, 220.) 이제 이러한 자석의 성격과 구조에 근거하여 (도판39)로 돌아가서 태양과 주변의 다른 행성과의 논리적 관계를 알아보면 태양계는 거짓말쟁이Solor a Liar라는 것을 알 수 있게 된다.

태양 안의 흑점들의 관계는 (도판39)이다. 흑점 안에는 (도판41)의 (a)와 같은 것이 3개가 있다. (도판39)의 A-B, C-D, E-F가 그것이다. 이들 쌍들(작은 화살표)을 일명 '소광구면들granules'이라고 한다. 혹은 이를 '입상반粒狀班'이라고 한다. 하나의 쌍들은 두 개의 입상반들이 짝을 만들고

있으며(A-B, C-D, E-F와 같이), 이들 두 개의 소입상반들이 하나의 대입상반supergranule을 만든다. 즉, 소입상반들이란 짝들 사이에 (g)와 (h)라는 자기장이 형성된 것이다. 이 두 개의 자기장이 태양의 표면으로 솟아 올라와 코일을 만든 것이 말발굽형의 흑점들이다. 솟아 오른 코일들은 (도판38)의 우측에서 보는 바와 같이 비틈이 만들어져 이것이 흑점으로 나타난다. 남북과 동서 극으로 나뉘면 남극 안에 남북극이, 북극 안에 남북극이 또 나뉜다. 이것은 프랙털현상이다. 이들 간의 논리적 구조가 거짓말쟁이 역설이다.

A-B의 관계, C-D의 관계, E-F의 관계를 볼 때에 그 구조가 (도판 41)과 같다. 즉, N극과 S극이 서로 끌어당기면서 3중으로 되어진다. '비틈의 비틈'이란 사영평면적 구조라는 것이다. 이들 세 개의 소입상반들(A-B, C-D, E-F)은 모두 같은 구조를 가지고 있다. 하나의 입상반을 독립적으로 하여 그 위상학적 구조를 살펴보기로 한다. 예를 들어서 A-B, C-D, E-F는 모두 가로와 세로 쌍이라고 할 때 쌍 안에 있는 짝들의 대칭 관계를 보면 회전 방향이 서로 반대이다. 다시 말해서 '비틈'이다. 그래서 하나의 쌍은 '비틈의 비틈'이란 연접이다.

소입상반들은 이와 같이 '비틈의 비틈'이란 연접 관계인데, 이러한 연

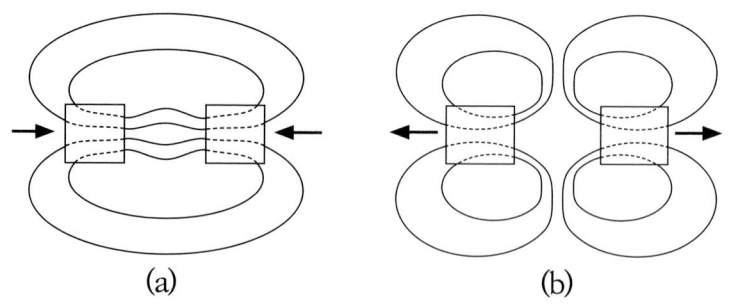

(a) (b)

(도판41)막대자석의 거짓말쟁이 역설 구조(Bartkowiak, 1985, 220-221)

접은 '비틈과 안비틈'이란 결접이어야 한다. 이러한 결접을 설명하는 것이 대입상반이다. 서로 다른 방향인 소입상반의 작은 두 화살표가 모두 대입상반에 결접이 되면서 방향이 같아진다. 그런데 화살표의 방향이 반대로 비틈이라고 하는 이유는 이들 화살표의 방향을 보면 하나는 시계 방향과 같고 다른 것은 그 반대이기 때문이다. 그래서 '비틈'이라고 하는 것이다. 그렇다면 한 개의 소입상반이 갖는 화살표 방향은 비틈이고 둘이면 '비틈의 비틈'으로 사영평면이다. 이는 동시에 대입상반의 안비틈으로 결접이 된다. '비틈의 안비틈'은 클라인병이다. 이런 사영평면적 구조로 자기장이 만들어지면 이것이 태양의 밖으로 화염이 표출돼 나온다. 표출이 일어나는 곳은 중간의 C-D이고, 이곳에서 흑점이 분출된다.

자기장의 구조와 태양계(2)

그러면 여기서 제기되는 질문은 소입상반의 짝들 사이에서 무슨 일이 발생하느냐이다. 이제 서로 마주 보는 짝들의 방향이 반대인 것을 화살표의 방향을 반대로 하는 두 영역domain으로 나누고, 그 사이의 중간 영역(C-D)을 가운데 두면 이들 세 영역들(A-B, C-D, E-F) 사이에 일어나는 자기장의 변화 도표는 다음과 같다.(같은책, 233)

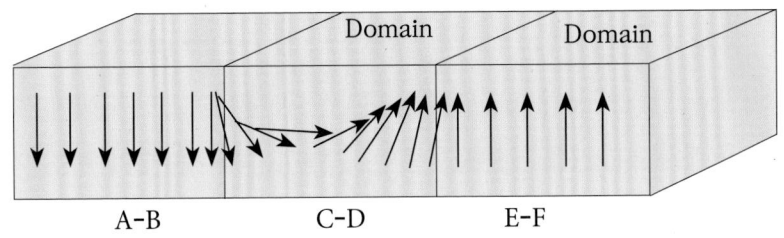

(도판42)자기장의 두 인접하는 영역 표시(Bartkowiak, 1985, 220-221)

서로 화살표의 방향이 다른 두 소입상반들 사이에서 어떤 변화 과정이 생겨나는지를 보자. 두 개의 화살표 방향이 다른 두 영역이 인접할 때에 (도판42)를 통해 볼 때에 방향 전환이 급작스럽게 일어나지 않는다. 소위 영역경계domain boundary(C-D)를 통해서 점차적으로 발생한다. 컴퍼스 바늘 같은 화살표들이 두 영역들의 변화하는 순간들을 잘 보여주고 있다. 세로선이 점차 대각선으로(대각선화), 대각선에서 가로선으로 되었다가(반대각선화) 다시 세로선으로 된다. 두 영역들 사이에서 '원자자석들atomic magnets'이 점차적으로 부채 살을 만들면서 변한다. 부채 살 모양을 한 매우 불안정한 중간 영역은 좌우의 외부 영역으로부터 쉽게 영향을 받아 변화를 일으킨다.

　　(도판43)은 영역간의 변화를 나타내면서 어떻게 굴곡을 그리는가를 보여준다. 좌측 작은 사각형 안의 화살표 방향은 서로 마주하는 것들이 모두 반대인 사영평면이다. 그래서 이는 사영평면과 같은 자기장 내에서 일어나는 변화 그 자체를 한 눈에 보여주고 있으며 이는 태양안의 작용 변화이다.(같은책) (도판42)가 '자기장화의 과정The magnetization process'이라면, (도판43)은 그 과정이 어떻게 구체적으로 전개되는가를 보여준다. 즉, (1)은 사영평면적 구조이다. 사각형의 서로 대칭하는 가로와 세로선의 화살표 방향이 모두 반대이기 때문이다. 여기는 아직 자기장이 없는 비자기장 영역이다. 그 다음 것들은 비자기장unmagnetized 영역에서 자기장화 되는 과정을 보여준다. 즉, (1)은 가로와 세로의 방향이 모두 반대인 사각형과 그 안의 대각선 두 개가 자기장화 되어가는 과정을 점차적 단계를 거쳐 보여준다. (2)에서는 H라는 장이 적용된다고 할 때에 영역경계들이 자기장화가 아주 밀접하게 H에 평행하는 영역들과 함께 펼쳐진다.

(3)에서는 자기장의 크기가 증가한다. 그러면서 두 개의 대각선 가운데 하나는 그 모양이 일그러지면서 하나는 가로화되고 다른 하나는 세로화 되어버리려 한다. 이를 두고 반대각선화라 한다. 이 경우에서는 자기장의 에너지가 지속적으로 증가함에 따라서 호감을 갖지 않는 영역들끼리는 소모시키고 호감을 갖는 영역들끼리는 점점 확대시킨다. 그래서 비호감적인 일그러진 대각선은 사라져버리고 만다. 그러면 다른 하나의 대각선과 그것을 만드는 가로와 세로만 남는다.

(4)의 경우는 드디어 H안에서 증가가 계속되면서 영역들은 H장과 함께 일렬로 늘어선 정열을 한다. 남은 대각선마저 사라지고 드디어 가로와 세로선도 없어지고 나면 대각선에 해당하는 화살표 하나가 H영역의 화살표와 일렬로 정렬한다. 드디어 H안에서 자기장의 계속적인 증가는 상대적으로 작아지면서 결국 자기장의 흐름이 갖는 농도가 그 장 안에서 결과를 맺게 된다.

이때에 자석에 사용된 재료를 두고 '자석화의 포화상태 magnetically saturated'라고 한다. 만약에 외부의 자력이 이런 포화상태에서 제거되면, 영역들 가운데 어떤 것들은 원상태로 되돌아간다. 그리고 어떤 것들은 그렇지 않는 상태로 남는다. 이렇게 남겨진 자석에 근거하여 그 자석의 재료가 영구적인가 임시적인가

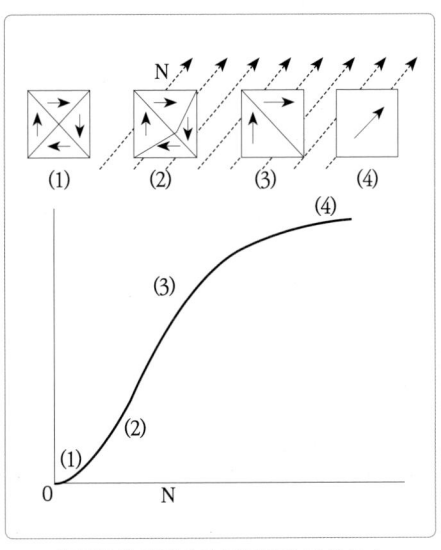

(도판43) 자기장의 위상학적 변화 모습
(Bartkowiak, 1985, 220-221)

를 판가름하게 된다. 여기서도 논리학과 위상학이 그대로 적용되는 것을 발견할 수 있다. 즉, 위 (1)~(4)의 전 과정은 대각선화와 반대각선화를 보여준다. 사각형이 사영평면적 구조를 가지고 외부의 영향을 받았을 때에 그것이 반대각선화하여 두 개의 대각선이 다 사라지고 말면 사영평면은 사각형으로 되돌아간다. 이를 두고 '자기화의 포화상태'라고 한다.

그런데 다시 대각선화를 할 때에 일부는 되돌아가고 일부는 그대로 남는다는 것은 반대각선화의 과정에서 초과분이 생겼다는 것을 의미한다. 이렇게 남는 것이 대각선에서 말하는 초과분이다. 초과분이 남겨져서 자석을 만들게 된다. 자석의 세계에서 볼 때에 대각선 논법에서 초과분은 귀찮은 존재가 아니고 매우 유용한 것이다. 칸토어는 무한수에서 초과분이 생긴다는 것은 무한 위의 무한이 있다는 것을 의미하는 것으로 보았다. 이 초과분은 역설을 그 안에 가지고 있기 때문에 곤혹스런 대상이다. 그러나 동양의 역과 위 자석의 논리로 볼 때에 이런 초과분이 천체의 운행을 가능하게 한다고 본다. 초과분이 다름아닌 윤일이고 윤월이기 때문이다.

효를 연속적으로 이어서 증가시킬 때에 감(☵)과 리(☲)괘는 초과분으로 생겨나게 된다. 이는 12벽괘를 논할 때에 쟁점이 되는 부분이다.[3] 이렇게 대각선화와 반대각선화의 네 과정들을 그래프로 나타낸 것이 (도판43)에 있는 선이다. 이상은 위 (도판39)에서 소입상반과 대입상반이 거짓말쟁이 논리에 의하여 흑점을 만들어 내는 전 과정을 대각선 논법의 6대 요소들에 적용하여 설명해 본 것이다. 즉, 태양의 흑점이란 자기화의 포화상태를 만드는 기본적인 위상학적 구조는 '비틈의 비틈'이란

---

3) '대각선 논법과 조선역'(2013, 지식산업사)에서 정다산이 이 문제를 다루었다.

사영평면이다. 우리는 이렇게 사영평면을 만드는 구조를 (도판43)에서 확인하였다.

위의 내용을 다시 요약정리하면 다음과 같다. 만약에 (도판39)에서 A와 B을 하나의 사각형 안에 있는 세로와 가로의 쌍이라고 한다면, 각각의 쌍에는 비틈이라는 짝이 들어 있다. 우리는 여기서 위상학적 구조를 생각해 보지 않을 수 없게 된다. 다시 말해서 A는 세로의 마주 보는 짝이 비틀려 있는 뫼비우스띠이고, B인 가로 역시 그러한 뫼비우스띠 자체이다. 그렇다면 두 개의 비틈이 마주 연접하고 있는 것은 사영평면이다. E와 F의 관계도 마찬가지이기 때문에 사영평면이다. 그런데 문제는 (도판39) 안에 있는 두 영역 사이에 있는 흑점에 해당하는 자기장인 (g)와 (h)이다. 세 선들로 된 이 자기장은 밖으로 표출되어 나아가 흑점을 만드는데 이 세 선들은 A-B와 C-D 그리고 C-D와 E-F 두 영역을 매개하는 역할을 하면서 동시에 곡면을 억제한다. 그리고 주변의 프라스마가 흑점안으로 흘러드는 것을 방지하는 역할도 한다. 이때에 자기 자신이 밖으로 돌출하여 나가 흑점을 만든다.

(g)와 (h) 사이에 있는 쌍인 C와 D 역시 방향이 서로 반대인 쌍이다. 그래서 사영평면이다. 자기장 세 개의 쌍들은 A-B 영역, E-F 영역과 연접이 아닌 결접을 한다. 결접을 시키는 것이 대입상선인 세 선으로 된 자기장이다. 이런 결접 관계를 알기 위해 B와 C로 쌍으로 만들어 보면 이것은 서로 '안비틈'이다. 즉, 비틈의 비틈이 '안비틈'으로 결접을 하고 있다. 그리고 D와 E의 관계도 사정은 마찬가지로 '안비틈'이다. 그렇다면 소입상선들은 '비틈의 비틈'이란 연접과 '비틈과 안비틈'이란 결접을 하고 있다. 이는 완벽한 사영평면적 구조이다. '거짓말의 거짓말'이란 연접은 '거짓말과 참말'이라는 결접에 의해 거짓말쟁이 역설을 완

벽하게 그려내고 있다는 것이다. 즉, 사영평면은 '비틈의 비틈'='비틈과 안비틈'이란 위상학적 등식을 만족시키고 있다. 바로 이러한 논리적 관계에서 초과분이 생겨 흑점이 만들어진다. 이러한 태양의 위상학적 구조가 지구를 비롯한 다른 행성들과는 어떤 논리적 구조를 만드는가를 이어서 알아보기로 한다. 먼저 태양과 지구와의 관계가 관심의 적이다.

거짓말쟁이 태양계와 '하늘의 징후'

지구와 태양의 이러한 관계는 태양의 흑점이 지구에 영향을 미치는 데에 결정적인 역할을 한다. 마야인들의 관심이 2012년에 초점이 모여지는 이유는 태양의 흑점이 2012년 전후하여 극대화 된다고 생각했기 때문이다. 결코 지구의 종말을 말한 것이 아니다. 한 주기가 끝난다고 할 뿐이었고 주기의 변화를 좌우하는 것이 태양의 흑점이라고 판단한 것이다. 자기의 파동과 관련이 있는 이 흑점들은 항상 남쪽과 북쪽으로 짝을 이루어 나타난다. 그러나 자극 자체는 동서남북 사방으로 대칭을 이룬다. 흑점이 있을 때는 남북 대칭이다. 지구는 남북으로 자극이 단일 대칭이지만 태양과 같이 다중극은 아니다. 최근 연구에 의하면 태양의 흑점이 지구의 날씨에 직접적인 영향을 미친다는 사실이 밝혀졌다. 소위 태양의 플레어를 만드는데 흑점이 영향을 주고 있다는 것이다. 이들 플레어들이 하전 입자들로 구성되어져 있다는 사실은 보통 심각한 문제가 아니다.

대부분의 플레어들은 태양의 중력에 끌려 지구까지 도달하지 못하지만 개중에는 그것이 지구에까지 도달한다. 만약에 흑점이 지구와 일직선을 이룰 경우에 하전입자들이 지구의 자기장을 강타한다. 이 경우에 이들 하전 입자들이 지구의 남북 양극에 나온 자기를 따라서 앞뒤로 튀어 다닌다. 지구의 남북극에서 생기는 남극광과 북극광으로 알려진 불꽃놀이를 만드는 장본인이 바로 이것이다. 태양의 '비틈의 비틈'(사영평면)이 지구의 '비틈의 안비틈'(클라인병)에 연결합되어 만들어 내는 장관이라고 할 수 있다.

태양의 하전 입자들이 지구에 자기 폭풍을 발생시켜 지구의 자기장을 수 시간 내에 8도로 이동시켜 버린다. 태양의 극지방에 있는 자기장은 11.1년 정도의 주기로 반대 방향에 위치하게 된다. 바로 이 주기가 흑점의 활동을 촉진시키기도 하고 약화시키기도 한다. 이때에 흑점의 주기가 자기장의 주기와 비슷한 11.1년이다. 그런데 2012년이 다가오면서 흑점의 세력이 점점 커져 가고 있다.(길버트, 2007, 415)

2000년도 중반에 흑점의 세력이 최고치에 달했다. 2005년에는 798이라 불리는 흑점이 역사상 가장 거대한 X등급의 플레어를 방출하였다. 이 흑점의 경우는 지구와 정렬된 위치에 있지를 않고, 지구와는 반대쪽에 있었음에도 불구하고 많은 변압기들에 사고가 발생하였다. 이 플레어가 점점 더 커져가면서 사라지지 않고 무려 12일 동안이나 X등급의 플레어를 8개나 더 방출해 내었다. 이 플레어가 지구 온난화의 주범이다. 이는 지구의 공업화 때문에 온난화 현상이 생긴다는 이론과는 상반된다.(같은 책)

지구 온난화는 인간의 의식 수준도 변화시켜 신문명의 탄생을 예고하고 있다는 것이 학자들의 주장이다. '하늘의 징후'란 다름 아닌 태양의 흑점이 만들어내는 플레어일지도 모른다는 것이 마야 예측을 믿는 사람들의 일관된 주장이다. 그러나 필자는 이러한 하늘의 징후를 순수 논리적 언어로 이해하려고 한다. 만약에 태양의 흑점이 만드는 플레어의 존재를 순수 논리적으로 추리하면 우리는 위상학적 구조가 만들어

내는 현상 때문이라는 사실을 알게 될 것이다. 필자는 마야의 제반 숫자들이 사평판의 그것과 같음을 주장하고 있다. 그렇다면 우리는 이러한 문화 속에 들어 있는 암호 코드에서 하늘의 징후들을 찾고 나아가 문명 위기의 출구를 찾아야 할 것이다. 즉, 거짓말쟁이 역설을 선기옥형은 어떻게 해의하고 있는 것일까? 이를 위해서 태양계 안의 위상학적 논리 구조를 더 탐색해 보아야 한다. 선기옥형의 구조 속에 문명의 탈출구는 있는 것인가?

『마야의 예언*The End of Time*』의 저자 아드리안 길버트에 의하면 마야 예언의 핵심은 태양의 다중 자극 중심 때문에 발생하는 태양풍과 흑점이라고 결론하고 있다. 여기서는 그의 책 마지막 장인 12장의 '태양의 주기cycle of the sun'를 중심으로 하여 그 내용을 소개하려 한다. 물론 길버트가 태양계의 논리적 구조를 설명한 것은 아니다. 그러나 필자는 태양계의 거짓말쟁이 역설 구조에 의하여 이를 설명하려고 한다.

시대의 끝은 태양과 지구의 역설적 구조 때문에 오고 있다. 인간의 역사와 사회가 역설과 모순의 소용돌이인 것 같이 천체의 구조도 마찬가지이다. 역설과 모순 때문에 역사가 흥망성쇠 하듯이 우주 천체의 세계도 마찬가지이다. 천문학과 과학적 탐구란 지엽에 불과하다. 우주를 지배하는 논리를 먼저 알아야 한다. 삼족오가 그려진 진정한 이유도 여기에 있었다. (도판39)에서 보는 바와 같이 태양의 다중 자극은 쌍으로 연결된 "'비틈의 안비틈'과 안비틈"의 모습이다. 태양 안 자석의 이런 모습이 태양의 표피로 빠져 나와 하나의 말발굽형 모양을 만든 것이 태양의 흑점sunspot이다. 우주변화를 흑점이 좌지우지 할런지도 모른다. 길게는 직경이 무려 8만 키로나 되어 지구의 5배나 된다. 이렇게 큰 태양 흑점이 검게 보이는 이유는 다른 곳에 비해 주위의 온도보다 1300도가량 낮기 때문이다. 이런 온도의 차이와 지만 효과 때문에 선이 2개 혹은 3개로 갈라진다. 이를 '일상문'이라 한 것이다. 고구려인들이 삼족오에 집착한 이유를 이해할 만하다.

3.3 내행성과 외행성의 논리적 구조

태양의 다중극과 거짓말쟁이 역설

이렇게 논리적으로 태양을 관찰할 때에 태양계는 '거짓말쟁이liar'이다. 태양계도 단동십훈을 공부한다. 전후, 좌우, 상하 운동을 한다. 대각선 논법의 제 요소를 갖추어야 태양계가 제대로 운행될 수 있다. 거짓말쟁이의 거짓말과 참말의 진위를 찾아내자는 것이 선기옥형이다. 다시 말해서 선기옥형은 거짓말 탐지기이다. 매우 고급스런 거짓말 탐지기이다. 그 동안 태양계가 거짓말쟁이인 줄을 몰랐던 이유는 태양이 다중 극을 가지고 있는 줄을 몰랐기 때문이다. 태양은 지구와는 달리 많은 다중 극을 가지고 있다. (도판39-40)에 의하여 태양의 비틈의 구조가 선명해졌다. 특히 (도판38)의 e를 상·중·하로 나누면 상과 중은 회전 방향이 같고 하와 중은 반대이다. 회전 방향이 같다는 말은 '비틈과 안비틈'으로서 비틈이란 말이다. 상의 비틈과 회전 방향이 같은 것(중)에 결접을 하니 결국 비틈(하)이란 것과 연접을 하게 된다. 이것은 전형적인 사영평면적 구조이다.

문제는 이러한 자기장의 구조를 가지고 있는 태양에서 태양풍이 태양계 안의 모든 행성들에 날아든다고 할 때에 태양계 안은 온통 거짓말쟁이가 되고 만다. 거짓말쟁이 역설은 이미 카오스이론, 퍼지이론, 프랙털이론, 양자역학의 제 이론들을 설명할 때에 적용되는 논리임이 여러

학자들에 의하여 입증되었다.[4] 천체의 운행 구조와 원리에도 이 역설의 논리가 적용된다는 것을 여기서 말하려고 한다.

다중극을 가지고 있는 태양에서 만들어진 태양풍이 날아와 태양계의 각 행성들의 자기장에 미칠 때에 바로 위상학적 논리가 적용된다. 논리를 더 자세하게 알기 위해서는 먼저 태양계 안의 각 행성들의 운행 속성을 알아야 한다. 태양에서부터 행성들의 배열 순서는 수·금·지·화·목·토·천왕·해·명왕성 순서이다. 이들을 지구 중심으로 내측과 외측으로 나눌 때 내측은 수금지화이고 외측은 나머지들이다. 그런데 이들이 구성하고 있는 물질들도 다르지만 특이한 운행 구조와 궤도를 각각 가지고 있다. 9개의 행성들의 속성을 분간해 볼 때에 ①우선 이들 모두가 동서극이 없다는 데서는 공통이다. ②금성은 동서 뿐만 아니라 남북극도 없는 무자기장으로서 다른 행성들은 서에서 동으로 회전하지만 금성은 그 반대이다. 마야인들은 금성을 '바람둥이'라고 할 정도로 자전도 공전도 독특하다. ③화성은 천왕성과 같이 재귀적 속성을 갖는다. ④회전축에 있어서 내측의 것들은 지구와 같은 남북의 위치를 갖고 있지만 외측의 목·토·천·해의 4개는 남북극의 위치가 지구와는 반대이다. ⑤회전축인 지축과 자력이 만드는 자축 사이에 벌어지는 각도의 경우, 지구는 12도, 목성은 10도, 토성은 0도, 천왕성은 59도, 해왕성은 47도이다. 특히 천왕성은 적도와의 기울기가 98도나 되어 회전축과 적도가 같다고 볼 수 있을 정도이다.

그런데 지금까지 발달된 천문학은 왜 이러한 행성들 간의 속성에 있어서 차이가 나는지를 알지 못하고 있다. 필자는 그 이유가 논리적이고 위

---

4) 필자는 1999년에 '러셀역설과 과학혁명구조'(솔)에서 이를 거론한 바 있다. 그러나 위상학과 거짓말쟁이 역설을 연관시킨 것은 2000년대 들어선 이후이다.

상학적인 데 있다고 본다. 먼저 이들 행성들의 속성을 알자면 태양의 논리적 구조부터 알아야 하기 때문에 위에서 이를 설명해 놓았다. 다시 반복해 말하면 태양은 "'비틈의 비틈'과 안비틈"이란 거짓말쟁이라고 했다. 이러한 태양의 거짓말쟁이 속성이 알면 행성들의 속성을 알게 된다.

사영평면이 사각형의 가로와 세로가 '비틈의 비틈'이란 연접을 한다는 것은 사각형 밖에서는 안비틈과 결접한다는 것을 의미한다. 이런 사영평면적 구조를 가지고 있는 자기장이 태양풍이 되어 지구로 쏟아져 들어 왔을 때에 **(도판44)**와 같은 현상을 만든다.

태양풍이 지구에 쏟아지면 지구에는 벤 알렌 벨트가 만들어지고 거기에서 태양풍이 남북으로 갈라져 지구의 남북극으로 흘러들어가 남북극을 만든다. 남북극을 만드는 순간 좌우 반대 방향으로 갈라진다. 다시 말해서 비틈을 만든다. 그런데 태양은 '안비틈'과 결접을 하고 있기 때문에 그 안비틈이 결접할 곳을 찾아야 한다. 그 안비틈과 결접하는 곳이 바로 행성들의 동서극이다. 그래서 9개의 모든 행성들의 동서극은 '안비틈'인 것이다. 그러나 남북극은 태양풍의 직접적인 영향을 받아 만들어진 것이기 때문에 태양 그리고 자기와 이웃하는 다른 행성과의 자장 간의 논리적 관계에 의해서 회전 방향과 궤도, 그리고 기울기가 결정된다. 위상 논리적 관계를 고려의 대상으로 삼지 않았기 때문에, 다시 말해서 천문학자들의 논리와 위상학의 무지 때문에 이를 아직 파악하지 못하고 있는 실정이다.[5]

금성을 제외한 다른 행성들은 "'안비틈의 비틈'과 안비틈"으로 클라인병이고, 태양은 "'비틈의 비틈'과 안비틈"으로 사영평면이다. 그런데

---

5) 울프는 "왜 서로 다른 행성들이 서로 다른 기울기를 하고 있는지 그 원인을 아직 알지 못하고 있다"고 실토하고 있다.(Wolf, 2006, 231)

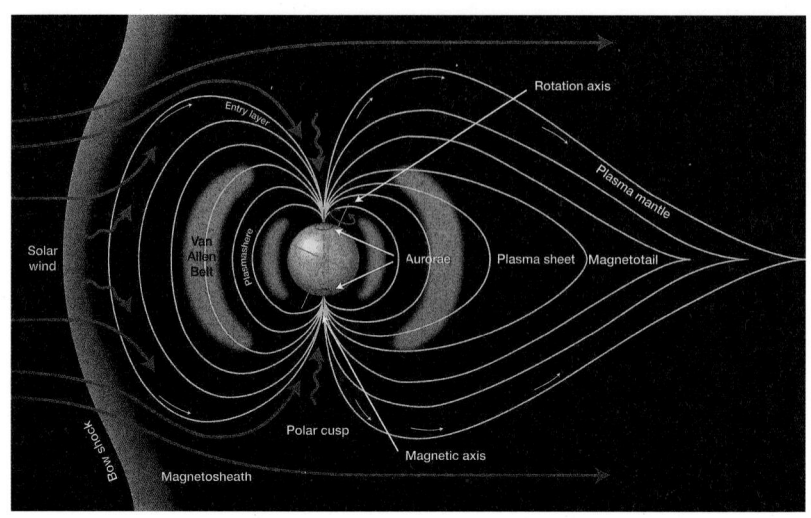

(도판44) 지구의 자기장과 태양의 자기장(Marriott, 71)(Bennett/Shostak, 2007, 131)

우리는 위에서 (도판34-36)을 통하여 이 양자가 어떻게 원방각의 변화를 통해서 서로 치환될 수 있는가를 보아 온 터이다. 우주 천체 구조 속에 이런 치환의 논리가 통하기 때문에 지금과 같이 운행되고 있다면 이는 큰 의미를 부여할 수 있다고 본다. 그러면 왜 금성에는 동서남북의 모든 극에서 자기장이 없고 다른 것들과는 달리 자전방향도 반대인가. 그리고 왜 천왕성는 98도 각도로 기울어져 있는가. 이에 대한 자세한 논의가 이어진다.

결국 행성들의 남북극이 문제인데 북극은 사실상 세 종류가 있다. 회전축에 의한 지북, 자력에 의한 자북, 그리고 지도에 의한 도북이 그것이다. (도판45)는 지구에는 자석에 의한 자축과 지도상의 지축이 다르다는 것을 보여주고 있다.(Hemlin, 1999, 18-41)

태양풍이 태양에서 밀려와 지구를 치면 지구의 허리인 동서극에 와 닿는다. 위에서 말한 대로 동서극에는 안비틈이다. 이 안비틈이 태양과

행성들이 결접하는 부분이다. 그러면
남북극이 비틀리기 시작한다. 다시 말
해서 태양계는 부동인 태양을 명패삼
아 행성들이 그 주위를 운행하기 때문
이다.

1820년 덴마크의 과학자 오이스터
Hans Christian(1775-1851)는 자석의 바늘
을 전류가 흐르는 전도체의 부근에 놓
았을 때에 그것이 굴절된다는 사실을
발견했다. 전도체 부근의 자기장의

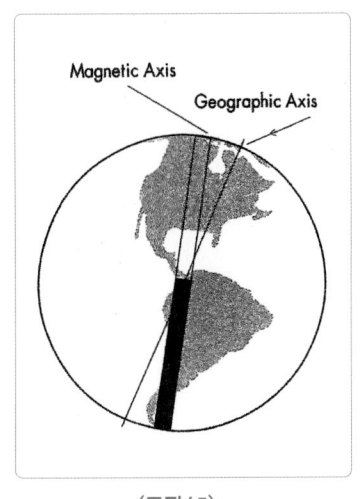

(도판45)

방향은 하나의 일정한 규칙성을 갖는데 그 규칙은 "전도체를 오른손에
잡고 엄지를 전류가 흐르는 쪽으로 향하게 할 때에 나머지 4개 손가락
이 지시하는 방향이 자석의 자기장이 흐르는 방향direction of the magnetic
lines of flux이라는 것이다. 이를 일명 '오른손의 법칙'이라고 한다.

(도판40)은 자기장화의 과정The magnetization process을 나타낸 것이다. (도
판40)에서 (1)은 사영평면적 구조이다. 여기서는 아직 자기장이 없는 비
자기장 영역이다. 그 과정을 보면 자석은 두 개의 극, 북극(N)과 남극(S)
으로 나뉜다. 이 두 상반된 두 극을 '참'과 '거짓'이라고 할 때에 이렇게
방향이 상반된 것을 두고 '비틈'이라고 한다. 그러면 참-거짓은 '비틈'
이고 참-참, 혹은 거짓-거짓은 '안비틈'이다. 그렇다면 지구의 남극과
북극은 서로 '비틈'이다. 그런데 지구의 동과 서는 '안비틈'이다. 그래서
지구의에서 남북을 세로(경도), 동서를 가로(위도)라고 한다면, 지구는 '비
틈의 안비틈'이란 연접의 클라인병이다. 사각형의 세로는 비틈이고 가
로는 안비틈인 것이 지구의 구조이다. 즉, 세로(경도)는 비틈이고 가로(위

도)는 안비틈이기 때문이다. 그래서 지구는 '비틈의 안비틈'이란 연접을 하고 있는데 이는 곧 '비틈과 비틈'이란 결접을 의미한다. 태양은 '비틈과 안비틈'이란 결접이기 때문에 그 안비틈이 지구를 포함한 태양계 안의 다른 행성들과 결접을 한다. 그래서 태양은 안비틈으로 지구의 동서극과 결접을 한다. 이것이 태양계의 위상학적 구조이다.

태양은 위 (도판38)과 아래 (도판46)에서 보는 바와 같이 +와 -극이 하나의 짝이 아니다. +와 -극이란 다중극이 생기는 이유는 지구 속에 있는 큰 철판과 태양풍 때문이다. 그런데 가스가 주성분인 태양이 지구와 같이 일정한 속도로 자전하지 못하는 이유는 태양에는 고체로 된 철판 중심이 없기 때문이다. 대신에 태양은 가스와 기체로 되어 있어서 이중극이 아닌 다중 극으로 형성되어 있으며 태양은 각 지역마다 다른 속도로 자진한다. 그래시 태양은 지구와는 다른 위상학적 구조를 가질 수밖에 없다. 태양 안에는 지구와 같이 남북 이중극 지역도 있고, 지구와는 다르게 (도판46)에서 보는 바와 같이 사중극인 지역도 있다. 다시 말해서 태양은 남북극도 있고 동서극도 있다. 적도의 북에 남북극이, 남

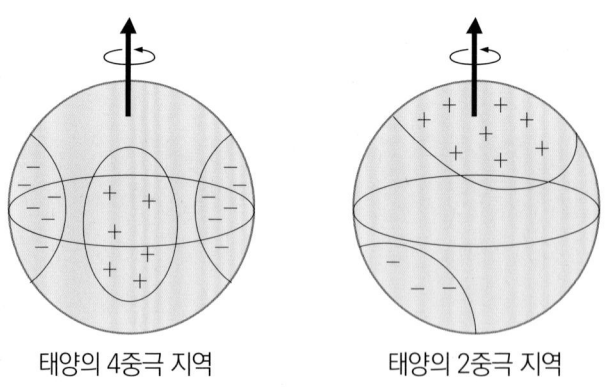

태양의 4중극 지역   태양의 2중극 지역

(도판 46) 태양의 4중극과 2중극(길버트, 2006, 411)

에 남북극이 있다. 심지어는 북극만 있고 남극이 없는 곳도 있다. 양극과 음극은 서로 반대이기 때문에 두 극이 있다는 것은 '비틈'을 의미하고 두 극이 없다는 것은 '안비틈'을 의미한다. (Fix, 2001, 407)

(도판46)을 통해 볼 때에 여러 개의 극이 태양의 동서남북 전면에 퍼져 있다. 마치 윷판 같이 수직축에도 수평축에도 반대극이 있다. 이러한 태양의 위상 구조를 기준으로 하여 태양계 안의 지구를 비롯한 다른 행성들의 위상학적 고찰을 해 나가기로 한다.

다시 정리하면 태양의 수직축을 중심으로 회전하는 방향은 지구와 같이 일정하지 않다. (도판47)의 (a)는 태양이 적도를 중심으로 수직축(굵은 점선들)이 화살표 방향으로 회전할 차비를 하는 모습을 보여준 것이다. 여기서 흑점들이 수직축에 나열돼 있다. 그런데 (b)는 태양이 한 바퀴 회전한 이후 흑점들이 휘어져 구의 주변으로 흩어지는 모습을 보여준다. 적도 부근에 있는 점들이 1회전 하는데 25.33일이 걸린다. 그러나 남북 양극으로 가는 도중에 있는 점들은 위도의 반 정도에서는 28일이 걸리고, 위도의 3/4 정도에서는 33일 걸린다.

그런데 여기서 걸리는 시간보다 더 중요한 것은 수직축으로 되어 있던 점선들이 거의 원의 둘레와 같은 모양으로 변해버린다는 사실이다. 수직

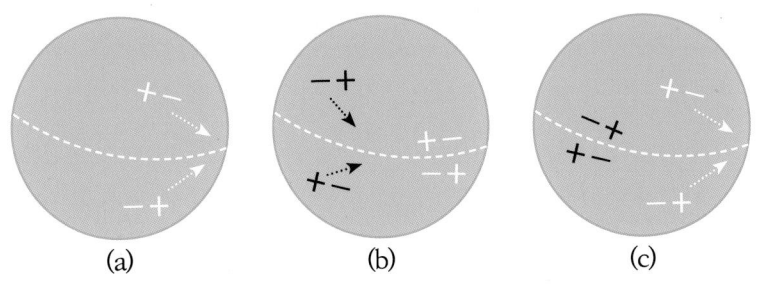

(a)   (b)   (c)

(도판47) 수직축의 반대각선화(The Universe, 1962, 92)

과 수평축은 지름이고 이것이 사각형에서는 대각선이다. 그렇다면 이 사실은 수직축의 점들이 반대각선화하는 것이라 할 수 있다. 동시에 수직축의 점들은 백색으로 변한다. 이는 가치의 변화를 의미한 반가치화이다. 태양 안에 있는 양극의 특징은 흑점이 나타날 때에 분명해진다. 흑점은 엄청나게 큰 자기장이어서 일단 한 짝을 만들면 남반구와 북반구에 있는 각각의 짝들이 다시 쌍들을 만들어 두 쌍이 나타난다. 이 때 한 쌍 안에서 하나가 음극이면 다른 것은 자동으로 양극이 되어 쌍을 만든다.

그러나 이런 극들이 한 번 형성이 된 후에는 지구와 같이 N과 S가 영구적으로 남지는 않는다. 즉, 11년 동안 극을 유지하다가 태양의 적도 부근에 와서는 사라지고 만다. (도판47)에서 ⓐ는 1940년에 나타난 흑점이다. 북위와 남위 30도 부근에서 생겨 한 쌍이 만들어졌는데 마주 보는 극들은 서로 반대이다. 이때에 +-로 표시할 때에 +를 '이끌고 가는 향도하는 극'이라고 한다. 북반구에서는 이것이 +이지만 남반구에서는 -이다. 이렇게 향도극이 다르게 나타날 때에는 +와 -를 백색으로 표시를 하고, 사라질 때는 흑색으로 표시를 한다.

ⓑ는 1950년도에 나타난 흑점이다. 북위와 남위 8도 부근에서 만들어진 것인데 ⓐ의 것과는 다르게 +와 -(흑색)가 반대로 뒤집혀 있다. + 가 -로 변하는 것은 대각선논법 구성소 가운데 가치의 반가치화로 보아야 한다. 그러나 남북위 30도 부근으로 이동을 하면서 +와 -가 뒤집혀 반대가 되면서 백색이 흑색으로 변한다. 즉, 반가치화가 되었다. ⓒ는 1960년도에 나타난 흑점이다. +와 -, 그리고 흑점이 나타난 위도는 1940년도와 동일한 남북위 30도의 위치이다. +와 -가 반대로 변하면서 남북위 8도에서 사라진다.(The Universe, 1969, 94)

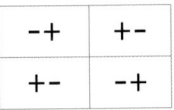

여기서 흑점을 고찰할 때에 두 가지에 관심을 두어야 한다. 즉, 흑점이 나타난 위치와 흑점의 가치인 +와 -극이다. 전자를 위대칭이라면 후자는 치대칭이다. 위와 수의 관계이기도 한다. 10년 간격으로 위대칭과 치대칭이 반대가 된다. 그러면 20년 후에는 그것이 같아지는 것을 발견할 수 있다. 그런데 한 가지 흥미있는 사실은 두 개의 쌍들을 연결하여 사각형을 만들면 서로 대각선에서 마주하고 있는 극들은 그것이 남반구와 북반구의 어느 위치에 있든지 (도판48)과 같다. 여기서 새삼 발견되는 대칭은 위대칭과 치대칭이다. 위 대칭이란 남반구와 북반구에서 볼 때에 동일한 위도상에 있는 대칭이다(세로대칭). 그리고 나타날 때와 사라질 때는 동서의 대칭이다(가로대칭). 같은 반구 안에서도 30도와 8도라는 위도의 차이가 있다. 그러나 치대칭은 항상 +가 -가 되고, -가 +가 되는 것이다. 이렇게 태양 안에서 대각선 논법의 제 요소들을 모두 확인하였다. 금성의 자전이 반대이고 천왕성과 같은 행성이 적도에 무려 98도나 기우는 것도 궁극적으로 이러한 위상학적 논리적 구조 때문이 아닌가 한다.

태양의 자기장과 대각선 논법의 6대 요소

이상의 내용을 대각선 논법의 6대 요소들로 확인을 다시 해두려 한다. 태양은 큰 자기장이고 자기장에 의하여 자전을 한다는 사실이 확인되었다. 그리고 태양은 우주 안의 거짓말쟁이라는 사실도 확인되었다.

이제 마지막으로 이상의 내용들을 총정리하는 의미에서 태양의 자기장과 자전을 대각선논법의 6대 요소들의 용어들로 다시 한 번 구체화시켜 말해두려 한다.

태양은 고체가 아니고 하나의 큰 기체 덩어리이다. 태양이 다극일 수 있는 이유도 기체이기 때문이다. 흑점이 여러 곳에 나타날 수 있는 이유도 이러한 이유 때문이다. 기체이기 때문에 자전주기도 적도 부근에서는 29일이지만 극에서는 31일이다. 남북으로 늘어서 있는 흑점의 어느 한 쪽이 N이면 다른 쪽은 S이다. 극에서 더 빨라진다. 흑점은 동서로 늘어서려는 경향이 강해서 이런 흑점의 N과 S의 쌍이 남반구와 북반구에서 반대로 바뀌어 버린다. 이렇게 N과 S가 반대로 되는 것을 '반가치화'라고 한다. 우리는 여기서 대각선 논법의 몇 가지 요소들을 확인한 터이다. 즉, 남북은 세로, 동서는 가로, 그리고 N과 S는 가치이고 그것이 반대로 된다는 것은 반가치이다. 나머지 반대각선화를 (도판49)를 통해 확인하려고 한다. 태양의 '비틈의 비틈'의 "안비틈" 구조가 다른 행성들의 '안비틈'(동서)과 결접을 한다. 이런 전제하에 대각선 논법의 6대 요소들을 4단계에 걸쳐 변하는 과정을 표시하면 (도판49)와 같다.

①은 자력선이 N극으로 들어와 S극으로 통과해 나가는 모습이다. 세로 남북축만 있고 가로축은 보이지 않는다. 그러나 가로 동서축이 형성되는 순간이다. ②는 낮은 위도 쪽에서는 자전이 빨라지기 때문에 자력선이 늘어나 동서극이 형성된다. 세로선이 형성되어 가로와 세로가 사상되어 대각선화가 되는 순간이다. ③은 늘어진 자력선이 더 늘어진 모습이다. 북극에도 남북극이, 남극에도 남북극이 만들어지는데 남극에는 N과 S가 북극과는 반대가 되었다. 이는 일종의 프랙털이고 반가치화 현상이다. 남반구와 북반구에서 화살표 방향이 반대이다. ④는 자력

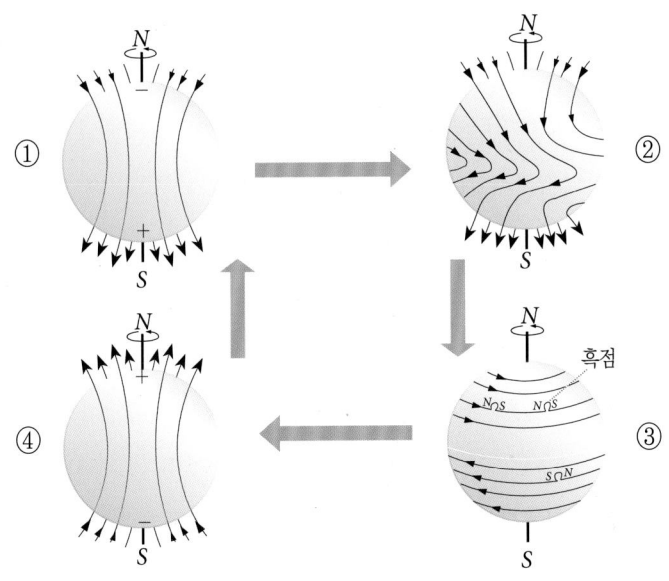

선이 역전된 모습이다. ③에서 대각선화 된 것이 가로로 여기서 반대각
선화되어 세로선인 남북으로 변해버렸다. 자력선이 S에서 들어가 N으
로 나온다.

①의 남극에서 북극으로 가로질러 올라가던 태양의 자력선이 ②에서
동서로 모여 드디어 자력선이 끊어진다. 끊어진 끝이 ③에서 태양의 표
면에 돌출돼 나온 것이 흑점이다. 대각선 정리에서 문제시 되는 것이 초
과분 혹은 돌출이다. 실수무한 사각형 안에 들어가지 않는 초과분이 생
기는 것이 문제였다. 태양의 자기장을 통해 볼 때에 흑점이 바로 이에
해당한다는 사실을 알게 되었다. ④에서 역전된 자력선은 ①과는 그 방
향이 반대이다. 새로운 세로선 혹은 메타선이 ④에서 생겨난 것이다. 그
러면 이렇게 새로 생긴 세로선에 의하여 ①-④의 전 과정은 다시 반복
된다. 11년이 경과되면 태양 내부의 자기력선은 흩어지고 내부의 작용

에 의해서 이번에는 다시 북극에서 남극을 향해 새로운 자력선이 형성된다.

이러한 태양의 자전구조는 그대로 태양계 안의 9개 행성들에 영향을 준다. 행성들의 운행 궤도가 태양의 이러한 구조에 영향을 받아 그대로 닮아진다는 것이다. 먼저 (도판34-35)로 돌아가 태양의 이러한 자기장의 구조를 위상학적으로 확인하기로 한다. (도판34)는 '비틈의 비틈'이란 사영평면에서 '비틈의 안비틈'이란 클라인병으로 바꾸기이고, (도판35)는 그 반대이다. 이때에 반대각선화에 해당하는 사각형의 대각선을 가로나 세로에 마주 붙이는 것이 결정적인 역할을 했다. 바로 그러한 대각선화와 반대각선화 그리고 반가치화란 요소들이 태양의 자기장의 구조를 결정해 태양의 자전을 가능케 한다. 이것이 위상학적 우주 구도 자체이다.

다음 거짓말쟁이 역설로 볼 때에 사영평면은 '거짓말의 거짓말'(비틈의 비틈)이란 연접으로서 '참말'(안비틈)과 결접이 된다. 이 '안비틈'이 결국 태양계 9개 행성들의 동서극에 모두 영향을 주어 한 개의 예외도 없이 동서극이 없거나(금성같이) 동서극이 안비틈이다. 즉, 태양의 안비틈이 9개 행성들의 동서극에서 안비틈으로 결접을 한다. 이것이 태양계 안을 안정시키는 제일 요건이다. 만약에 태양의 이러한 안비틈에 결접이 되지 않은 것들이 있었으면 이들은 태양계에서 일찍 퇴출되고 말았을 것이다. 태양계가 지금까지 안정되기까지 이런 퇴출 과정이 있었다고 보아야 한다. 거짓말쟁이 역설에 적응하는 행성만 살아 남았다.

태양은 항성으로 움직이지 않지만 행성들이 움직이는 이유도 논리적으로만 설명될 수 있다. 태양은 '비틈1의 비틈1'로 안비틈2이기 때문에 '안움직임'이다. 다시 말해서 태양은 사영평면적 구조이기 때문에 그 자체로는 움직이지 않는다.(혹은 못한다) 그러나 다른 행성들은 '비틈의 안 비틈'으로 '비틈2'와 결접을 해야 하기 때문에 움직인다. 그런데 태양의 안비틈2는 행성들의 동서극인 '안비틈1'과 결접을 해 안움직임이기 때문에 다른 행성들이 없으면 태양도 움직인다. 서로 맞붙잡고 있다. 이를 '내인적 관계internal relation'라 한다. 태양의 안움직임이 행성들의 움직임이고 행성들의 움직임이 태양의 안움직임으로 서로 상대적이다. 외인적 관계external relation는 어느 하나가 다른 하나를 움직이게 하나 상대적으로 다른 것에 의해서 움직여지지 않는 관계를 두고 하는 말이다.

이것은 물리적인 것도 아니고 화학적인 것도 아닌 순수 논리적인 것이다. 현대 수학자들이 거짓말쟁이 역설에 걸려 수학의 기초를 상실하고 말았다. 이를 수학의 '낙원상실paradise lost'이라고 한다. 수학뿐만 아니라 인문, 사회, 자연 과학의 모든 영역이 이 역설에 직면하게 되었고 드디어 토대를 잃은 인간의 정신세계는 1960년대부터 변하지 않는 토대 대신에 '패러다임 변동paradigm shift'을 말하게 되었다. 태양계는 하나의 패러다임이다. 그래서 언제 이동하여 딴 것으로 변할지도 모른다.

그러나 이것은 어디까지나 인간의 정신세계가 직면하는 낙원 상실일 뿐이다. 이에 반하여 태양과 태양계, 나아가 우주 자체가 이 역설 없이는 운행 자체가 불가능할 정도이다. 대각선화와 함께 따르기 마련인 흑점을 우리 민족은 그것을 삼족오로 파악한다. 그리고 뫼비우스띠라는 사각형의 비틈을 통해 한복을 재단할 줄 알았다.(김상일, '초공간과 한국문화' 참고) 그리고 윷판을 들여다 보면 태양이 그 안에서 벌리는 위 (도판49)와 같은 가로와 세로가 사상하는 것을 (도판21)을 통해 보았다. 태양의 동서는 윷판의 수평축이고, 남북은 수직축이다. 수직축이 수평축으로 이동했다가 다시 그 반대로 이동하는 과정에서 흑점이 생기고 N과 S

가 반대로 되는 반가치화 현상이 생긴다. 이러한 태양의 자기장이 갖는 구조가 태양계 안의 행성들에 어떤 영향을 미치는가를 볼 차례이다.

대각선논법 6대 요소와 태양계

자장으로 볼 때에 태양은 사영평면이고 지구와 다른 행성들은(금성 제외) 클라인병임이 확인되었다. 그러면 우리는 〈도판34〉와 〈도판35〉로 돌아가 전자가 후자로, 후자가 전자로 서로 치환될 수 있는 관계를 대각선 논법의 제 요소들로 확인하였다. 그렇다면 태양계 안에서 태양이란 명패를 중심으로 다른 9개의 행성들이 마찰 없이 운행을 하자면 위상학적 조화가 필수임을 알게 되었다. 금성은 왜 동서남북의 자극이 없는가, 화성은 왜 재귀적 운행을 하는가, 그리고 외측의 별들인 목·토·천왕·해왕·명왕성들은 지구와는 남북극에 있어서 반대인가. 이런 의문들이 바로 거짓말쟁이 역설과 위상학에 의하여 구명될 수 있다.

대각선 논법의 6대 요소들인 배열, 가로와 세로, 대각선화, 반대각선화, 그리고 반가치화라는 관점에서 보았을 때에 태양계는 대각선 논법의 6대 구성소들을 잘 갖춘 것이라 볼 수 있다. 다시 구체화하여 설명을 하면, 〈도판48〉의 사각형 안에서 정대각선 상에 있는 쌍들인 -+와 -+를 반가치화하면 +-와 +-가 된다. 이를 다시 반가치화시켜 가로를 만들면 (-+와 -+) 그것은 가로줄 어느 곳에도 들어가지 못한다. 이것이 초과분이다. 그리고 초과분이 태양의 흑점이다. 흑점에 우리는 대각선 논법의 제 요소들이 적용될 수 있음을 발견한다. 대각선 논법이 적용될 수 있는 한 연속체 가설의 문제를 피할 수 없게 된다.

태양 안에 있는 이렇게 다양한 극들 때문에 태양의 운동 주기도 다양하다. 태양의 극지방은 37일마다 자전하는 반면에, 적도지방에서는 27

일마다 자전을 한다. 지구가 자전하는데 1일 밖에 안 걸리는 이유는 지구는 남극과 북극이라는 이중극 한 쌍뿐이기 때문이다. 그러나 자석은 없어도 지구에도 안비틈인 동서극이 있다. 이를 '안비틈'이라 한다. 이에 대해서는 선기옥형에서 밝혀질 것이다. 인도양에 동극이 그리고 미국 서부의 버뮤다 지역에 서극이 있다는 추측까지 있다.(Berlitz, 1974, 7) 지구는 남북극에 있는 자석 때문에 북극에 있는 바닷물은 시계와 같은 방향으로, 남극에 있는 바닷물은 그 반대인 반시계 방향으로 회전한다. 지구는 이렇게 뫼비우스띠 구조인 비틈이다.

이상과 같은 위상 논리적 구조에 의하여 지구의 자전과 공전 문제를 태양과 연관하여 고찰을 하면 다음과 같다. 이것은 다음에 말할 선기옥형의 논리적 구조를 이해하는 데에도 도움을 준다. 다시 말해서 왜 선기옥형의 구조를 그렇게 제작할 수밖에 없었던가의 논리적 의의를 파악하는데 도움을 준다. 그리고 궁극적으로는 우주 내지 태양계 구조 속에 있는 거짓말쟁이 역설을 선기옥형은 어떻게 해의하고 있는가를 파악하는데 있어서 결정적 단서를 제공한다.

다음으로 태양계와 대각선 논법의 제 요소들을 위상학에 연관시키기 위해서는 태양계의 구조를 집합론적으로 먼저 정리해 두어야 한다. 즉, '부류의 부류'격인 은하계 안에 태양계가 있고, 부류격인 태양계 안에 태양과 행성들이 있다. 이때에 태양은 제 자신이 집합이란 부류인 동시에 부분이다. 대각선 논법은 반드시 세로가 부류격이고 가로가 요소격일 때에 성립한다. 이 둘이 사상하여 만든 것이 대각선이다. 이렇게 대각선화가 있은 다음에 반가치화와 반대각선화의 순서가 따른다. 우주 천체의 운행구조에도 이러한 대각선 논법의 제 요소들이 적용된다는 것이 필자의 일관된 입장이다.

그렇다면 연접과 결접이란 말을 사용할 때에 이 두 말이 부류에 관련이 되는지 요소에 관계되는지를 밝혀야 한다. 명패이고 부류격인 태양은 남북극도 비틈이고 동서극도 비틈이다. 윷판이 지구의 모형이라면 수직축과 수평축을 어떻게 동시에 비틀 것인가.[6] '비틈의 비틈'이란 연접이 태양에서는 이중적이다. 태양의 수평과 수직 두 축이 '비틈의 비틈'으로 연접한다는 말이다. 연접 안에 있는 언어를 대상언어라고 하고 '비틈1'과 '안비틈1'로 표시하자. 프레게의 말을 빌리면 이는 '1차 질서 first order'이다. 그런데 이러한 '비틈1의 비틈1'연접은 '안비틈2'와 결접이다. 이때에 안비틈2는 2차 질서 혹은 메타언어라고 한다. 이를 '안비틈2'로 표시한다.

지구는 명패인 태양에 딸리는 물건이다. 지구는 남북극만 비틈이고 동서극은 안비틈이기 때문에 연접 구조는 클라인병인 '비틈1의 안비틈1'이다. 그래서 결접은 '비틈2'이다. 거짓말의 참말은 거짓말이기 때문이다. 태양이 사영평면이라면 지구는 클라인병이다. 비틈을 뫼비우스띠라고 할 때에 뫼비우스띠가 안비틈인 원판과 결접을 한 것이 사영평면이고, 같은 뫼비우스띠가 뫼비우스띠와 결접을 하면 그것이 클라인병이다. 윷판이나 태양계 안에서 춘분과 추분, 그리고 동지와 하지 같은 것이 있는 원인은 재륵이란 재귀 현상retrograde 때문이고 이 재귀 현상은 모두 이러한 위상학적 구조 때문에 생긴 것이다. 그래서 어떤 행성의 위상학적 구조를 알려면 재귀성 여부를 조사해 보면 알 수 있다.

태양계 안에서 대각선화란 태양의 메타언어인 '안비틈2'와 지구의 대상언어인 '안비틈1'을 사상시키는 것이다. 안비틈1은 지구의 1차 질서(대상언어)인 동서극이다. 다시 말해서 태양의 메타언어($f(x)$) 안비틈2가

6) 이에 대한 상론은 '대각선논법과 정역'(2015년 출간 예정)에서 구체적으로 거론해 놓았다.

지구의 대상언어(x) 안비틈1과 서로 사상(f(x)=x)이 되는 것을 의미한다. 이는 태양이란 사영평면이 지구의 동서극인 원판에 결접하는 것을 두고 하는 말이다. 이 식은 지구의 공전을 설명하기에 적합하다. 즉, 지구는 남북극 축이 비틈이기 때문에 자전을 할 수 있다. 그러나 지구는 태양의 안비틈2로 동서에서 결접하여 공전을 한다.[7] 태양은 비틈의 비틈이기 때문에 그 자체가 안비틈으로 태양계 안에서는 안비틈인 부동이다. 그런데 그 부동을 지탱해 주는 것이 다름아닌 지구나 다른 행성들의 '안비틈'에 결접으로 걸려 있기 때문이다.

즉, 태양의 안비틈2는 지구의 동서극의 안비틈1을 회전시키는데 작용을 한다. 그런데 지구의 '안비틈1'은 태양으로 보면 2차 질서이고 지구로 보면 1차 질서이다. 전자는 공전과, 후자는 자전과 관련이 된다. 다시 말해서 지구가 동에서 서로, 서에서 동으로 움직이는 이유는 태양의 안비틈2가 지구(다른 항성 포함)의 동서의 안비틈1과 서로 사상 작용을 하기 때문이다.(f(x)=x) 이것이 지구가 자전을 하는 논리이다. 태양과 지구는 안비틈으로 결접하기 때문에 회전 방향이 동일하다.

그런데 지구는 태양계 안의 다른 행성과도 결접을 해야 하고 자기의 위성인 달과도 결접을 해야 한다. 지구와 태양사이인 내측에 있는 금성과 외측에 있는 목성은 지구와 가까운 행성들이다. 여기서는 특히 내측에 있는 금성에 대하여 특별한 조명을 할 것이다. 실로 지구는 태양의 비틈2와 사상을 하면서 같은 물건들끼리의 다른 행성들인 금성과 화성과도 결접을 해야 한다. 수금지화는 태양계의 내측이고, 토성, 천왕성, 해왕성, 명왕성은 외측이다. 뫼비우스띠를 여러 개의 등분으로 나누었을 때에 서로 구분되나 분리되지 않게 연결돼 있는 것과 같다. 하나의

----

7) 행성들이 남북으로 돌지 않고 동서로 도는 이유가 여기에 있다.

뫼비우스띠는 사각형의 가로와 세로가 연접하나, 다른 띠와는 결접을 한다. 태양계가 이러한 구조를 가지고 있다. 그런데 태양은 다극을 가지고 있고 다른 행성들은 단극이라는데 문제가 있다. 그런데 금성은 예외적으로 자석 자체가 없다. 자석이 없기 때문에 동서남북 모두 자장이 '무'이다.

다시 말해서 지구는 태양계 안의 어느 행성과도 결접할 곳이 있어야 한다. 지구가 가깝게 결접하는 행성은 금성과 수성이다. 수성은 크기가 작을 뿐 지구와 같은 구조와 궤도를 갖는다. 그러나 금성은 동서에도 남북에도 자극 자체가 없다. 무극이다. 아니 무극이기 때문에 태양계 안에 남아 있을 수 있다. 태양계가 형성될 무렵 거짓말쟁이 역설에 연관되지 않는 것들은 다른 행성들과 충돌하거나 태양계에서 이탈하고 말았을 것이다. 그러면 금성은 어떻게 태양계 안에서 살아남을 수 있었을 것인가. 그 이유는 무극이기 때문이다.

즉, 동서 무극은 다른 행성들과 같다. 태양의 안비틈과 결접을 해야 하기 때문이다. 그러면 왜 남북마저 무극인가. 그 이유를 거짓말쟁이 역설로 보면 간단하다. 수성과 지구는 모두 공전과 자전 방향도 같고 남북극만 있다. 그러나 그 사이에 있는 금성만은 무극이다. 여기서 금성의 논리적 구조를 찾을 수 있다.

금성 자전의 논리적 근거(1)

하늘의 별들 가운데 마야인들이 최대의 관심을 쏟은 것은 금성이다. 우리 민족이 북두칠성에 관심을 갖듯이 마야인들은 금성에 그렇게 하였다. 금성에 살다 금성에 죽었다고 할 정도이다. 금성은 내측의 별 가운데 가장 지구와 가까운 별로서 지구와 자매지간이라 할 정도이다. 지름도 지구와 거의 같다. 금성의 회합주기synodic period는 584일로서 이틀 모자라는 지구의 회귀주기의 8배이다. '회합주기'란 태양과 지구가 일직선으로 정렬되는 주기를 두고 하는 말이다. 회귀주기는 금성의 공전주기의 2배를 두고 하는 말이다.

다른 행성들과 달리 금성은 두 개의 이름을 가지고 있다. 저녁 별일 때는 '개밥바래기evening star' 혹은 태백성이라 하고, 아침 별일 때는 계명성 혹은 '샛별morning star'이라 한다. 이를 재생과 죽음의 상징으로 마야인들은 받아들였다. 개밥바래기가 사라졌다가 샛별로 다시 나타나는 기간이 문제이다. 마야인들은 이 기간을 측정하는데 모든 것을 걸 정도였다. 그러면 다른 별들과 달리 금성만은 왜 이런 현상을 나타내는 것인가. 그 이유는 금성은 자기 자신의 축을 중심으로 재륙을 하기 때문이다. 재륙retrograde이란 전진을 하다 자기 자신을 중심으로 회전하여 역행을 하는 것을 두고 하는 말이다. 이를 우리는 사평판에서 확인하였다. 즉, 윷판에서도 말이 역행하는 경우가 있다. 그런데 금성은 다른 별을 중심으로 역행하는 것이 아니라 자기 자신의 축을 중심으로 역행을 한다. 그러면 이런 역행을 어떻게 하는가. 그 이유가 바로 금성의 위상학적 구조에 있다는 것이다.

이런 재륙retograde 현상 때문에 금성은 지구에 항상 동일한 면만을 보여준다. 이러한 금성은 수성과도 유사해 보인다. 즉, 수성과 금성과 같은 지구의 내측에 있는 별들이 좀 유별난 행동을 한다. 지구의 외측에 있는 별들은 금성과 달리 온 하늘을 원 혹은 타원 운동을 하면서 규칙적으로 운행을 한다. 그러나 금성은 요요운동을 하듯 한다. 그것도 자기 자신의 축을 자기가 도는 재륙을 하면서 말이다. 금성의 이런 모습을 두고 애브니는 금성은 가상의 고무줄에 의해 태양에 매달려 앞뒤로 흔들리는 요요와 같다고 했다. 즉, 금성은 태양으로부터 45도 각도의 호를 그리면서 흔들리는 요요와도 같다.(Aveni, 2002, 197) 저녁일 때에는 서쪽 하늘에서(이를 동방최대이각이라 함maximum eastern elongation) 금성이 해를 뒤쫓아 가는 듯 하고, 아침일 때에는 동쪽에서 해를 향도해 주는 듯이 먼저 돋는다.(이를 서방최대이각이라 함maximum western elongation) 다른 별들에서는 이러한 요요 현상을 발견할 수 없다.

　수성과 금성은 지구보다 태양에 더 가깝다. 그러나 지구와 같이 태양이란 명패에 달려 있는 물건들이다. 금성은 요요 작용을 하기 때문에 두 개의 이각을 갖는다. 하나는 '동방최대이각'이고 다른 하나는 '서방최대이각'이다. 전자일 때에 금성은 서쪽에, 그리고 후자일 때에 동쪽 하늘에 위치한다. 내행성들이 지구에 가장 가까울 때를 내합inferior junction이라 하고, 가장 멀 때를 외합superior junction이라고 한다. 아래 도표를 보면 금성은 동방과 서방의 두 이각일 때와 내합일 때, 외합일 때 모두 다르게 보인다.

　태양-금성-지구의 순서일 때의 금성을 내합이라 하고, 지구-태양-

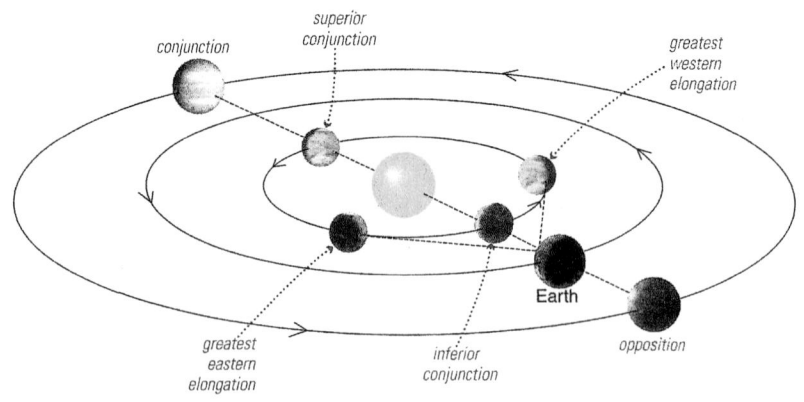

(도판50) 내행성들의 회전 방향(Voit, 2008, 95)

금성일 때를 외합이라고 한다. 그러면 금성은 4곳에서 나타난다. 내합, 외합, 동방이각, 서방이각이 그것이다. 그 이유는 거짓말쟁이 역설과 위상학으로만 설명이 될 수 있다. 이에 대한 설명은 다음으로 미루고 이러한 금성이 하늘 위에서 그리는 곡예를 우선 먼저 살펴보기로 한다.

아래 (도판51)은 이러한 금성이 그리는 궤적이 다른 행성과는 다르다는 것을 잘 보여주는 주요한 것이다. 금성과 태양의 관계는 물건과 명패의 관계이고, 지구와의 관계는 물건과 물건의 관계이다. 금성은 태양과 지구의 사이에서 외합을 하기도 하고 내합을 하기도 한다. 그리고 동과 서의 두 이각 등을 합하면 4곳에 다르게 나타난다. 이것이 앞으로 말할 금성의 회전 방향이 8각형을 만드는 이유가 된다.

금성 자전의 논리적 근거(2)

그런데 4개의 내행성들인 수·금·지·화성은 모두 공전 방향은 같다. 그러나 자전에 있어서 금성은 다르다. 다시 말해서 금성을 제외한 다른 3개는 서에서 동으로 회전하지만 금성은 그 반대이다. 이렇게 공전과

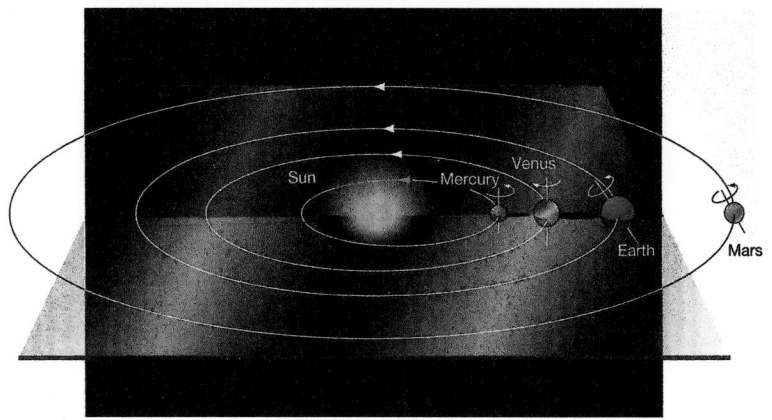

(도판51) 내행성들의 자전과 공전 궤도(Chaisson and McMillan, Astronomy, 2004, 163)

회전의 방향을 결정하는 것은 행성 내부의 프라스마와 태양풍 때문인 것으로 본다.(Abell and Marrison and Wolff, *Exploration of the Universe*, 1987, 345) 그러나 회전 방향이 왜 이렇게 다른가에 대해서는 아직 천문학자들이 모르고 있다.[8] 그 이유는 관측이나 실험의 문제가 아니고 논리의 문제이기 때문이라고 본다. 그것도 아리스토텔레스의 형식논리학이 아니고 에피메데스의 역설로만 설명될 수 있는 성격의 것이라고 본다. 그 논리적 이유에 대한 상론을 시도해 보면 아래와 같다.

태양의 '안비틈2'는 지구의 동서에서 '안비틈1'과 결접을 해야 한다. 그런데 모든 행성들은 태양으로부터 주된 힘의 영향을 받으면서 동시에 작은 외부의 다른 행성들로부터도 영향을 받는다. 이러한 주변의 힘을 특히 '섭동攝動'이라 부른다. 그래서 지구의 공전 궤도는 닫혀 있을 수가 없어서 궤도의 모양도 위치도 속도도 변하게 된다.(이시우, 1999, 165) 여기서 비틈과 안비틈에 지수로 달리는 1은 연접에, 2는 결접에 관련이 된다. 그런데 같은 질서끼리 연접을 하는 경우도 있지만 1과 2 그리고 2와 1이 서로 합치할 수도 있다. 이것이 바로 섭동이 열림이라고 하는 말의 진의이다. 거짓말쟁이 역설도 일종의 섭동현상이다.

지구에 인접해 있으면서 지구와 크기도 거의 같은 금성은 이제 태양으로부터도 지구로부터도 섭동을 받게 된다. 금성은 태양과 결접을 해야 하는데 태양과는 동서에서 '안비틈1'(태양의 '안비틈2')로 결접을 해야 한다. 다음 금성은 수성과 지구 사이에 들어 있다. 수성과 지구는 모두 "'비틈1의 안비틈1'과 비틈2"이다. 그러면 지구의 비틈2와 수성의 비틈

8) "Why different planets have such different magnetic tillts is not well understood"(Wollf, 2006, 231) 박창범은 외부로부터 충격에 의해 기울기가 생겼다고 한다(박창범, 하늘에 새긴 우리 역사, 2002 참고).

2가 연접을 하면 '비틈2의 비틈2'로서 '안비틈3'이 된다. 이것이 금성의 남북극도 안비틈인 이유라는 것이다. 그래서 금성 동서극의 안비틈은 태양으로부터 섭동된 것이고, 남북의 안비틈은 지구와 수성 사이에서 섭동받은 것이다.

다음 화성의 경우도 같은 논리적 방법을 적용해 설명할 수 있다. 즉, 화성의 동서는 태양의 '안비틈2'가 섭동된 것이고, 남북은 지구와 금성 사이에서 섭동된 것이다. 지구의 '비틈2'와 금성의 '안비틈2'가 연접이 되면 '"비틈2의 안비틈2'와 비틈2"로서 비틈2가 생긴 것이다. 화성의 남북 비틈은 이렇게 생성된 것이다. 금성의 동서남북이 무극인 것이 화성의 회전 논리를 결정하는데 주요한 역할을 하는 것을 보았다.

아래 (도판 52)는 금성이 태양과의 관계일 때(a)와 지구와의 관계일 때 (b)에 어떻게 다른 궤적을 그리는가를 잘 보여주고 있다. 금성의 궤적을

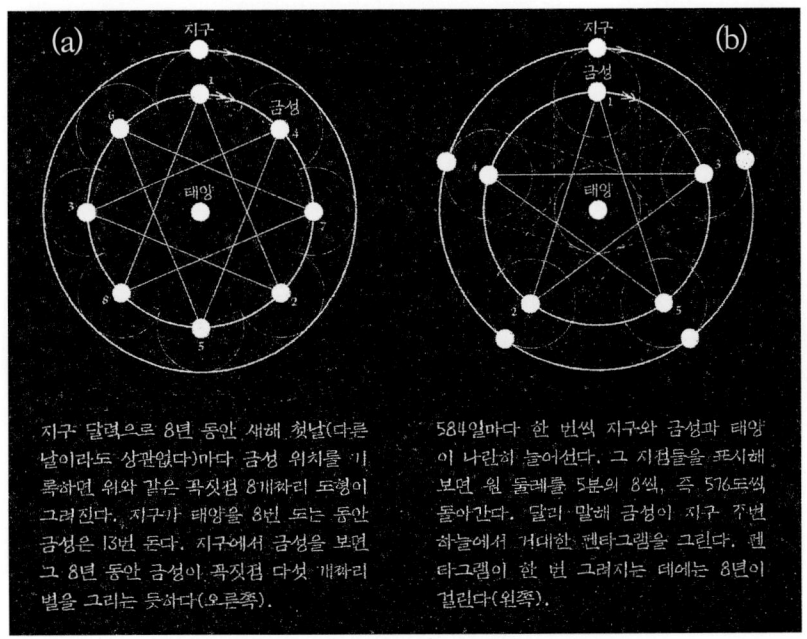

(도판52) 금성의 8각형과 5각형 궤적(Stray, 2003, 33)

관찰하는 목적은 어디까지나 태양과 행성들 간의 위상학적 구조를 파악하기 위해서이다. 그래서 행성들의 고유한 회전 일수와 년수는 최소한의 범위 안에서만 고려의 대상이 된다. 이런 전제하에서 내합과 외합, 그리고 두 이각이 만드는 금성의 궤적에 대한 추가적 설명은 다음과 같다.

지구의 공전주기는 365일이고 금성의 그것은 225일이다. 양자 간의 비례는 365:225=8:5이다. 이 비례 자체가 앞으로 전개될 내용의 전부라 해도 과언이 아니다. 이 비례에 의해 지구가 태양 주위를 1도 회전하는 동안 금성은 1.6도 회전한다. 그래서 금성은 지구보다 0.6도 앞서가면서 돈다. 금성은 요요 운동을 하기 때문에 금성의 주기는 지구-금성-태양이 일직선으로 정렬되는 때로부터 그 다음 정렬이 되는 때까지를 기준으로 할 때에 이를 '1 항성년sidereal cycle year'이라고 한다.[9] 그래서 금성의 1 항성년이 584일이다. 금성이 태양의 앞면에 있다가(내합) 뒷면으로 사라져(외합) 다시 지구와 금성-태양-지구와 같은 일직선을 만들자면 180도 돌아야 한다. 그렇게 걸리는 시간은 정확하게 300일(10개월)이다. 그 계산법은 180도=300×0.6에 의한다. 그렇다면 다시 태양 앞에 금성이 나타나자면 360도를 돌아야 하고 그 일수는 600일이다. 584일은 600의 근사치 값이다. 여기서 생기는 오차를 계산해 내는 것이 마야 제사장들과 왕들의 최대로 어려운 과제였고 결국 정확한 계산자체가 불가능하다는 결론에 도달한다. 이러한 결론은 매우 주요하며 이는 왕들과 제사장들의 권위를 실추시키는 원인이 되어 마야 왕국의 명암

---

9) 항성년恒星年은 황도상에 고정된 별을 기준으로 천구상을 지나는 태양이 그것과 겹친 뒤 다시 겹쳐질 때까지의 시간을 말한다. 항성년은 태양년보다 약간 긴데, 그 이유는 춘분점이 천구에 고정되어 있는 것이 아니라 조금씩 이동하고 있기 때문이다

과 연관이 될 정도였다.

금성의 항성년 정하기의 어려움은 8:5의 비례에 있다. 금성의 항성년은 8년에 5번 반복한다. 이것이 8:5의 비율과 연관이 된다. 즉, 584:365=8:5이기 때문이다. 지구에 5번 금성 항성년이 온다는 것은 584×5=2920일에 해당한다. 그리고 이것은 8개의 하압(365×8=2920)에 해당한다. 하압(360일)은 촐킨(260일)과 함께 마야인들의 1년 주기이다. 금성이 태양을 13번 회전하는 것(224.7×13=2920)에 해당한다. 그리고 이것은 달의 99일과도 일치한다.

이러한 금성의 항성년 개념을 중심으로 한번 금성의 위상학적 구조를 살펴보기로 한다. 위 (도판52)의 ⓐ는 8년마다 금성이 태양 주위를 돌면서 만드는 8각형 회전 방향이다. 8각형 안에서 1-2-3-4-5-6-7-8이 움직이는 방향을 보라. 8각형의 안을 대각선으로 가로지기 해 대각선을 만들면서 회전한다. 이를 두고 요요 운동을 한다고 한다. 상하, 좌우를 요동치면서 회전을 한다. 지구나 다른 별들과 같이 태양 주위를 타원 운동을 하는 것이 아니다. ⓐ의 8개 백점과 백점 사이 사이의 하나씩을 이동할 때마다 지구는 1.6배 이동한다. 그러면 지구는 5각형을 그린다. 그래서 지구와 금성은 5각과 8각이 맞물려 돈다. 이는 5행과 8괘와도 무관치 않다. 마치 축구나 골프공 안에 5각형과 6각형이 함께 공재해야 하나의 공이 만들어지는 것과 같다. 태양계 안에서도 이런 다양한 다면체들이 함께 들어 있다. 플라톤이 말한 정다면체 가운데 5와 8이 포함되는데 유의하기 바란다.

이렇게 금성은 매 584일마다 1항성년을 만든다. 이때에 금성은 8각형을 그리고 지구는 지구 위에 있는 하늘에다 5각형을 그린다. 5각형을 다 그리는데 8년이 걸린다는 말이다. 이 5각형pentagon 안에서 금성이 그리는 궤적은 마치 한의학에서 말하는 상극의 방향과 같다. 이때에 지구는 상생의 방향으로 회전을 하면서 5각형을 그린다. 실로 금성과 지구의 항성년 비례 8:5는 상생과 상극의 회전 방향이다. 이는 역의 8괘와 5행이 마주 물림과 같다. 이러한 구조 속에서 정확한 항성년을 찾아낸다는 것은 지난한 작업이라 아니 할 수 없다. 한의사들이 정확한 진단을 해내기만큼이나 어려운 경우나 사정은 마찬가지이다. 마야의 사제들은 아무리 정확한 계산을 하려 해도 오차가 생기는 그 원인을 정확하게 알지 못했었다. 그래서 마야인들은 기념 석주를 조각하는 것과 피라미드 건설하는 것을 중단한다. 이는 마치 거짓말쟁이 역설이 과학의 낙원을 상실하게 만드는 것과 같다.

그리고 마야력의 장주기 계산법에 의한 시간 계산법도 포기한다. 천체의 정확한 운행 규칙을 계산하는 것으로 통치권의 권위로 삼았던 왕들에게 "통치권은 더 이상 시간이나 신들의 출생에 대한 권리를 주장할 수 없게 되었다. 지도자들도 더 이상 스스로를 신이라 부를 수 없게 되었을 것이다."(애브니, 2009, 366-7) '시간의 제국Empire of Time'으로 자처하던 마야의 제왕들은 역설적으로 그 시간의 덫에 걸려 쇠망의 길로 들어섰다. 그들은 마치 그리스 신화의 익사이온 신과 같은 신세에 처하게 된다. 익사이온이란 신은 시계의 수레에 스스로 갇히고 만다. 그러나 동북아 문명의 소산인 역과 역법 특히 조선의 정역은 불행한 신들과 왕들을 보호하기에 유감이 없을 정도이다.

마야 달력을 위상학적으로 바라볼 때에 정확한 시간 계산을 할 수 없는 것은 자연스런 일이라 할 수 있다. 그것은 태양과 금성 그리고 금성과 지구의 위상학적 관계 때문에 불확정적일 수밖에 없는 것이다. 마야인들이 현대 과학의 불확정성 이론과 카오스이론을 알았더라면 정확하게 시간을 계산할 수 없는 이유도 바로 알았을 것이다. 금성의 예외적인 위상학적 구조 때문에 금성의 항성년은 비결정일 수밖에 없었던 것이다. 이런 위상학의 배후에는 거짓말쟁이가 있었던 것이다.

외행성들과 거짓말쟁이 역설

태양풍은 외행성들인 목·토·천왕·해왕·명왕성에도 그 영향을 미친다. 이들 외행성들은 크기에 있어서 내행성들과 비교가 안 될 정도로 크다. 물론 이들도 내행성들과 그 공전 방향은 같고 내행성들과 같이 동서극도 있다. 그래서 태양의 안비틈2가 외행성들의 동서극의 안비틈에도 그대로 결접이 된다.

먼저 전체적으로 볼 때에 내행성들과 같이 남북극이 모두 반대로 되어 있고, 내행성에서 금성이 특이한 행동을 보이듯이 외행성에서는 천왕성이 그러하다. 내행성들과 동서극이 모두 반대라는 것은 반가치화란 요소와 관계가 된다. 천왕성은 적도와 기울기가 무려 98도나 된다. 이 말은 남북의 회전축이 동서의 회전축과 거의 같다는 것을 의미한다. 먼저 지구를 하나의 막대자석으로 보았을 때 N과 S의 방향을 기준으로 하여 목성, 토성, 천왕성, 그리고 해왕성의 그것과 비교한다.(도판54)

지구는 하나의 큰 막대자석이다. (도판53)의 우측은 하나의 막대자석이고, 좌측은 지구의 자기장이다. 지구의 동서극에는 극만 있고 자석이 없다. 그래서 '비틈의 안비틈'인 클라인병이라고 한다. 내행성들인 수성과 화성은 기울기만 다를 뿐 지구와 자기장이 같다. 그러나 금성에는 예외적으로 동서남북 모두에 자기장이 없다고 했다. 그런데 외행성들은 (도판54)와 같이 지구와는 반대로 남북극이 반대로 뒤집혀 있다.(Hester and Voss, 2010, 267)

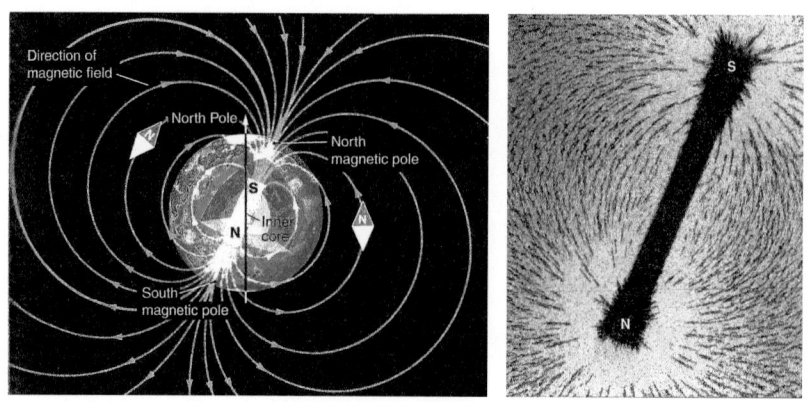

(도판53) 막대자석으로서의 지구와 외행성들의 자기장

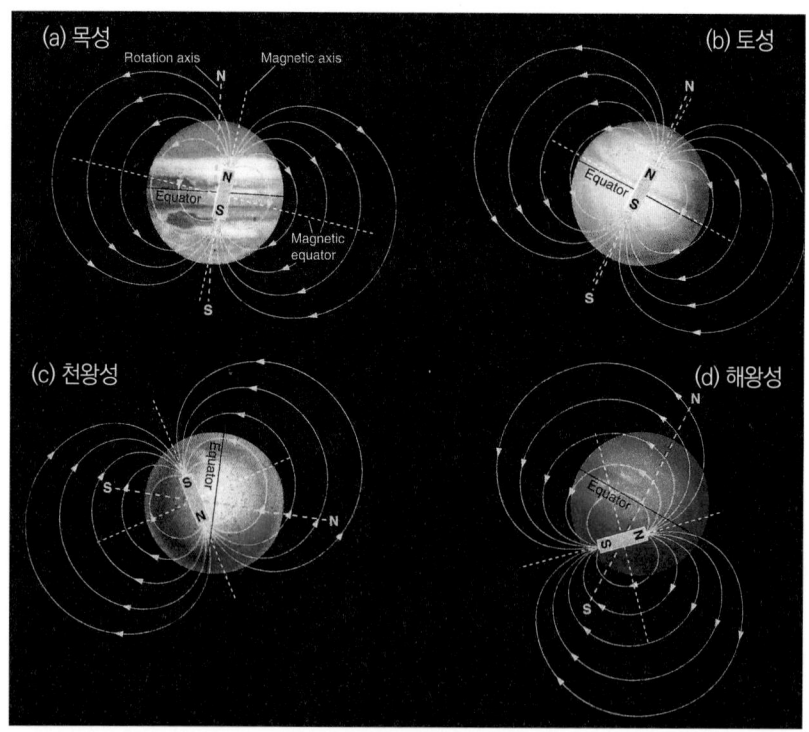

(도판54) 외행성들의 자기장

외행성들도 지구와 같이 자력이 S로 들어가 N으로 나오나, 적도(수평축)를 중심해서 보면 S와 N이 반대로 되어 있는 것을 발견할 수 있다. 그리고 적도와의 기울기가 내행성들과는 비교가 안 될 정도로 심하다. 그 가운데서 천왕성은 기울기가 무려 98도이다. 이 정도면 천왕성의 남북극이 그대로 태양을 향하고 있다고 할 수 있다.

회전축을 볼 때에 목성의 자축은 회전축과 10도 기울기이고 지구와는 남북극이 반대이다.(a) 자기장의 자력의 힘이 지구의 2만배 정도나 되는 것으로 본다. 토성의 자축과 회전축은 거의 같다.(b) 자력은 지구의 500배 정도이다. 목성과 같이 자침이 남으로 향하고 있다. 가장 놀라운 것은 천왕성의 경우 회전축과 자축의 기울기가 60도이고 적도와는 98도나 된다는 사실이다. 해왕성의 기울기는 지구, 화성 그리고 토성과 거의 같다(47도). 해왕성의 경우는 N과 S가 모두 남반구에 내려와 있다. 한마디로 말해서 적도를 중심으로 상하로 N과 S가 나뉘는 것이 아니라, 남반구에 N과 S가 다 들어가 있다는 말이다.

외행성 안의 이러한 변화에 대하여 현대 천문학은 설명을 못하고 있다. 그러나 윷판과 대각선 논법의 제 요소들이란 관점에서 보면 이상할 것이 없다.

9개 행성들의 자기장이 태양과 같은 것은 하나도 없다는 사실에 관심을 기울여야 한다. 즉, 태양과 같이 사영평면적인 것은 없다. 이 말은 금성을 제외하고는 남북극만 비틈이고 동서는 안비틈인 클라인병적인 것이다. 윷판에서 볼 때에 수직축과 수평축으로 세로와 가로로 나뉜다. 그런데 수직축은 회전축과 자축으로 나뉜다. 이때에 적도(수평축)와 회전축과의 관계, 회전축과 자축과의 관계가 각 행성마다 다르다. 사각형에서 수평과 수직축은 곧 정대각선과 부대각선이라 할 수 있다. 양자가 이루는 각도가 곧 가로와 세로를 결정한다. 윷판에서 말이 가는 각도가 온원, 4분원, 반원일 때마다 다 다르다. 말이 있는 위치는 곧 수평과 수직축의 기울기에 따라서 다양하다.(도판25)

천왕성과 같이 수직축이 수평축을 향해 98도 기운다는 것은 거의 정부 두 대각선이 같아진다는 것을 의미한다. 이에 반해 토성의 경우는 두 대각선이 90도 각도를 이룬다. 우리는 이미 (도판21)을 통해서 윷판 안에서 지구의 수직과 수평의 기울기에 따라서 사계절의 변화가 생기는 것을 보았다. 이를 외행성들을 통해서 확인한 것이다.

태양계의 내외 행성들이 보이는 이러한 양상들은 모두 태양 자체의 사영평면적 구조와 다른 행성들의 클라인병적인 구조가 결접을 하는 과정에서 생기는 변화에 지나지 않는다. 외행성들의 N과 S가 반가치화 되는 것, 그리고 해왕성 안의 남반구 안에 N과 S가 다 들어 있는 모습 같은 것은 모두 다름 아닌 위 (도판47-48)에서 보는 바와 같이 태양안의 그것과 부분적으로 동일하다. 즉, 태양의 프랙털 현상이란 태양계 안의 행성들이 자기 반복하는 것이란 말이다.

지구의 경우는 회전축의 남북극과 자기장의 그것이 반대이지만(NS) 외행성들의 경우는 NN이나 SS와 같이 같다. 이것은 자장의 충전과 감전에 관련이 된다. 배터리를 충전할 때에는 같은 극끼리 연결을 하지만 감전을 할 때에는 반대 극끼리 연결하여야 한다. 이 말은 외행성에서 충전이 된 것을 내행성에서는 감전한다는 것을 의미한다. 그래서 태양계는 자기 조직을 해나간다. 충전과 감전, 감전과 충전을 동시에 진행하면서 말이다. 이러한 태양계의 논리적 구조를 앞으로 마야력과 선기옥형의 구조를 통해서도 확인할 것이다.

지구와 달의 위상학적 관계

지구의 공전은 태양이 마치 지구의 남북으로 운동하는 것 같이 보이게 한다. 지구는 태양의 안비틈2와 동서에서 결접을 해서 서에서 동으로 동에서 서로 자전한다. 태양은 "'비틈1의 비틈1'과 안비틈2"이기 때문에 항성일 수 있다. 그러나 행성들은 "'비틈1의 안비틈1'과 비틈2"이기 때문에 행성이다. 이러한 항성과 행성이 연접을 하면 '안비틈2의 비틈2'로 '안비틈3'과 결접을 할 것이다. 이러한 안비틈3으로 태양계가 지금 안정을 유지하고 있는 논리적 구조이다. 그러나 이러한 안정이 영구적일 수는 없다. 태양계는 태양이란 명패가 앞으로 5억년 후면 사라질 것이다. 그러면 논리적 구조도 부서지고 새로운 논리 구조가 나타나 새 우주를 만들 것이다. 태초에 논리가 있었다. 말씀을 의미하는 logos에서 'logic'이 나왔다.

태양과 지구간의 관계를 위상학적 관계로 지금까지 정립해 왔다. 다음은 같은 방법을 동원해 지구와 달의 자전과 공전의 관계에도 같은 방법을 적용해 보는 것이다. 지구는 달이란 위성을 가지고 있다. 지구가 태양의 주위를 공전하듯이 달도 지구의 주위를 공전을 하면서 자전을 한다. 지구의 자전주기는 1일이고 공전주기는 365.25일이다. 그런데 달의 자전주기와 공전주기는 같다. 이런 차이 역시 논리적인 설명으로만 가능해질 수 있다.

달도 지구와 같이 이중극이어서 자석이 남북극에만 있다. "'비틈의 안비틈'과 비틈2"란 구조를 갖는다. 다시 말해서 달은 지구를 명패로 하고 거기에 달린 물건이다. 그렇다면 지구의 '비틈2'와 달의 비틈1이 결접을 해야 한다. 그런데 달의 비틈1은 동서극이 아닌 남북극이다. 그래서 달의 남북극과 지구의 남북극은 서로 비틈2와 비틈1로 결접이 된다. 즉, 지구의 결접구조 안에 있는 메타 '비틈2'는 달의 연접구조안에 있는 비틈1(남북)과 결접을 하여 달의 자전이 결정된다. 그런데 지구의 결접인 '비틈2'는 달의 '비틈2'와 결접을 하여 '비틈2와 비틈2'로 연접해 안비틈3으로 결접을 한다. 이 논리가 달의 공전을 결정한다. 금성과 지구는 태양계 안의 같은 차원의 물건이고 지구와 달은 명패와 물건의 관계이다. 이런 차이가 운행 구조를 다르게 한다. 금성은 지구에 달린 위성이 아니란 말이다.

해가 지나가는 길을 '황도'라고 하고 달이 지나가는 길을 '백도'라고 한다. 지구의 적도와 황도가 만나는 데서 춘분과 추분이 생긴다. 하지와 동지란 황도가 북위 26도(북회기선)와 남위 26도(남회기선)에 도달했을 때를 두고 하는 말이다. '하지'와 '동지'는 태양이 지구의 극점까지 갔다는 뜻이다. 그런데 계절적으로 볼 때에 춘분과 추분은 연속적이지만 하지와 동지는 불연속적이다. 이 말은 하지는 봄에서 여름으로 동지는 가을에서 겨울로 연결되는 경우인, 즉 더위에서 더위에로 그리고 추위에서 추위에로 연결이 되는 경우이다. 그런데 춘분은 겨울에서 봄으로, 추분은 여름에서 가을로 이어지는 것과 같이 추위에서 더위로, 더위에서 추위로 이어진다. 가치의 반가치화로 불연속적이다. 이와 같이 태양의 황도가 그리는 선은 두 곳에서 연속적, 두 곳에서 비연속적이다. 연속을 '안비틈' 그리고 비연속을 '비틈'이라 하자. 비틈을 뫼비우스 띠라고 할 때에 황도는 '비틈의 안비틈'이라는 위상학적 구조를 갖는다. 그래서 24계절을 뫼비우스 띠와 연관하여 비교를 하면 그 위상학적 구조가 선명히 드러난다.

뫼비우스 띠 두 곳에서 꼬임이 있는 곳과 안 꼬임이 있는 곳은 각각 하지와 동지, 그리고 춘분과 추분을 가리킨다. 사평판에서도 재륵을 하

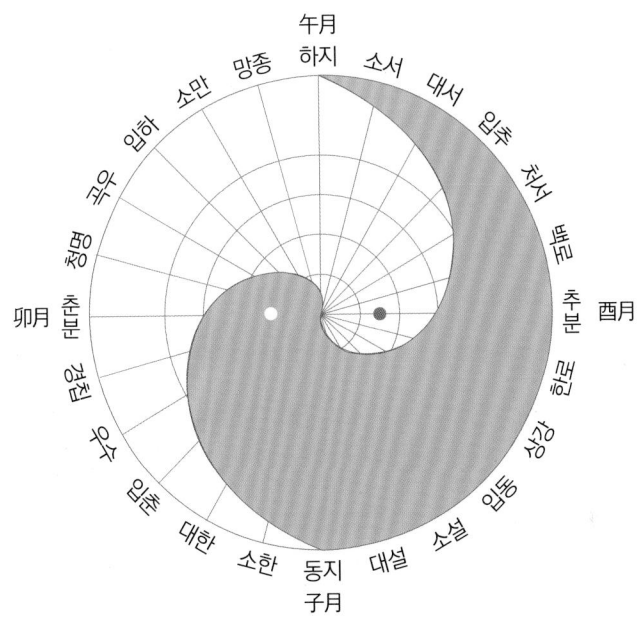

(도판 55) 24계절과 뫼비우스띠(이승재, 2011, 55)

는 곳은 두 곳이었다. 위 (도판55)의 24계절도에서 보는 바와 같이 하지
와 동지에서는 흑과 백이 이어지고, 춘분과 추분에서는 백과 백, 그리고
흑과 흑이 서로 이어진다. 백과 백 그리고 흑과 흑이 이어지는 곳은 '안
비틈'이고, 흑과 백 그리고 백과 흑이 이어지는 곳은 '비틈'이다. 원 주
위의 24계절은 곧 태양의 황도가 지나가는 길이다.

　황도는 태양과 지구 사이의 공전관계에서 생긴 우주의 길이다. 지구
가 움직이지만 태양이 지구를 돈다고 가정한 길이다. 이 길 위에서 (도판
55)에서 보는 바와 같은 24계절의 명칭이 달려 있다. 그 중 하지와 동지
는 남북의 축에, 춘분과 추분은 동서의 축에 배열돼 있다. 남북은 비틈,
그리고 동서는 안비틈이다. 지구와 태양의 공전관계는 지구의 비틈1과
태양의 안비틈2의 결접 관계이다. 이것이 위 (도판55)에 여실히 나타나

있다. 비틈에서 동지와 하지가 생기고, 안비틈에서 춘분과 추분이 생긴다. 비틈에서는 추위에서 더위로 더위에서 추위로 변하지만, 안비틈에서는 추위와 추위, 그리고 더위가 더위로 연속적이다.

동지-춘분-하지-추분-동지는 안비틈-비틈-안비틈-비틈으로 연속과 불연속을 반복한다. 이런 비일관성은 위상공간 속에서만 설명이 가능하다. 다시 말해서 '비틈1의 안비틈1'은 비틈2이고 '비틈1의 비틈1'은 안비틈2이란 거짓말쟁이의 역설 논리로만 설명가능하다는 것이다. 이런 위상 공간 속에서 클라인병과 사영평면은 상호 만들어 주는 관계를 갖는다. 이는 행성들과 태양의 관계와 같다. 이런 '비일관성적 일관성' 그리고 '비연속적 연속'은 우주의 운행구조 그 자체인 것이다. 우리는 이러한 구조를 마야 구성수 속에서도 발견하였다. 클라인병은 사영평면보다 한 차원이 모자란다. 모자라기 때문에 서로 맞물린다. 축구공의 6각형과 5각형이 그러하듯이 말이다. 양자는 대각선화와 반대각선화의 관계로 변환이 가능하다.(도판34-35)

이들 위상 공간 속에 24개의 다른 계절들이 들어 있다. 그런데 사평판의 둘레는 20개이다. 여기서 4개의 추가분이 생긴 것은 수직과 수평축이 원주와 만나는 4곳에서 재륵을 하기 때문이다. 다시 말해서 모가 생기는 곳에서 재륵을 하기 때문이다. 윷가지 4개가 모두 엎어질 때를 모(5점)라고 하는 원리이다. 윷의 4점보다 1점 더 많은 점수를 준다. 이 4곳에서 춘분과 추분 그리고 동지와 하지가 결정된다. 사실상 이 4곳은 위치를 가리킬 뿐이다. 그래서 다른 절기를 가리키는 것과는 다른 점들이다. 즉, 동지, 하지, 그리고 춘분, 추분은 태양이 나뉘었다 끝에 도달한다는 그러한 위치를 지시하는 말이지 청명이나 곡우 등과 같이 어떤 계절적 특징을 나타내는 말은 아니다. 4계절 자체를 지칭하는 말이다.

이 4곳에서 재륵을 한다.

이러한 지구의 공전에서 생기는 24계절을 적어 놓은 것이 아래에서 말할 선기옥형의 사유의이다. 사유의에서 1계절은 6절기 3개월이다. 1절기는 360도를 기준한 15도이다. 이에 대한 자세한 셈하기는 다음으로 미루기로 한다. 여기서는 다만 지구의 자전과 공전 구조가 갖는 논리적 관계만 밝혀놓기로 한다. 그리고 지구와 달의 자전과 공전 구조는 선기옥형의 삼진의가 잘 설명할 것이다.

삼진의 속에는 쌍환과 적도와 황도가 표시돼 있다. 황도는 해가 지나는 길로서 24절기가 적혀 있다. 육합의의 천경은 24시간을 표시해 지구의 자전을 측정하고, 천위에는 별의 28수가 표시돼 있어서 별들의 위치를 나타낸다. 그리고 지평에는 12지가 표시돼 있어서 지구의 자전과 공전을 모두 측정한다. 이제 선기옥형의 내부 구조를 통해서 위상학의 논리구조가 어떻게 표시되었고 나아가 역설이 해의되는지를 살펴보기로 한다. 이에 앞서서 마야인들이 이해한 천체의 운행구조를 거시적으로 한 번 관찰해 두기로 한다.

제4장

선기옥형의
논리적 구조와 태양계

선기옥형의 구조는 6합의, 3진의, 4유의로 3대별 된다. 이 세 가지가 대각선 논법의 제 요소들의 그것과 대응이 될 뿐만 아니라, 대각선 논법의 연속체 가설의 문제에 대한 해의와도 연관이 된다는 사실을 밝히는 것이 이 장의 주요 목표이다. 6합의 안의 천경과 천위 그리고 지평이란 다름 아닌 말 그대로 경과 위로서 세로와 가로이다. 그러면 지평은 대각선이 될 것이다.

선기옥형의 구조가 갖는 철학적 의미는 천진인 삼재의 조화에 있다. 즉, 천중, 인중, 지중으로 나누고 이들 삼자가 서로 어떻게 일대일 대응을 하는가를 보여주자는 데에 그 철학적, 그리고 종교적 의의가 있다. 보통 천은 원, 지는 방, 그리고 인은 각이라 한다. 방은 가로와 세로로 되며, 가로와 세로는 서로 사상하여 대각선을 만든다. 대각선은 다시 원의 외부에서 가로와 세로가 된다. 이는 반대각선화이다. 원의 둘레는 사각형의 가로와 세로가 반대각선화된 것이다. 선기옥형은 철저하게 원방각 구도로 제작되었다.

다음으로 선기옥형은 시간과 공간의 조화를 찾고 추구하는 것이 그 제작의 목적 가운데 하나이다. 천경에는 24절기가, 천위에는 28수 별자리가 적혀 있다. 그리고 지평에는 10천간과 12지지가 적혀 있다. 천간은 공간, 그리고 지지는 시간 개념에 해당한다. 천경과 천위가 서로 마주 물려 회전하는 것이 지평의 천간 지지에 일대일 대응을 한다. 이 과정에서 사계절의 변화에 따른 일월성신의 운행 도수를 측정할 수 있다. 4유의란 24절기의 변화를 관찰하는 기구이다.

이 장에서는 선기옥형을 마야력과 연관시키자는 것이 궁극적 목적이다. 여기에 하나의 간단한 기제 장치로서 파스토르의 기계 논리를 도입한다. 3개의 큰 수레바퀴(작은 것 1개 포함)가 함께 동시에 회전하기 위해서는 '비틀의 비틀'은 '비틀과 안비틀'이란 위상학적 논리가 개입된다. 바로 이러한 파스토르의 기계 논리를 적용하여 선기옥형과 마야력의 상관 관계를 간편하게 설명해 나갈 것이다.

4.1 마야력의 논리적 구조

촐킨과 하압을 결합시킨 논리적 근거

마야력에는 두 가지 력이 있다. 종교 행사를 위해서 사용되는 종교력인 13×20=260이란 촐킨이 마야 문명에 처음 나타난 시기는 기원전 600년 경으로 마야문명의 중간 형성기에 해당한다. 그 후 200여 년 쯤 지나서 촐킨과 18×20=360이란 하압이 함께 비문 속에 기록되기 시작하면서 둘은 하나로 결합된다. 애브니는 "우리는 마야인들이 왜 그것들을 결합시켰는지 확실히 알 수 없다"(애브니, 2009, 323)고 하면서 그는 귀족 사제 계급이 사용하던 촐킨과 농촌 농민들(이들은 하압인 360+5일을 사용)과 이해관계가 맞아 떨어지면서 두 수의 결합 필요성이 사회적으로 제기될 수밖에 없었다고 결론하고 있다. 하압은 경작 생활에 필요한 달력이었다. 촐킨과 하압이 결합되어 더 긴 주기인 52가 생겨나게 된다. 그러면 260과 360의 최소공배수값이 생기게 되고 그것은 1,890이다. 이는 52×365의 값인 동시에 73×260의 값이기도 하다. 여기서 52와 73이란 새로운 큰 수가 생겨난다. 이에 대해서는 아래 장주기법 셈하기에서 다시 언급할 것이다.

윷판을 통해 보면 이 두 수는 반원과 4분원이 온원과의 관계에서 만들어지는 수일 뿐이다. 마야인들이 이렇게 두 수를 결합하고 나니 자연히 365와 20의 관계가 무엇인가의 질문이 제기될 수밖에 없었다. 365

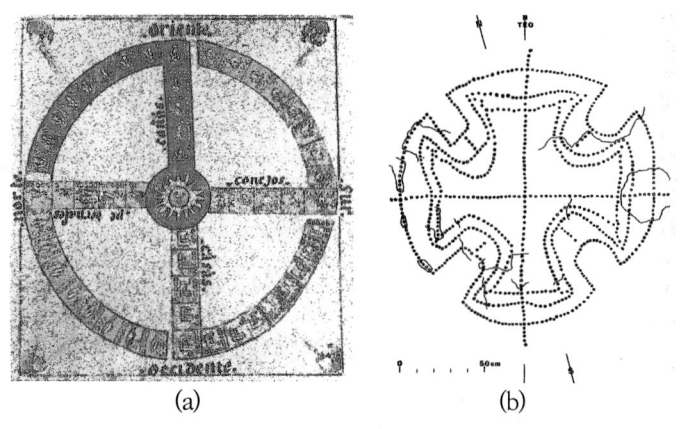

(도판56) 날들을 나르는 '나날틀'(Aveni, 2002, 180-1)

÷20이면 나머지가 5이다. 이러한 결과는 신년 초하루에 올 수 20일 날짜 명칭의 5, 10, 15, 20번째 가운데 있는 것 하나가 될 수밖에 없게 한다. 이들 수들은 수지셈법에서 확인된 바이다.(2.1 참조) 이는 5진법을 그대로 반영한다. 그런데 이들 수들은, 김일부의 정역에서는 황극(5), 무극(10), 무무위수(20), 15존공 등으로 사용되어 양자간의 관계에 우리의 관심을 모으게 한다. 이런 5로 나누기하는 5진법적 단위는 곧 윷판의 그것과 같다. 즉, 윷판 주위의 20개 점들을 4분원(5), 반원(10), 그리고 온원(20)으로 나눌 수 있기 때문이다. 이는 20을 4등분으로 나눈 것이다. 여기서 우리는 우리 문화와 마야의 상관성에 더욱 흥미를 갖게 한다.

중앙아메리카 문명에서 공간과 시간을 4등분하기를 즐기는 특성은 (도판56)에 잘 나타나 있다. 윷판(사평판)을 5, 10, 15, 20으로 4등분을 할 때에 20, 18, 13의 점들이 그 속에 숨겨져 있음을 보았다. 수직과 수평의 13과 둘레의 20이 재륵再扐이라는 작용을 할 때에 13과 18이란 수가 만들어진다. (도판56)과 (도판57) 안에 있는 4개의 도표들은 일명 마야의

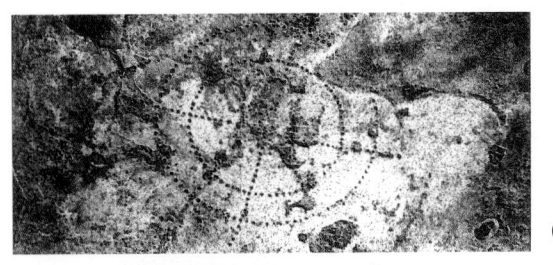
(a)

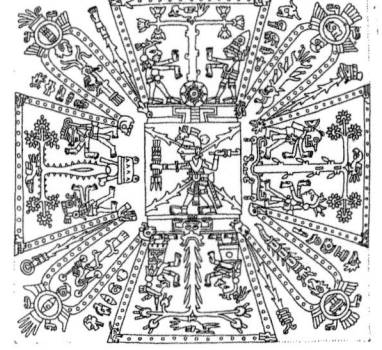
(b)

(도판57)
마야의 사평판 모형과
해 나르기 신들
(Aveni, 2002, 180-1)

'해 나르기year bearer'라고도 한다. 해가 날들을 실어 나르고 자기 주위에 행성들을 거느리고 천구를 회전하는 모습을 마야인들이 그려 놓은 것으로서 사평판과 유사성을 보여준다. 윷판은 날들을 나르는 수레바퀴 틀과 같이 보인다.

(도판55)(a)의 중앙은 태양이다. 사평판의 수직과 수평축이 만나는 중앙점이다. 사방의 네 곳에 있는 신들은 이 중앙의 태양을 나르는 역할을 한다. 네 신들이란 도, 개, 걸, 윷이다. 20개의 촐킨들은 이 네 신들이 중앙의 태양을 날아와 만들어진 것이다.

우리말의 '날', '나르다'라는 의미가 마야인들의 말 속에 들어 있는 듯할 정도이다. 사평판과 같이 시계바늘 반대 방향으로 나른다(이를 순방향이라 한다). 나선형으로 한 번 회전하면 4년이고, 13회 회전하면 52년이 된다. 52년이 이렇게 나온다. 즉, 사평판 기축에 있는 점들 13(혹은 4분

제4장 선기옥형의 논리적 구조와 태양계 175

원)을 사방의 4점들과 곱하기하면 52가 된다. 이 4점들이란 재륵을 하는 곳이다. 재륵을 안하면 20이고, 재륵을 하면 24가 된다.(애브니, 2009, 324)

(도판 58)은 기원전 4세기 경 그리스 신화에 나오는 시간의 신인 익사이온 신이 시간의 수레바퀴를 돌리고 있는 장면이다. 마야와 거

(도판58) 익사이온 신이 시간의 수레바퀴를 나르는 장면 (김상일, 1995, 310)

의 동시대인 소위 차축시대의 그리스 라피테 족의 왕 익사이온이 헤라를 사랑했기 때문에 제우스 신으로부터 벌을 받아 타타루스라고 하는 영원히 윤회하는 불이 달린 수레바퀴에 묶이어 시간을 회전시키고 있다. 그래서 이를 일명 '익사이온의 수레바퀴Ixionss wheel'라고도 한다. 그런데 익사이온의 고민은 수레를 좌로 돌릴 것인가 아니면 우로 돌릴 것인가에 있다. 이것을 결정하기가 막상 수레바퀴를 돌리는 것보다 더 힘들었다.(김상일, 1995, 310) 마야인들도 이런 고민을 한 끝에 이를 반영하기 위해 13, 18, 그리고 20이란 세 숫자의 방향을 한 번은 좌회전 한 번은 우회전시키는 방법을 고안한 것이 아닌가 한다. 아마도 태극도형의 음양 순환 방향을 몰랐기 때문에 이런 고민을 한 것이다. 윷판은 좌로도 우로도 말이 갈 수 있는 지혜를 그들이 몰랐기 때문이 아닌가 한다.

(도판59)는 20개의 날들이 사평판의 모양 그대로에 5개씩 나뉘어 도, 개, 걸, 윷, 모로 배열돼 있는 모양이다. 그러나 수직과 수평의 두 기축에 해당하는 13수는 들어 있지 않다. 이렇게 생각할 때에 사희(윷)는 지역에 따라서 부분적으로 만들어졌으며 그 완전한 진화 과정은 각각 다

(도판59) 20개의 날들을 나르는 나날들의 배열과 윷판 (Jenkins, 2012 20)

르다 할 수 있다. 그러나 그 원형은 윷판이라는 것이 세계 놀이 문화 학자들의 공통된 견해이다.

즉, 우리 윷놀이 문화가 세계 놀이 문화의 원형이라는 학자들의 주장에 걸맞게 사평판은 바빌로니아 요일 명칭 붙이기에도 그대로 나타난다. 즉, 첫 시간에 해당하는 돌이별(행성)이 그 날의 명칭을 운반해 오는데, 이들 4명의 날짜 신들 각자가 그 연도의 첫째 날이 됨으로써 한 해의 날들을 만든다. 여기서 4개의 신들은 4개의 윷말에 해당한다.

이들 도개걸윷은 1년이란 한 해를 등에 지고 나르는 임무를 지고 있다. 모는 중앙 자체이다. 말은 4개이지만 점수는 1점 초과한다. 그래서 5라는 수는 마야인들에게 '우야엡'이라 하여 불길하면서 신성시 되는 수이다.

(도판60)에서 네 명의 신들이 시간의 짐을 나른다. 4개의 윷 가지가 결정해 주는 점수에 따라서 4개의 말들이 윷판 위를 달린다. 윷 가지 하나가 열리고 닫히는 두 번의 작용을 해야 하기 때문에 모두 8개가 된다.

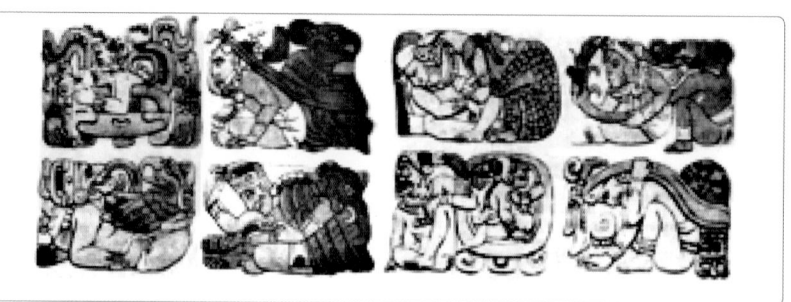

(도판 60) 8개 숫자의 신들이 시간의 짐을 나르는 장면(애브니, 2009, 325)

이것이 낮과 밤 그리고 음과 양이 된다. 한 개의 신이 시간의 짐을 나르다가 지치면 다음 신에게 짐을 물려준다. 그러면 다음 주자는 '나날'이라는 시간의 봇짐을 물려받아 메고는 다음 주자를 향해 달린다. 그런데 여기서 시간의 봇짐을 물려주는데, 물려주고 물려받는 사이에 있는 휴식 시간이 마야인들의 시간 개념에 매우 주요하다. 바로 이런 휴식처가 윷판에 있는 재륵이 생기는 곳(모)이다. 윷이 재륵하니 모가 된다.

여기는 말이 쉬는 곳이고 변환점, 반환점, 그리고 전환점을 만드는 곳이다. 윷판의 중앙은 마치 물의 소용돌이 같이 신들이 휴식을 취하는 곳이다. 소용돌이의 다른 말이 부동점이고 재륵이다. 재륵이 주요한 개념이듯 마야 시간의 신들이 봇짐을 서로 교대하는 것을 우리는 위 (도판60)에서 신들의 목줄로 확인한다. 이를 '재륵의 목걸이'라 부를 수 있다. 자기언급의 장식품이다.

서로 끝나고 시작하는 순환점에서는 재륵이 일어난다는 것이다. 금성에서 이런 재륵 현상이 특별나다. 이각離角, 특히 동방이각東方離角일 때에 재륵이 일어난다. 위 (도판56)에서 (a)와 (b)는 멕시코 테오티우칸 Teitihucan 건물 바닥에 있는 도표이다. 이 도표에는 윷판의 동서남북 4곳 이외에 도개걸윷의 자리들이 새겨져 있다. 4방위 사이에 등분된 선들은 네 등분이 되어 있다. 도개걸윷모 그대로이다. 네 등분이 사방 둘레와 서로 망을 만든다.(애브니, 2009, 325)

이상의 고찰을 통하여 우리는 우리의 윷판은 마야와 밀접한 연관성이 있을 것이라는 것을 확인한다. 여기서 주요하게 지적해 둘 점은 유사성을 비교하는 것이 아니라, 13, 18, 20의 상관관계이다. 사평판에서 이들 세 숫자는 서로 기축(13), 4분원(13), 반원(18), 온원(20)에 해당하는 수들로 서로 유기적임을 보았다. 그리고 사평판을 다양하게 모양을 바꿈으로 상호간에 관계가 밀접함도 알게 되었다. 그리고 마야 학자 애브니가 이들 삼자 간의 관계와 유래를 알 수 없다는 말로 남겨 놓을 수밖에 없다고 했다. 그러나 한국 윷판에서 보면 이들 삼자 간의 유기적 관계는 필수적이다.

위에서는 태양의 '비틈의 비틈'이 '안비틈2'와 결접을 할 때에 그것이 행성들의 동서극과 결접을 한다고 했다. 이때에 남북극과는 어떻게 결접을 할 것인가의 의문이 남게 된다. 이에 대한 것을 알자면 (도판34-35)에로 다시 되돌아가 보아야 한다. (도판34)는 사영평면이 클라인병으로, 그리고 (도판35)는 클라인병이 사영평면으로 변하는 과정(결접과정)을 보여주고 있다. 그래서 태양인 사영평면이 지구인 클라인병과 결접을 하자면 대각선 c가 가로인 b로 변해야 한다. 반대각선화가 이루어져야 한다. 그러면 가로와 세로이던 b가 대각선화 된다. 이것이 사영평면이 클라인병이 되는 것의 전부이다. (도판34)의 (가)에서 가로와 세로의 방향은 모두 반대이지만 정대각선은 두 삼각형의 밑변으로서 방향이 같다. 대각선이란 사각형의 축이다. 이렇게 새로운 축이 만들어지면 (도판34)의 정대각선(c)이 가로로 변해 버리고, 가로(b)와 세로(b)가 붙어 새로운 대각선이 된다. 이 새로운 대각선(b)을 부대각선이라 한다. 이는 동서축이 남북의 축이 된다는 말과도 같다. 동서축을 적도라고 할 때에 남북 축과의 기울기가 행성마다 모두 다르다는 것은 두 대각선의 기울기 차이 때문이다. 이렇게 태양의 안비틈2가 행성의 동서축(c)의 '안비틈1'과 결접을 하게 되면 새로운 대각선(b)이 만들어지고 그것이 남북축이다. (도판34)는 태양이 지구와 동서에서 결접을 할 때에 남북의 축이 만들어지는 과정을 보여주고 있다. 그렇다면 천왕성이 기울기가 98도인 것은 두 대각선이 같아진다는 말이다. 금성의 자전이 다른 것과 정반대인 것은 180도(실제로 171도) 기운다는 것을 의미한다.

(도판35)의 클라인병이 사영평면으로 변하는 과정을 보여주고 있다. (도판34)보다 더 선명하게 지구와 태양이 결접하는 구조를 보여주고 있다. (1)은 클라인병(행성)으로서 가로는 안비틈(동서)이고, 세로는 비틈(남북)이다. 가로의 안비틈을 사각형(1) 밖에 있는 안비틈인 원판(2)의 가장자리에 이어 붙인다. 이 원판에 해당하는 것이 바로 태양의 비틈의 비틈에서 결과한 '안비틈2'이다. 그러면 c와 b는 안비틈이기 때문에 서로 이어 붙어서 사영평면인 (4)가 된다.

이렇게 변하는 과정에서 주목되는 곳은 (도판35)의 (3)이다. (3)에서 b와 c가 이어 붙는데 (1)과 (2)에서는 같은 방향이던 것이 반대 방향이 되어져 버린다. b와 c가 접합되어 사라지고 c의 방향이 b를 대신한다. 같은 방향이던 b와 c가 서로 접합 되어져 버리고 c가 (4)에서 새로운 세로선이 된다. 가로이던 b가 세로와 접합이 되어 c로 변한 다음 가로이던 것이 세로가 되어져 버린다. 가로는 수평축이고 세로는 수직축이다. 수평축이 수직축이 되니 수직축이던 a는 수평축이 된다는 말과 같다.

이런 현상 때문에 태양계 안에는 재귀retrograde 현상이 발생한다. 다시 말해서 화성, 금성, 그리고 천왕성 등에서 발생하는 재귀 현상은 클라인병과 사영평면이 서로 치환되는 과정에서 피할 수 없는 것이다. (도판 34)에서는 대각선이 가로나 세로가 되고, (도판35)에서는 같은 방향이던 것들(b와 c)과 반대 방향이 되는 것은 모두 재귀 현상의 일종이라 할 수 있다. 이는 또 행성들 안에서 수평축(적도)과 수직축(회전축이나 자축) 간의 기울기를 설명하기에 적합하다. 그리고 이것은 지구의 동서축이 태양의 안비틈2와 결접하는 것을 여실히 보여주는 장면이라고 할 수 있다. (도판35)의 (2)안 원판은 윷판의 원둘레이고 거기에는 20개의 점이 있다. 그 둘레 위에 수직과 수평축에 있는 13과 18이란 수가 접합하는 것과 같은 장면을 연출하고 있는 것이다.

　내행성과 외행성들의 기울기는 결국 정대각선과 부대각선 사이의 기울기 차이라고 할 수 있다. 기울기 차이는 다름 아닌 가로가 세로가 되고, 세로가 가로가 되는 것의 차이라 할 수 있다. 이러한 차이를 결정하는 이유는 두 개의 대각선이 행성들의 위치와 질량에 따라서 기울기가 다 달라지기 때문이다. 그리고 N과 S가 변하는 것도 기울기에 따라 달라진다. 예를 들어서 기울기가 90도에 가까워지면 (도판54)에서 보는 바와 같이 N과 S가 반가치화된다. 해왕성에서는 그것이 완전히 도치되어져 버린다. 이러한 자극의 반가치화는 자기 복사 혹은 상사를 가능케 하여 태양계를 프랙털로 만들어버린다.

　윷판을 통해 볼 때에 반원과 4분원의 수는 18과 13이다. 그리고 반원과 4분원은 반드시 수직과 수평축의 수를 포함해야 한다. 그리고 수직과 수평수의 합도 13이다. 그리고 가로와 세로 수의 합은 20이다. 마야인들이 왜 13과 18에 20을 곱하기 해서 260과 360을 만들었는지 그 이유를 알게 되었다.

파스토르 기계와 마야 구성수의 논리적 구조

태양계 안에서는 태양을 비롯한 모든 별들이 자전을 한다. 그런데 금성만은 자전할 때에 회전 방향이 다른 것과는 반대이다. 만약에 금성마저 회전 방향이 같으면 태양계는 대 충돌을 하거나 회전 자체를 할 수 없게 될 것이다. 방앗간에서도 3개 이상의 피댓줄이 유기적으로 돌아가자면 반드시 피댓줄이 감긴 바퀴 가운데 하나는 반대로 돌아야 한다. 그래서 이 바퀴를 중심으로 다른 두 개가 돌아갈 수 있다. 예를 들어서 태양 주변의 수금지화성의 자전 방향이 모두 같으나 금성만은 반대이다. 방앗간에서 3개의 피댓줄이 한꺼번에 두 개가 유기적으로 한 방향으로 회전하자면 다른 하나는 반대 방향으로 회전하여야 한다는 이치와 같다.

아래 (도판61)에서 A–B–C로 이어지는 피댓줄은 사실상 하나이다. A에서 화살표 방향으로 따라가다 보면 제자리에 되돌아오기 때문이다. 비틈과 안비틈으로 보면, A–B는 L로 안비틈, B–C는 M으로 비틈, A–C는 N으로 비틈이다. ABC가 서로 막힘없이 회전하자면 "'비틈의 비틈'과 안비틈"이어야 하고, "'비틈의 안비틈'과 비틈"이어야 한다. 그런데

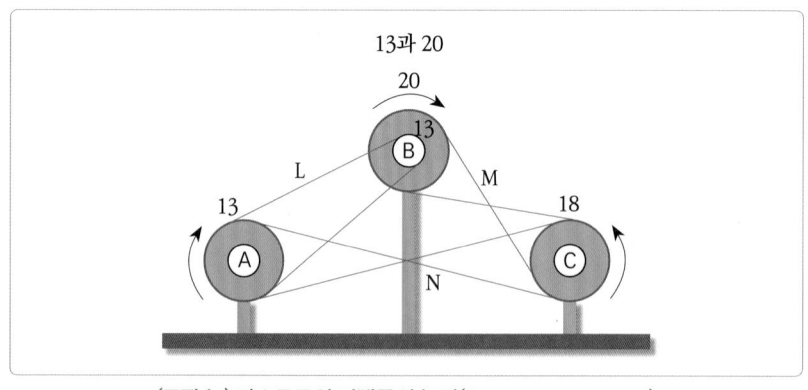

(도판61) 파스토르의 피댓줄의 논리(Gardner, 1958, 114)

A-B는 A-C와는 달리 A의 큰 것이 B안의 작은 것에 안비틈으로 걸린다. B의 큰 것이 C의 큰 것과 걸리고, A의 큰 것이 C의 큰 것과 걸린다. 파스토르는 이를 삼단논법에 연관하여 설명하였다. 그러나 그 속에는 위상학적 구조가 있었던 것이다. 그렇다면 행성간의 공전에는 이것이 어떤 영향을 미치는가?(Gardner, 1958, 114)

이러한 피댓줄의 구조는 태양계의 위상학적 구조와도 일치한다. 즉, 이는 태양계 안에서 자기장이 만드는 운행 궤도이기도 하다. 위의 (도판 61)은 '비틈의 비틈'은 안비틈이라는 사영평면의 논리를 그대로 반영한다. 비틈(M)의 비틈(N)은 안비틈(L)이라는 구조이다. A는 지구를 포함한 행성들, B는 태양, C는 금성이라고 할 때에 A는 B와 자전방향이 같고, A와 B는 C와는 반대이다. 이는 정확하게 태양계의 운행구조를 반영한다. 그러면 A와 B는 '비틈과 안비틈'으로 사영평면이고, C는 '비틈과 비틈'으로 클라인병이다. 태양계는 클라인병K와 사영평면P이 연결합을 하는 P#K이다.(Weeks, 2002, 318-9)

윷판으로 이해하면 한층 쉬워진다. A를 기축인 13, B의 작은 것을 4분원인 13, 큰 것은 온원인 20, C를 반원인 18이라고 할 때에 먼저 A(13)가 B의 4분원(13)과 안비틈으로 걸린다. 이것이 B의 큰원(20)과 함께 한 방향으로 돈다. B가 C(18)와 비틈으로 감긴다. 그러면 C는 A와 비틈으로 감긴다. 이것이 마야 구성수 13, 18, 20의 관계이고 윷판의 구조이다. 마야수에서 13과 20은 같은 방향(시계 방향)이고, 20과 18은 반대 방향인 이유이다. 18(c)은 시계 반대방향으로 같은 방향인 A와 B와 결접이 된다. 그런데 13의 이중적 역할에 주의해야 한다. 13은 기축으로 명패인 동시에 4분원으로 물건이다. 4분원(작은 원)으로 큰 원(20) 안에 들어가 있어야 그것이 기축과 연관이 되어 운행을 가능하게 할 수 있다.

다시 말해서 큰 원 A와 B의 작은 원이 동수 13으로 감기지 않으면 나머지 작용도 불가능해진다.

13은 명패이면서 물건인 이중 역할을 함으로서 물건인 20과 감길 수가 있다. 사평판에서 기축수도 13이고 4분원도 13인 것에 각별히 유의하여야 한다. 이는 A도 13이고 B의 작은 원도 13인 것과 같다. 18과 20은 모두 물건과 물건의 관계이다. 그러나 18 속에도 20 속에도 작은 원으로서 13이 포함돼 있다. 기축인 13이 4분원, 반원 그리고 온원이 된다는 것은 반대각선화를 의미한다. 이러한 일련의 대각선 논법이 성립하는 이유는 13이 명패이면서 물건이 되는 이중적 역할(f(x)=x) 때문이다.

파스토르 기계는 이렇게 마야의 시간의 수레바퀴와 사평판의 구조를 이해하기에 적합하다. (도판61)을 일명 '파스토르의 기계Pastore's machine'라고도 한다.(Gardner, 1958, 114) 파스토르는 이 피댓줄 기계의 구조를 아리스토텔레스의 삼단논법에 적용을 하면서 기계 안에도 논리가 들어 있다는 것을 주장하고 있다. 그러나 위 파스토르 기계 속에는 차라리 위상기하학적 구조와 에피메니데스의 거짓말쟁이 역설의 논리가 숨겨져 있었다고 하는 것이 더 정확할 것이다. 파스토르 기계가 삼단논법에 적용된 근거는 A, B, C라는 세 개의 원들 가운데 B는 그 속에 작은 원을 가지고 있다는 데 있다. 이는 마치 삼단논법의 대개념('죽는다'), 중개념('사람'), 소개념('쏘크라테스')에 각각 대입할 수 있다는 것을 주장하기 위해서이다. 이들이 문장에서는 주어, 술어, 중개념에 각각 대응된다. 그러나 만약에 원을 중심으로 생각하지 않고 피댓줄을 중심으로 생각한다면 '비틈'과 '안비틈'이란 위상학적 개념을 적용할 수가 있다. 파스토르 기계의 논리와 함께 위상학적 개념을 중심으로 하여 파스토르의 의도와는 상관없이 기계의 구조를 마야 구성수에 더 구체적으로 연관시

커 보려 한다.

먼저 A, B, C 세 원들을 각각 마야수 13, 20, 18에 일치시킨다. 13은 B
의 작은 원에도 대응된다. 마야의 구성수 수레바퀴에 의하면 13은 20
안에 포함되고 그 방향이 동일하다. 그래서 13은 큰 원 13인 동시에 B
의 작은 원이기도 한다. 그런데 13은 B 속의 작은 원인 것 같지만 그것
이 A를 움직이고 A는 C를 움직이고 다시 C는 B를 움직인다. 그리고 B
는 A를 움직인다. 이렇게 피댓줄은 순환을 한다. 그런 의미에서 삼단논
법적 추리는 사실상 불가능하게 된다. 삼단논법은 대개념에서 소개념
을 도출해내는 것이기 때문이다.

그래서 A와 B의 가운데 작은 원은 13으로 일치한다. 이로서 "모든 A
는 B이다(All A is B)"라는 대전제를 만든다. B의 큰 외원을 '모든'이란
논리적 언어로 바꾸어 놓으면 자연히 내원인 작은 원은 '얼마some'가 된
다. 작은 원은 큰 원 속에 포함돼 있기 때문에 큰 원이 회전하는 방향과
작은 원이 회전하는 방향은 동일하다. 이를 '안비틈'이라고 한다. 이에
대하여 두 수레바퀴의 회전 방향이 반대일 때는 '비틈'이라고 한다. 파
스토르는 이런 '비틈'을 두고 "어떤 A도 C가 아니다.(No A is C)"라고 한
다. 그러면 "어떤 B도 C가 아니다"가 성립한다. 그 이유는 B와 C는 서
로 '비틈'이기 때문이다.

여기서 한 가지 전제가 있어야 한다. 즉, 그것은 작은 원과 큰 원이
동일한 기어에 걸려있다는 전제가 있어야 한다. 파스토르는 안비틈을
'참'그리고 비틈을 '거짓'이라고 할 때에 그의 기계가 거짓말쟁이가 된
다는 사실을 아직 철저하게 생각하지 못한 것 같다. 즉, 그의 기계를 세
상에 소개한 것이 1906년이고 보면 이는 거의 러셀역설이 발표되던 해
와 같은 때이다. 그는 위상학에 대한 언급도 하지 않았다. 그러나 그의

기계는 아리스토텔레스의 삼단논법보다는 뫼비우스띠, 클라인병, 사영평면을 설명하기에 적합하다. 아리스토텔레스의 삼단논법은 유클리드 기하학에 적합한 논리이기 때문에 비유클리드 기하학을 설명하기에는 적합하지 않다. 그리고 위 파스토르기계는 비유클리드적이다.

13, 18, 20의 순환 방향과 윷판의 구조

마야인들이 장주기법을 고안한 때는 기원전 1세기 경이다. 서방 세계에서는 예수 탄생일을 기준으로 삼듯이 마야인들은 현재의 세계가 창조되던 날로부터 기준점을 삼았다. 그 날이 바로 기원전 3114년 8월 11일이다. 그리고 이 날을 마야인들은 '13.0.0.0.0' 혹은 0.0.0.0.0로 적었다. 마야인들은 187만2000일(5200박툰, 5125일)이 지나면 새로운 세상이 탄생한다고 보았다. 2012년 12월 21일이 13박툰이 끝나고 새 세상이 시작되는 날이다. 이와 같이 긴 시간을 셈하는 것을 '장주기법'이라 한다.

(도판62)는 장주기 계산법의 기계 장치이다. 즉, 13, 18, 20으로 된 톱니바퀴가 서로 맞물려 돌아가면서 장주기 달력을 만든다.

편의상 10개의 바퀴에 '가나다라마바사아자차'와 같이 부호를 달아 놓았다. 윷판 안에 있는 이들 세 구성수들이 어떻게 마야 장주기법에서 맞물려 순환하는지 보는 것은 흥미롭다 아니할 수 없다. (도판25)로 돌아가 이를 (도판62)와 비교하면 마야력과 윷과의 일관성과 일치성에 대한 확신이 더욱 확고하게 될 것이다.

(도판62)는 세 개의 칸으로 대별된다. 바퀴 5인 칸과 13인 칸과 20(18)인 칸이 그것들이다. 5인 칸인 (나)는 위에서 말한 대로 윷판의 수평과 수직 축의 상하, 좌우와 중앙에서 재륵하는 점들이다. 13인 칸은 '(다)(마)(사)(자)'로서 수직과 수평 두 기축의 수인 동시에 4분원 상의 수

이다. 이것이 18과 20을 회전시키는 추동 역할을 한다. 20(18)인 칸은 '(가)(라)(바)(아)(차)'로서 20 혹은 28이다. 20은 온원 그리고 18은 반원 상의 수들이다. 이렇게 위 (도판62)는 윷판의 수와 일치한다.

(가)는 20수에 해당하는 칸에 있으며 위로 바퀴가 이어질 수 있음을 상징하면서 시계 반대 방향으로 '순順'이다. (나)는 '카반Caban'이라 하며 유일하게 톱니 5개이다. 일명 '윤전 바퀴procession wheel'라 할 정도로 13, 18, 20에 모두를 구동시키는 역할을 한다. 마치 윷판에서도 5점에서는 4분원, 반원 그리고 온원이 다 만나듯이 말이다. 이것은 마치 (도판25)

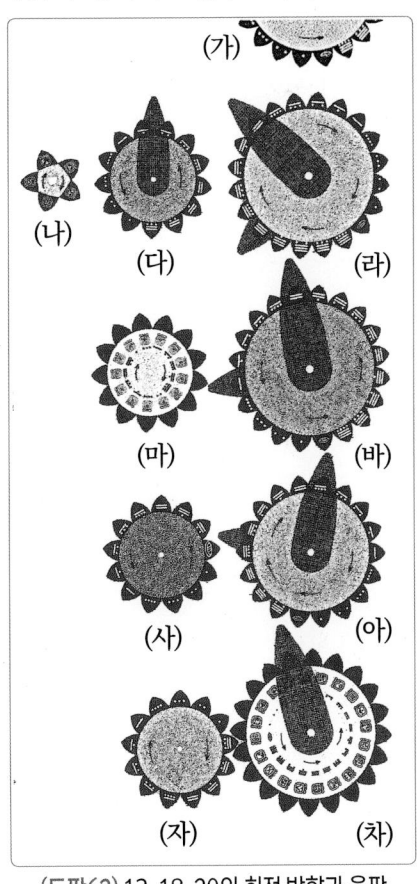

의 윷판 안에 있는 참먹이, 찌 모, 뒷모, 모, 그리고 중앙의 방 에 해당하는 곳이다. 수평과 수 직이 서로 교차하는 재륵점으 로 이들이 없이는 세 구성수들 이 맞물리지 못한다. 회전 방향 은 시계바늘과 반대인 '순'이다.

(다)는 13바퀴이며 '순'이다. (라)는 20바퀴이며 '역逆'이다. (마)는 13바퀴이며 '역'이다. (바) 는 20바퀴이며 '순'이다. (사)는 13바퀴이며 '순'이다. (아)는 18 바퀴이며 '역'이다. (자)는 13바 퀴이며 '역'이다. (차)는 20바퀴 이며 '순'이다. 이를 (도판63)에서 간편하게 다시 나타내 보았다.

(도판62) 13, 18, 20의 회전 방향과 윷판

		20순(가)
5역(나)	13순(다) ↑	20역(라) ↑
	13역(마) ↑	20순(바) ←
	13순(사) ↑	18역(아) ←
	13역(자) ↑	20순(차) ←

(도판63) 마야 장주기법의 순역 도표

인접하는 3개의 수레바퀴들끼리 서로 파스토르의 기계 논리와 같은 회전 방향을 갖는다는 것이 놀랍다 할 수 있다.(Sray, 2007, 39) 이를 아래에서 단계적으로 다시 설명해 나가려고 한다. 가-나-다-라-마-바-사-아-자-차의 순서로 상에서 하로 그리고 좌에서 우로 장주기 수레바퀴 물림을 순서로 정했다. 숫자 13, 18. 20은 세 구성수들이다. 여기에 5역(나)이 추가 되었다. 숫자 옆의 '순'과 '역'이란 말은 해당 수레바퀴의 회전방향이다. 다시 말해서 '순'은 시계 반대방향, 그리고 '역'은 같은 방향을, 그리고 화살표는 18과 20수의 톱니가 물리는 방향을 나타낸다.

이제 파스토르의 기계 논리에 따라서 위 (도판62)와 (도판 63)을 차례대로 검토하면 다음과 같다. 여기서는 회전 방향을 검토하는 것에만 국한하기로 한다. 20순(가)은 우측 상단부에 독자적으로 위치한다. 5역(나)에서 숫자 5는 마야 5진법에 관련이 되는 명패수 혹은 기축수이다. 윷판의 5개의 재륵점에 해당한다. 그래서 5역(나)-13순(다)-20역(라)을 나란히 배열한 것은 사평판상에서 볼 때에는 일관성을 갖는 동시에 주요하다. 이들은 5재륵수-13기축수-20순환수에 해당하기 때문이다. (나)가 있기 때문에 다른 구성수들이 서로 맞물릴 수 있게 된다. 그래서 (나)는 마치 파스토르기계 B의 중앙에 있는 작은 원과 같다고 할 수 있다.

다음은 순역 관계를 알아볼 차례이다. (도판63)에서 어느 한 수를 중심으로 상하, 좌우를 볼 때에 모두 순역이 반대인 것을 발견한다. (도판63)을 하나의 사각형으로 볼 때에 인접하는 4개의 칸과 줄은 정사각형을 만든다. 이 정사각형의 가로와 세로, 그리고 대각선상의 대칭 관계에서 순·역 혹은 역·순이면 이는 '비틈'이고, 순·순 혹은 역·역이면 '안비틈'이다. 그러면 대각선에 인접하는 가로와 세로 대칭에서는 모두 비틈이고 대각선에서는 모두 안비틈이다. 이러한 비틈과 안비틈의 구조는 완전히 파스토르기계의 논리 구조와 일치한다. 다시 말해서 파스토르의 A·B·C를 한 번 다(C)·라(B)·마(A)에 대응을 시키면, 다-라는 비틈, 다-마는 비틈, 그리고 라-마는 안비틈이다. 이는 '비틈의 비틈'은 안비틈 그리고 '비틈의 안비틈'은 비틈이란 논리구조이다. 다·라·바에 적용을 하면 다-라는 비틈, 라-마는 비틈 그리고 다-바는 안비틈이다. 이렇게 4쌍의 순역 쌍 가운데 인접하는 어느 세 개를 파스토르 기계의 ABC에 대응을 시키면 모두 동일한 논리구조가 생겨나온다.

13바퀴 좌측 칸(다마사자)은 모두 13이고 우측 칸은 20, 20, 18, 20의 순(라바아차)으로 18이 세 번째 줄에 들어와 있다. 마야 장주기법을 계산하기에 앞서 수레바퀴의 순역 순환 구조를 알아본 것이다. 익사이온 신이 고민한 것은 수레를 돌리는 힘이 아니라 좌로 돌릴 것인가 우로 돌릴 것인가의 고민이었다고 한다. 그러나 윷놀이에서는 고민이 아니고 '즐거움'이다. (도판62)와 (도판 63)을 보면 그 이유를 비로소 알만하다. 상하와 좌우가 순역을 되풀이한다. 이는 시간의 수레바퀴가 정향적이 아님을 의미한다. 다시 말해서 유클리드 기하학적이 아니라는 말이다.

제4장 선기옥형의 논리적 구조와 태양계 189

'비틀의 비틀'이란 사영평면적 구조로서 비유클리드적이다. 익사이온 신은 이러한 비정향적인 비유클리드 기하학 앞에서 당황한 것이다.

그러나 만약에 익사이온이 파스토르의 기계와 윷놀이의 논리를 미리 알아두었더라면 그가 시간의 수레바퀴를 돌리는 데 도움이 되었을 것이다. 그의 기계 장치 속에는 비정향성을 지배하는 논리가 들어 있기 때문이다. 그것은 '비틀의 비틀'은 안비틀이고, '비틀의 안비틀'은 비틀이라는 위상범례적 논리 말이다. 이러한 논리가 기계의 구동 장치 안에 있는 한갓 추상적인 것이 아니고, 천체와 태양계를 운행시키는 기제 장치의 논리인 것을 여기서 새삼 확인해 둔다. 다시 말해서 파스토르 기계의 논리 구조는 다름 아닌 우주의 구조 그 자체라는 것이다. 이를 아래 마야인들이 이해한 태양계의 운행 구조를 통해서도 확인할 수 있다.

태양계의 회전 방향과 주기법

(도판64)는 고대 마야인들이 이해한 태양계 구조이다. 금성, 화성, 토성, 목성, 그리고 지구의 위성인 달이 촐킨 그리고 하압과 어떤 위상학적 관계를 만들고 있는가를 한 눈에 보여준다. 중앙의 가장 주요한 원은 촐킨 260이다. 이 촐킨을 중심으로 이들과 연결, 그리고 연결의 연결을 하고 있는 행성들의 운행 방향을 보면, 이들 행성들은 서로 접촉하는 것도 있고, 서로 간격이 있는 것도 있다. 예를 들어 금성과 하압, 그리고 금성과 달은 서로 접촉하고 있지만, 촐킨과는 간격이 있다. 간격이 있는 곳에는 회전방향을 표시하는 화살표를 그 안에 가지고 있는 작은 백원白圓이 그려져 있다. 백원이 간격을 접촉으로 바꾼다는 의미이다. 두 행성 간의 간격 사이에 들어 있는 백원의 회전 방향은 접촉하는 두 원 사이에서 비틀이다. 그래서 두 원은 서로 '안비틀'이나 백원이 접촉을 시키는 두

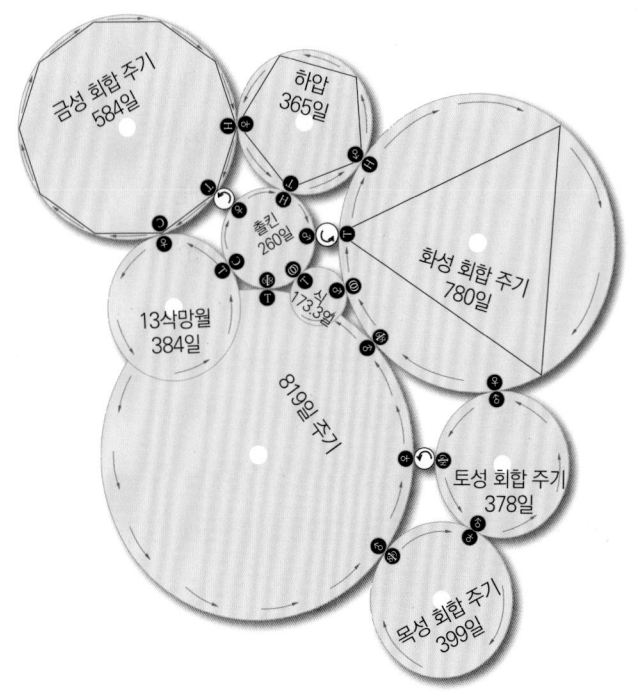

금성 회합 주기
584일

하압
365일

쫄킨
260일

화성 회합 주기
780일

13삭망월
384일

신
173.3일

819일 주기

토성 회합 주기
378일

목성 회합 주기
399일

(도판64) 마야 태양계의 통합 달력

원은 서로 반드시 '안비틈'이다. '비틈'이란 순-역 혹은 역-순이고, '안
비틈'이란 순-순 그리고 역-역을 의미한다. 그래서 이 작은 백원은 파
스토르 기계장치의 B 안에 있는 작은 원과 같다. B 안의 작은 원 때문에
B가 A와는 '안비틈'이고, C와는 '비틈'이다. 금성과 쫄킨 사이에 있는 백
원을 보면 금성과 쫄킨은 회전 방향이 같아서 안비틈이다. 그런데 금성
과 하압은 '비틈'이다. 백원이 B 안의 작은 원 역할을 한다.

쫄킨이 회전하면 같은 방향인 백원이 이에 따라 반대 방향으로 회전
하게 되고 금성이 쫄킨과 같은 방향으로 안비틈이 된다. 그러면 금성
과 하압은 비틈이다. 이는 파스토르 기계를 그대로 반영한다. B는 비틀
려 하압(C)과 접촉하게 된다. 이렇게 금성, 쫄킨, 하압 3자간의 연결 관

(도판65) 태양계 안의 백원

계가 만들어졌다. 결론적으로 말하면 '비틈의 비틈'은 '안비틈'이다. 항상 세 개의 개체 형성이 존재하면 접촉과 간격이 한 곳에서 생기고 간격이 생기는 곳에 백원이 들어가 접촉을 만들어 준다. 여기서 백원의 역할은 매우 주요하다. 비틈을 안비틈으로, 안비틈을 비틈으로 바꾸어 주는 역할을 한다. 이런 재륙이 있는 곳에서는 비틈과 안비틈이 반드시 교대를 한다. 백원을 따로 확대하면 (도판65)와 같다. 백원은 촐킨과 화성 사이에도 있다.

우주 안에 이러한 백원과 같은 존재가 있다는 사실을 안 인물이 전국시대의 묵자(기원전 5-4세기)이다. 그의 경편(하)에 보면 "두 사람이 거울 앞에 서면 비추어진 그 모습이 많은데도 작게 보인다. 그 이유는 거울 면이 모자라기 때문이다. 거울 앞에 섰을 때에 영상이 하나는 작으면서 비뚤어지고 다른 하나는 크면서도 반듯하다. 그 이유는 거울 가운데로부터 비추는 각과 안쪽에서 비추는 각의 차이 때문이다"(묵자, 경편(하) 485-486)라 했다.

묵자의 이 말에 대하여 한동석은 우주의 큰 거울을 천경天鏡이라고 할 때에 태양에서 햇빛이 이 거울에 부딪히면 두 가지 종류의 빛이 생긴다고 한다. 천경은 그 자체가 구이기 때문에 지구와 같은 구인 행성들과 접촉을 하게 되면 (도판64)와 같이 그 사이에 백원이 생기게 되는데 묵자는 이를 '과구寡區'라고 했다. 이 때에 거울 면에서 복사된 것을 큰 빛, 과구에서 복사된 빛은 작은 빛이라고 했다. 이 두 종류의 빛이 지구에 복사되는데 전자를 '군화君火'라 하고 후자를 '상화相火'라 한다. 빛을 만약에 전자력이라고 한다면 전자력에도 이런 두 종류가 있다고 할 수 있을 것이다.(한동석, 247. 2004) 이를 마야력에 적용을 한 것이 (도판64)이다.

즉, 큰 구인 행성들이 서로 접촉을 할 때에 그 사이에 과구가 형성되는데 그것을 백원으로 표시하였다.

그러나 여기서 우리의 관심사는 과구와 행성들 사이의 순역 관계이다. 그러나 묵자가 이런 백원과 같은 존재를 우주 구조 속에서 인식을 했다는 것은 큰 의의가 있다. (도판63)과 같은 순역 관계 표를 만들어 위의 내용을 다시 확인하기로 한다. 순역 관계로 보았을 때에 금성-역, 하압-순, 촐킨-역, 달-순, 화성-역, 토성-순, 목성-역, 수성-순과 같다. 서로 연결돼 있는 어느 3개의 행성들을 선정하여 상호 간의 순역 관계를 알아보자. 하압, 촐킨 그리고 금성 3자 간의 순역 관계를 알아보면 다음과 같다.[1] 즉, 촐킨-금성은 순-역으로 비틈이다. 촐킨-지구도 순-역으로 비틈이다. 그런데 촐킨과 금성은 순-순으로 안비틈이다.(Stray, 2007, 37) 백원이 이런 역설을 만들었다.

접촉하는 곳에는 수들이 마주 적혀 있다. 금성과 하압이 접촉하는 곳에는 5와 8이 적혀 있다. 이는 회귀주년의 비례를 나타낸다. 화성과 토성은 63:130이다. 우리는 이미 위에서 금성과 지구의 회귀주년 비율이 8:5임을 확인한 바 있다. 회귀주년이란 두 행성이 회전을 하다 다시 나란히 정렬을 만드는 해를 두고 하는 말이라 했다. 그런데 여기서 회귀주년의 일수를 보면 이들 수들이 모두 13, 18, 19와 연관이 돼 있다. 즉,

촐킨 $260 = 13 \times 20$ 하압 $365 = 13 \times 18 + 5$

화성 $780 = 2 \times 2 \times 3 \times 5 \times 13$ 목성 $399 = 3 \times 7 \times 19$

토성 $378 = 3 \times 7 \times 18$ 금성 584

달(13) $384 = 2 \times 2 \times 2 \times 2 \times 2 \times 2 \times 2 \times 3$

---

[1] 하압은 $18 \times 20 = 360$이고, 촐킨은 $13 \times 20 = 260$이다.

와 같다.

다음으로 주요하게 관찰해야 할 부분은 다름 아닌 (도판64) 안에 있는 4개의 원들이 만들어질 때에 그 사이에 있는 백원이 있는 말안장형 빈 공간이다. 이 공간은 사각형의 서로 마주 보는 화살표들의 방향이 모두 반대이다. 다시 말해서 사영평면이다. 비틈의 비틈의 구조이다. 그래서 가운데 백원은 다름 아닌 '비틈의 비틈'이란 연접이 결접하는 관계를 표시한 것이다.

다음으로 관찰해야 할 것은 태양계 안 행성들 간의 피보나치 수열이다. 즉, 피보나치 수열이란 어떤 자리의 수는 그 이전 자리의 두 수를 합한 것이라는 것을 두고 하는 말이다. 즉, 1, 1, 2, 3, 5, 8, 13, 21, 34,...을 두고 하는 말이다. 우선 지구와 금성의 회귀주기가 5:8=1:1.6이라는 것은 이미 위에서 확인했다. (도판64)에서 보면 금성과 하압이 접촉하는 부분을 보면 5:8이다. 그런데 행성들 간의 회귀주기 비례를 보면,

금성:하압=5:8
하압:화성=156:73=2.13:1=약3:1
토성:화성=130:63=2.01:1=약2:1
토성:목성=19:18=1.0:1=약1:1
목성:토성:화성:하압:금성=약1:약2:약3:5:8

로서 이는 피보나치 순열과 거의 일치하고 있다. 정확한 일치가 불가능한 이유는 재륵이 있어나는 곳이 있기 때문이다. 피보나치 수는 황금비율과 함께 자연을 지배하는 주요한 수들로서 여기서 아무리 강조해도 부족하다.

4.2 선기옥형의 논리적 구조

대각선 논법의 결정판은 선기옥형이다. 우리가 속해 있는 천체는 북극성이 명패인 우주이다. 태양계에서는 태양이 명패이다. 이와 같이 우리가 속한 우주를 수에 비유하면 실수 무한, 유리수 무한, 자연수 무한과 같이 그 한계가 있는 실무한actual infinite이다. 선기옥형은 실무한으로서의 우주를 전제하고 있다. 태양계라는 실무한은 태양계 안의 모든 별들을 물건으로 거느리고 태양계 자체의 축을 중심으로 회전하면서 북극성 주변을 자전하면서 공전한다. 그런가 하면 태양계 안에서 지구는 자기 자신이 명패가 되어 달이란 물건을 달고 있다. 그렇다면 북극성을 중심으로 한 우주는 명패의 명패의 명패(북극성), 명패의 명패(태양), 명패(지구)와 같은 3중 질서로 되어 있다.

선기옥형은 북극성을 명패로 한 한계 내에서 우주를 관찰하기 위하여 제작된 것이다. 그러면 이러한 3중 구조 속에는 그 구조를 지배하는 논리가 있는 것인가? 있다. 그것이 바로 대각선 논법이다. 세로, 가로, 배열, 대각선, 반대각선, 반가치화란 요소들을 적용해 보면 우주를 지배하는 논리가 무엇인지 그 정체를 알 수 있다. 우주의 축소판으로서의 기제장치인 선기옥형을 통해 우주를 지배하는 논리적 구조를 고찰해 내기로 한다.

그 방법론으로는 선기옥형 안의 회전 바퀴들의 비틈의 구조를 통해 위상학적 논리를 파악하는 것이다. 다시 말해서 '비틈의 비틈'은 '비틈과 안비틈'이란 사영평면적 구조와 '비틈의 안비틈'은 안비틈이란 클라인병의 구조를 파악하는 것이다. 다음은 동일한 방법으로 선기옥형을 통해 밝혀진 우주의 운행도수를 알아보는 것이다. 운행도수 속에 들어 있는 초과분, 즉 윤일과 윤월이 생기는 이유를 대각선 논법의 연속체 가설의 문제와 연관을 시키는 것이다. 그 결과로 마야력과 선기옥형간의 일치점을 발견하게 된다.

선기옥형[2] 구조 속의 대각선 논법 6대 구성소

위에서 태양계 안에서 행성들의 운행 구조를 언급해 둔 이유는 아래 선기옥형의 그것과 비교하기 위해서이다. 명패가 태양에서 북극성으로 변한 점에 유의해야 한다. 그리고 문제의 중심에 파스토르의 기계장치 논리가 있다. 이는 가시적으로 태양계와 선기옥형의 비교 관계를 설명하는 데 도움이 된다.

선기옥형은 천지인 3재에 그 철학적 근거를 두고 있다. 즉, 하늘의 중심은 천중, 땅의 중심은 지중, 그리고 선기옥형을 통해 우주를 관찰하는 인간이 인중이다. 이 삼자를 서로 일대일로 대응시키는 것이 선기옥형이다. 여기서 중심은 사람인 인중이다. 철저한 '사람중심'의 철학, 즉 홍익인간 정신이 선기옥형 속에 깃들여 있다. 인중은 선기옥형 자체이고 인중은 중극상과 중극하로 나뉜다. 중극상은 천중을 향하고, 중극하는 지중을 향한다. 이에 대한 설명은 아래에서 다시 하기로 한다.

지구의 언덕 위에 선기옥형을 올려 놓고 중극상을 통해서는 북극성을 바라보고 중극하를 통해서는 지구를 관찰한다. 지구(지중)에는 두 개의 수가 전부가 되어 틀이 된다. 즉, 천간 10과 지지 12가 천중과 일대일로 대응된다. 10과 12의 비례는 5:6이다. 결국 5:6으로 된 짝짝이 비

---

2) '선기옥형'이란 말이 처음 나오는 곳은 『서경』 제 1편 2장 순전이다. 그런데 『맹자』에 의하면 순은 '동이지인'이라고 하면서 명조라는 곳에서 죽었다고 기록하고 있다. 산동반도 제남의 여산이란 곳이 순왕의 활동 중심지였다.

례로 하늘을 관찰하여 하늘도 이와 같은 비례라는 것을 발견하자는 것이 선기옥형의 궁극적 목표이다. 이는 축구공의 5각과 6각의 비례이고 5장6부 그리고 5운6기 등의 비례이다.

축구공은 5각형과 6각형으로 되어 있다. 5각형과 6각형 가운데 어느 하나를 '바탕ground'이라 보면 다른 것은 '그림figure'이 된다. 5에서 1이 추가 된 것은 멱집합의 원리에 의해 전체 자체가 제 자신의 부분으로 포함되기 때문이다. 이를 '멱집합의 원리'라고 한다. 손가락은 5개이지만 그 사이는 4개이다. 이를 '4분5열'이라 한다. 이와 같이 5와 4, 그리고 6과 5와 같이 비대칭이 되는 이유는 멱집합의 원리 때문이다. 바로 우주의 구조 속에도 이런 원리가 적용된다는 것이다. 이 멱집합의 원리 때문에 태양의 운행 구조에도 360과 365와 같은 비대칭이 생긴다. 그래서 축구공이 5:6인 것은 자연스런 현상이고 만약에 이런 규칙을 무시하면 축구공 자체의 제작이 불가능하듯이 천체에도 이런 규칙이 없으면 천체의 운행 자체가 어렵게 된다. 이러한 5에 대한 초과 6과 10에 대한 초과 12가 발생한 이유는 다름 아닌 대각선 논법의 연속체 가설에서 발생한 초과의 문제와 연관이 된다.

선기옥형을 대각선 논법에 맞추어 설명함으로써 그것의 논리적 그리고 철학적 가치를 재조명할 수 있다. 그리고 세기적 관심사가 되고 있는 마야력법의 논리에 견주어 비교하면 그것의 가치를 보편적이게 할 수도 있을 것이다. '선기옥형'이란 '선기'와 '옥형'이란 두 말의 합성어이다. '선기璇璣'란 대각선 논법 6대 구성요소 가운데 가로와 세로 그리고 그 배열에 해당하는 말이다. 그래서 선기옥형은 하늘의 구조를 가로(위)와 세로(경)로 그리고 대각선으로 만드는 구도를 두고 하는 말이다. '옥형玉衡'이란 이런 구도 속에서 일·월·성신이 어떻게 운행하는지 그

도수를 측정하는 것이다. '형衡'이란 말 그대로 저울을 의미한다. '선기'가 사각형의 가로와 세로라면 '옥'과 '형'은 거기에 해당하는 대각선을 의미한다. 가로와 세로의 기울기가 조절된 것이 대각선이다. 그래서 대각선은 여기서 별들의 운행도수를 측정하는 저울과 같은 역할을 한다. 요약하면 대각선인 옥형으로 선기인 가로와 세로의 도수를 재어보는 것이 선기옥형의 기능이다. 이를 도표로 표시하면 다음과 같다.(안기석,1992, 230)

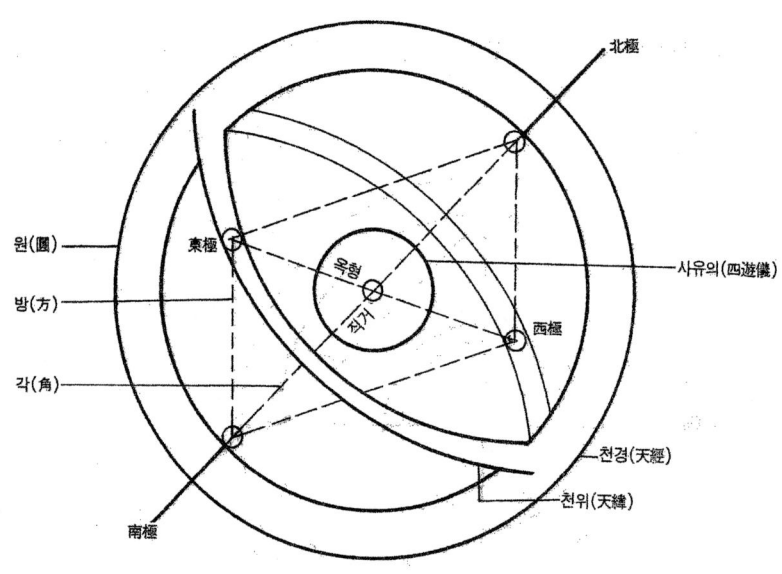

(도판66) 원방각과 선기옥형(안기석,1992, 230)

현금의 지구에는 북극과 남극만 있지만 선기옥형에는 동서남북의 4방에 극이 모두 들어 있다. 이 4방의 극이 사각형을 만들고 이것은 방이고 지평에 해당한다. 천경과 천위에 대하여 지평은 대각선이지만 지평 안에 다시 가로와 세로가 있다. 북극과 남극을 연결하는 것과 동극과 서극을 연결하는 선은 다름 아닌 지평 안에 들어 있는 대각선이다. 남북 대각선을 '직거'라 하고, 동서 대각선을 '옥형'이라고 한다. 직거와 옥형은 방에 대하여 각이다. 천경은 원이다. 이렇게 선기옥형의 전체구 조는 원·방·각이다. 여기서 원방각은 천지인이란 은유적 표현상의 의미가 그 속에 있다.

즉, 위 (도판66)에서 보는 바와 같이 선기옥형 안에는 원·방·각이 모두 들어 있는 사평판 윷판 그대로이다. 이는 대각선의 구성요소 가운데 배열, 가로, 세로, 대각선 그리고 반대각선의 의미가 그 속에 함축돼 있음을 의미한다. 방에서 대각선이 원에서는 지름이다. 방이 원이 되면 대각선은 원의 지름이 되고, 가로와 세로는 원의 둘레가 된다. 선기옥형은 바로 이렇게 원이 방이 되고 방이 원이 되는 관계에서 변하는 도수를 측정하는 것이다. 이를 천체에 적용할 때에 이러한 과정 자체가 운행도수가 결정되는 과정이다. 여기서는 이를 마야력과 비교해 나갈 것이다.

'선기옥형璇璣玉衡'의 또 다른 말은 하늘의 '북두칠성'이다. 북두칠성을 하나의 국자dipper 모양으로 보았을 때에 손잡이 부분과 물을 담는 머리 부분으로 나눌 수 있는데, 전자 즉, 손잡이 부분을 '표杓'라 하고, 후자 즉, 머리 부분을 '괴魁'라 한다. 그리고 다시 표를 '선기'라 하고, 머리 부분을 '옥형'이라고 한다. '옥'이란 북두칠성의 일곱 개 별들이다. '선기'란 이 옥을 '관측한다'는 뜻이고, '형'은 '저울질 한다'는 뜻이다. 선기는 천체를 경과 위로 나누고 그리고 다시 대각선을 만들어 그리는 역할을 한다. 그래서 북두칠성을 이 틀 속에 넣어 관측해서 저울질 하여 측정한다는 뜻이다. 마야인들이 금성을 연구 대상으로 삼았다면 우리에게는 그것이 북두칠성이다. 고대 모든 신들은 저울질 하는 것이 특징이다(1장 참고)(도판3). 선기옥형에도 관측하는 부분과 측정하는 두 부분으로 나뉜다. 이 두 부분을 대각선 논법의 구성소에 대응시켜 아래에서 다룰 것이다.

우리에게 선기옥형은 '혼천의渾天儀'란 이름으로 귀에 익숙하다. 세종 대왕 때에 만든 원형은 없고, 그 이후에 만들어진 것으로는 창경궁 동 제에 남아 있는 것과, 안동의 도산서원에 퇴계의 명으로 목재로 된 선기 옥형이 현존하는 것과, 현종 10년(단기 4002년)에 송이영이 제작한 혼천 의가 고려대학교 박물관에 보관돼 있는 것이 전부이다. 이 책은 안기석 선생이 자비로 제작한 선기옥형의 구조와 그것에 대한 설명을 한 자료 와 문중양교수가 그의 책 『우리역사과학기행』(동아시아, 2006)에서 소개 한 내용에 많이 의존하고 있다. 실로 선기옥형은 한글과 함께 우리 민 족의 우수성을 엿보이게 하는 국보라 아니할 수 없다. 더욱이 마야 문 명이 재조명되면서 우리 민족 고대 천문학의 우수성을 알릴 수 있는 귀 중한 도구가 되기도 한다.

선기옥형은 크게 세 부분으로 이루어져 있다. '육합의六合儀', '삼진의 三辰儀', '사유의四遊儀'가 바로 그것이다. 세 종류의 수들 6, 3, 4들은 모 두 12의 약수들임을 명심해야 한다. 이 셋을 받치고 있는 것이 셋 있는 데, 용주龍柱, 별운鰲雲, 십자수준十字水準이 그것이다. 이를 다시 세분화하 면 다음과 같다.

육합의—천경, 천위, 지평
삼진의—적도단환, 황도단환, 백도단환
사유의—직거, 옥형과 이것들을 포함한 환들

이들 여러 부분들을 선기옥형의 원방각 모형(도판66)에 근거하여 대 조를 해보기로 한다.

육합의 속에 있는 지
평면, 자오선, 적도선을
부호로 확인하면 다음과
같다.

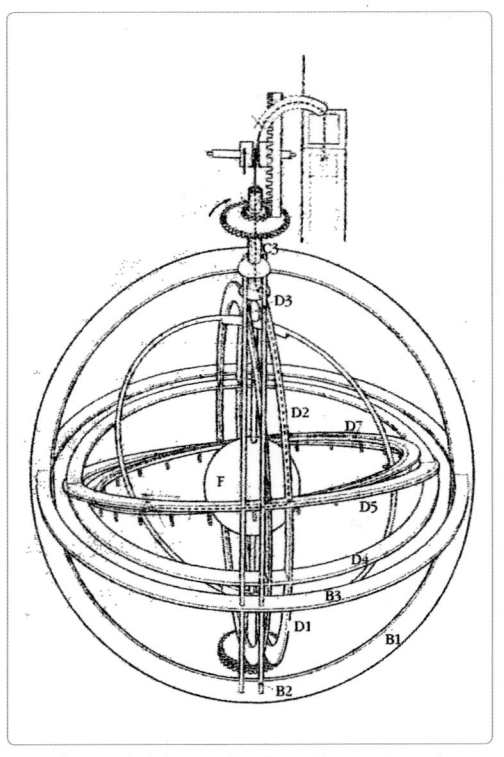

(도판67) 혼천의 복원도(문중양, 2006, 310)

B1   지평면
B2   천경－자오선
B3   천위－적도선

자오선은 '천경天經'이
라 하며 세로줄이다. 적
도선은 '천위天緯'라고
하며 가로줄이다. 이렇
게 선기옥형에는 가로
와 세로의 개념이 분명
하다. 천경에는 24절기의 이름이 적혀 있고, 천위에는 28수 별자리의
이름이 적혀 있다. 지평에는 12지지의 이름이 적혀 있다. 24절기는 1년
에 해당하고, 12지지는 1일에 해당하는 시간 개념이다. 공간 속에서 생
기는 역설을 시간을 통해 해의하고 그 반대일 수도 있는 시공간을 함께
적시한다는 것은 우주 공간 속의 역설 해의와 선기옥형이 밀접한 관계
가 있음을 보여주고 있다.

삼진의는 육합의의 그 안쪽에 있는 세 개의 고리들이다. 이들 고리들
은 해와 달과 별의 운행과 그 궤도를 표시한다. 세 개의 고리를 확인하
면,

삼진의—일·월·성의 운행을 나타내는 쌍환

D4 적도: 별의 운행방향—삼진의에 부착되어 있는 단환으로 천위와 평행이고 천경과 수직이 되며 황도의 중앙선을 나타낸다.

D5 황도: 태양의 운행 궤도—삼진의에 부착되어 있는 단환으로 적도 단환과 23.5도의 경사로 교차하고 있으며, 해의 운행도수를 나타낸다.

D7 백도: 달의 궤도

와 같다. 이와 같이 삼진의는 완전히 일·월·성 삼자의 운행 궤도와 도수를 알리는 것에 국한하고 있다. 삼진의는 톱니바퀴 A2와 연결이 되어 1일 1회 회전운동하는 것을 보여준다. 그래서 삼진의의 회전운동은 천체들의 일주운동을 나타내 보여주자는 것이 주된 목적이다.

여기까지의 설명은 선기옥형이 여타 지역에서 만들어진 해시계와 별로 다를 것이 없어 보이게 한다. 삼진의는 이런 기본 구조이외에 지구, 해, 달의 운행을 자세하게 보여주고 있다. 즉, 황도와 적도란 단순한 원환 고리가 아니라는 사실을 쉽게 보여준다. 황도와 적도에 부착된 장치들이 태양과 달의 공전운동 관계를 그대로 보여주고 있다. 황도환(D5)이 그려내는 태양의 공전운동을 알아보자. 황도환의 외측으로 작은 홈이 돌아가며 파여 있는데 이 홈에 태양을 운반하는 장치(C7)인 보조장치가 달려있다. C7이 기다란 노끈으로 연결되어 있고 이 노끈은 황도의 홈을 따라서 자오선(D2)을 거쳐 축(C3)을 지나 또 하나의 축(H4)에 연결된다. 이 축(H4)이 중력에 의해 C8에 걸려있는 태양을 하루에 1도씩 움직여 운행도수를 만든다.

달의 궤도인 백도환(D7)은 내측으로 하나의 고리가 둘러쳐 있다. 이 고리는 백도환과 분리가 되어 달이 공전운동하는 것을 보여준다. 니덤은 백도환 안쪽에 있는 또 하나의 고리(E1)에 의하여 움직인다고 보았다. 달의 공전 속도는 선기옥형의 축 아래쪽에 있는 톱니바퀴들(C6과 E3)에 의하여 조절된다. 그러면 막상 가장 중요한 지구는 어디에 있는가? 육합의와 삼진의의 안쪽으로 구멍 모양을 한 '지구의'(F)가 정중앙에 자리 잡고 있는데 그것이 지구이다. 선기옥형이 제작될 당시 통념이 지구는 평면인 것으로 믿고 있던 터에 지구를 구로 만든 것은 이해할 수 없다고 문양중교수는 말하고 있다. 그것도 국가에서 제작한 혼천의에서 지구를 구로서 제작한 것은 "일반인들의 상식적인 믿음과는 달리 국가가 공식적으로 지구설을 인정한 셈이 되는 것이다"(문중양, 2006, 318)고 볼 수 있다.

(도판68)은 선기옥형의 내부를 회전 시키는 톱니바퀴의 구조이다. 여기서는 톱니들의 회전 방향에만 관심을 두고 관찰하려고 한다. 궁극적으로는 파스토르의 기계논리와 얼마나 일치하는가만을 여기서 보여주

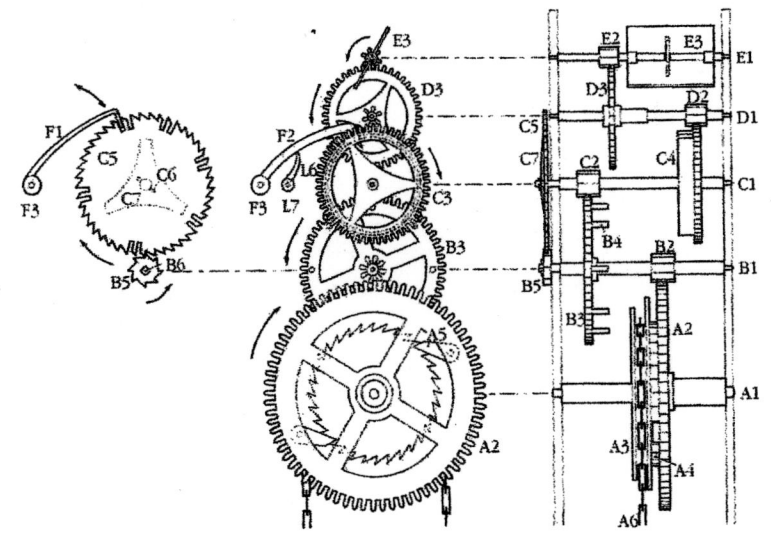

(도판68) 선기옥형 회전 톱니바퀴(문중양, 2006, 310)

려고 한다. 톱니들이 회전하는 궁극적인 목적은 F3에서 시간을 알리는 타종을 하기 위해서이다.

톱니들을 크게 맞물리는 상황에 따라서 둘로 나눌 수 있다. 하나는 A-B이고 다른 하나는 C-D이다. 톱니를 돌리는 동력원은 당연히 A이다. A2의 톱니가 돌기 시작을 하면 B3과 맞물린다. 서로 시계 방향과 비교를 할 때에 서로 회전 방향이 반대이기 때문에 '비틈'이다. 다음은 C3과 D3이 서로 회전 방향이 반대이기 때문에 '비틈'이다. 그렇다면 '비틈의 비틈'이란 연접 구조이다. 그렇다면 '안비틈'이란 결접을 하는 것은 어떤 것인가. 그것이 바로 B3과 C3의 관계이다. B3을 보면 이것이 B5와 연관이 된다. B3은 B5와 회전 방향이 같다. 그래서 '안비틈'이다. B3과 B5는 '안비틈'인데 B5가 C5와 '비틈'으로 연접을 하고 다시 C5는 C3과 안비틈으로 결접을 한다. 이는 파스토르 기계와 완전히 같은 사영평면적 구조이다. 여기서 다른 변수는 모두 제외하고 회전 바퀴들의 회전 방향의 비틈과 안비틈의 관계로만 선기옥형의 내부를 고찰하기로 한다. 파스토르 기계의 파급력은 상상을 초월한다. 위에서 그것이 마야의 천체의 구조와 거짓말쟁이 역설과도 연관이 되는 것을 보았다.

이런 회전 구조를 가진 선기옥형은 북극과 남극을 축으로 삼고 모든 천체들이 천구상에서 회전운동하는 것을 관찰한다. 태양은 황도를, 달은 백도를, 별들은 적도와 평행하게 각각 회전 운행하는 모습을 시각적으로 한 눈에 일목요연하게 보여줄 것이다. 사유의는 남극과 북극을 축으로 하여 1일 1회전하는 쌍환으로서 4계절과 24절기를 나타내고 관찰한다. 직거는 사유의의 직경이며 남북극을 잇는 축이다. 옥형은 성신을 관측하는 빈 통으로서 직거와 교차하면서 움직일 수 있다. 직거와 옥형은 사각형 안의 두 개의 대각선을 이루는 각이다.

용주는 선기옥형을 떠받고 있는 중앙 받침대이다. 별운은 용주 중앙에 있는 받침대이다. 십자수준은 별운을 중심으로 십자형으로 교차한다. 이는 용주의 네 기둥과 수직으로 결합한 상태로 선기옥형 전체를 떠받는 역할을 한다. 십자 가운데에 홈이 파여져 물을 채워서 수평을 가늠하게 한다. 별운 안의 네 기둥과 수직 그리고 십자로형 교차 등은 가로, 세로, 그리고 대각선을 시각적으로 잘 보여준다. 직거는 남북극을 잇는 축이고 옥형은 빈통으로서 직거와 교차하면서 움직인다. 그래서 옥형은 대각선과 같이 상하, 좌우로 움직여가면서 조절하는 역할을 한다. 사유의 속의 구성요소들은 선기옥형의 하드 측면에 해당한다. 이에 대하여 삼진의와 육합의 속의 구성소들은 소프트 측면으로 보았을 때에 이는 대각선 논법의 구성소들을 그대로 반영한다. 삼진의와 육합의 속의 구성요소들(천경, 천위, 적도, 황도 등)은 천체 구조 속의 구성요소들이라고 할 수 있다. 이들의 운행하는 도수는 그대로 천체의 그것과 같다.

이렇게 대각선 논법의 제 구성요소들을 선기옥형과 일대일로 대응을 시켜 놓았을 때에 문제는 대각선 정리에서 발생하는 연속체 가설과 역설을 어떻게 설명할 것인가가 문제의 관건이라 아니할 수 없다. 이를 위해서는 선기옥형의 논리적 구조를 위상학적으로 관철하는 것이 필수적이다. 선기옥형은 천체와 동종이다. 이 말은 그 구조가 같아야 천체를 바로 관찰할 수 있다는 말이다. 같은 것이어야 같은 것을 바로 관찰할 수 있다. 일종의 동종요법이다. 니덤이 선기옥형은 지금까지 인간이 만든 천문 관측기구 가운데 타의 추종을 불허한다고 했다. 이를 유네스코에 등록하려 했으나 국가적 무관심으로 무산되고 말았다고 하니 안타깝다 아니할 수 없다.

해달별의 위상학적 고찰

육합의 속의 천경, 천위, 그리고 지평의 모양과 기능은 다음과 같다. 천경과 천위는 천구의 경과 위이다. 즉, 천경은 경도를 표시하는 두 개의 환으로서 24절기가 표시돼 있다. 천위는 단 한 개의 환으로서 여기에는 28별자리 즉, 28수가 표시돼 있다. 그래서 천경은 시간 개념을 천위는 공간 개념을 표시한다. 그리고 지평은 천경과 수직으로 연결된 하나의 환으로서 10천간과 12지지가 표시돼 있다. 이렇게 육합의 속에는 동양의 주요한 시간과 공간 개념이 다 들어 있다.

삼진의는 육합의가 지나가는 경로와 같다. 기차에 대한 철도와도 같다. 일·월·성신의 운행을 나타내는 두 개의 환으로 되어있다. 적도와 황도가 그것이다. 적도는 천위와 평행을 만들면서 천경과는 수직을 이루는 황도의 중앙선과 같다. 황도는 적도와 23.5도 경사를 만들어 서로 교차하면서 해의 운행도수를 나타낸다.

천체의 별자리를 '점占'이라고 하는 이유는 이 말의 유래가 원래 별자리의 정확한 자리 위치를 지적하는 말로 사용되었기 때문이다. '점성술'이란 말이 여기서 유래한다. 선기옥형의 기본 철학과 논리는 서양의 그것과는 판이하게 다르다. 서양의 우주관은 아리스토텔레스의 가무한 개념에 기초해 있다. 즉, 우주는 무한하고 그 무한은 단 한 개뿐이라는 우주관에 근거한다. 그러나 선기옥형에는 전형적인 실무한 개념에 입각한 우주관이 그 속에 들어 있다. 다시 말해서 우주는 끝이 있고 무한은 유한한 우주 속에 닫혀져 있는 '닫혀진 무한bounded infinite'이다. 다시 말해서 유한한 실무한으로서의 우주이다. 육합의의 천위를 설명하는 말 가운데 '하늘은 일정하여 움직이지 않는다(天常不動)'라는 말에 그 근거를 두고 있다.

'천상부동'이란 말의 해석은 이러하다. 태양은 태양계 안의 모든 별들을 거느리면서 태양계 자체의 축이자 중심인 북극성의 주위를 자전하면서 공전한다. 그러나 이러한 닫힌 무한으로서 실무한인 우주가 은하계 안에는 수억 개가 있다. 태양은 실무한 같이 닫힌 계 안에서 부동이다. 북극성을 중심으로 한 실무한적 우주 속에서 북두칠성 주위를 회전하는 방향은 아래 설명과 같고 이것을 모형화한 것이 윷판이다. '천상부동'이란 말의 의미도 태양은 그 구조가 논리적으로 '비틈의 비틈'이기 때문에 '안비틈'이란 뜻이다. 이러한 안비틈 때문에 태양 자체는 태양 안에서 부동인 것처럼 보인다. 북두칠성의 4번째 별을 '문곡성文曲星'이라고 한다. 이 별은 국자 자루와 머리 부분을 나누는 분기점에 위치한다. 문곡성은 지구의 또 다른 회전축을 결정하는 데 주요한 역할을 한다.

　실무한으로서의 천구 속에서 마야 구성소들을 찾아보면 다음과 같다. ≪서전書傳≫ '윤월정시성세도閏月定時成歲圖'에 의하면 "대개 하늘의 수는 9에서 끝나고 땅의 수는 10에서 끝난다. 이 두수는 하늘과 땅의 수로서 더하면 19가 되고, 이것이 쌓여 81이 된다. 나머지가 다하여 다시 시작한다. 이와 같이 하여 사시, 춘하추동이 정해진다"고 했다. 사시 춘하추동은 실무한적 우주 속에서 시작하는 것과 끝나는 것이 있다는 뜻이다.

　동양에서는 우주가 실무한이라는 것을 알았기 때문에 우주의 중심과 중심축도 변한다고 판단한다. 이러한 현상을 두고 '천문도수天文度數'가 바뀐다고 했다. 천문도수에 따라서 땅에서는 지역도 조금씩 바뀐다고 보았다. 지구의 자전축이 23.5도 기울어져 도는 것과 같은 것이 다름 아닌 천문도수에 해당한다. 천문도수를 마야에서는 '우주적 정열galactic alignment'이라고 했다. 이러한 자전축의 변화를 '세차운동歲次運動'이라 하며 세차운동에 의하여 우주는 2만6천 년마다 한 주기가 변한다. 이렇게 세차가 바뀔 때마다 지구의 자전축이 향하는 방향에 있는 별이 다름 아닌 북극성이다. 그래서 북극성에 해당하는 별도 2만 6천 년마다 바뀐다. 1만 3천년 후에는 자전축이 반대 방향으로 바뀐다.

세차운동을 좌우하는 것이 바로 마야 구성수이다. 여기서 주요시 되는 마야 구성소 18(혹은 19)이 바로 선기옥형의 기본수이고, 사평판의 반원에 해당하는 수이다. 바둑판의 가로와 세로가 각각 19인 것을 상기하자. 선기옥형에 의하면 실무한 전체수는 19이다. 이를 실물로 보여주는 것이 바둑판이다. 이는 선기옥형의 전체 구조를 한 눈에 보여주는 것이기도 하다. 이러한 전반적인 검토와 함께 선기옥형을 지구위에 올려놓고 이제 머리 위의 하늘인 천구를 관찰한다고 할 때에 선기옥형의 '직거'라는 것이 향하는 방향이 다름아닌 천중天中인 북극성이다. 천중이 있으며 지중이 있고, 지중의 정북을 '중극상中極上' 그리고 정남을 '중극하中極下'라고 한다.

(도판 69)에서 선기옥형 부분만을 떼어내어 그것을 북극성과 북두칠성에 연관시켜 보기로 한다. 이것은 지구 위에서 선기옥형을 들여다 보면서 천체를 관찰하기 시작했다는 것을 의미한다. 우선 선기옥형의 직거는 정북의 북극성으로 향하면서 선기옥형 자체의 수

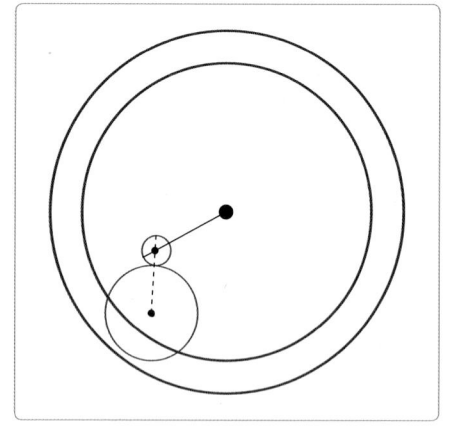

(도판 69) 천중과 지중 그리고 중극
(안기석, 1992, 240)

평축과는 36도 각도를 만든다. 실로 갈릴레오의 망원경과 선기옥형이 근본적으로 다른 점은 전자가 우주를 객관화하여 그것을 관찰하는 것이라면 후자는 천중과 지중을 결부시키는 것으로서 그 가운에 인간이 있다는 천지인 합일 사상에 그 근거를 두고 있다.

다시 말해서 지상의 관찰자와 천상의 관찰 대상이 하나임을 보여준다. 관찰자도 관찰 대상에 포함시켜야 하는 이유는 변하는 관찰 대상을 관찰할 때에 관찰 주체도 함께 따라서 변하기 때문이다. 이것이 천중과 지중을 일치시키는 이유이다. 서양 과학이 관찰 대상이 관찰 주관에서 분리될 수 없다는 사실을 알게 된 것은 20세기 양자역학 연구를 통해서 이다. 관찰자와 관찰 대상의 분리될 수 없음에서 불확정성 이론이 생긴다.

4.3 육합의와 마야수

육합의 안에는 천경과 지평이 들어 있다. 천경은 대각선 논법의 세로이고 천위는 가로이다. 그러면 지평은 대각선과 같다. 이렇게 선기옥형은 배열법에 있어서 대각선 논법의 제 요소들을 갖추고 있다. 다음 차례는 반가치화와 반대각선화란 요소들을 선기옥형이 어떻게 처리하고 있는가를 차례대로 알아 볼 차례이다. 먼저 육합의 속에 있는 천경과 지평에 대하여 고찰하기로 한다.

천경과 지평에 관하여

육합의는 동서남북 그리고 상하의 배열 관계를 나타내는 천구이다. 천구에는 명패인 태양과 명패의 명패에 해당하는 북극성이 있다. 북극성은 천구 안에 있는 메타의 메타에 해당하는 명패이다. 북극성을 두고 '천중天中'이라 한다. '지평'이란 천중과 지중의 가운데 있는 인중(선기옥형)에서 중극상과 중극하가 서로 직각을 이루는 것을 두고 하는 말이다. 지평은 동시에 지구의 자오선으로서 원의 지름이다. 사각형 안에서는 대각선에 해당한다. 지평과 북극성이 이루는 각도는 36도이며 이를 두고 '출지出地'라고 하고, 그 반대쪽에서 36도를 이루는 각도는 '입지入地'라고 한다. 이는 원의 중심각을 두고 하는 말이다. 지구는 북극성을 축으로 하여 자전을 한다. 그런데 지구가 공전을 하는 축은 북두칠성 4번째의 별인 문곡성이다. 그래서 지평과 문곡성이 이루는 각은 59.5도이다. 그러면 북극성과 문곡성이 이루는 각은 23.5(59.5-36=23.5)도이다.

천경은 천구의 경도를 표시하는 두 개의 환으로서 24절기를 표시한다. 문곡성은 설령 북두칠성 가운데 있는 것 가운데 하나이기는 하지만 이 별은 북극성에서 태어난 별이 아니고 자오선상의 '子'의 방향의 연장점에서 생성돼 나온 별이다. 그래서 특히 이를 두고 지구의 지평에서 바라보는 중심별이라고 하여 '이망성신以望星辰'이라고 한다. 그래서 중극하와 남극의 중앙에서 바로 바라보이는 별이 문곡성이다.

자오 지평선이 북극인 북극성과 만드는 각도와 남극이 만드는 각은 모두 36도이다. 특히 전자를 '출지出地'라 하고, 후자를 '입지入地'라고 한다. 지평과 문곡성이 만드는 각은 36+23.5=59.5도이다. 이제부터 36도가 만드는 각도를 기준으로 삼으면 원 전체의 각도는 36×10=360도가 된다. 여기서 10은 천간 10을 의미한다. 앞으로 천간 10과 지지 12수가 결합하는 관계가 선기옥형의 대미를 장식한다. 그러나 이 두 수 안에는 대각선 논법의 제 요소들이 들어가 작용을 한다.(안기석, 1992, 243)

360도에다 전체를 의미하는 수 1을 더하면 361이 된다. 그래서 지평과 중극상하가 만드는 각도는 91도가 된다. 91도에서 출지 각도 36도를 감하면 55도가 된다. 다시 55도를 천간 10으로 나누면 5.5도가 된다. 5.5도를 지지 12와 곱하면 66이 된다. 이러한 셈법을 왜 하여야 하는가에 대한 이유를 다음에서 해 나가기로 한다. 여기서 대각선화와 반대각선화의 문제가 제기되기 때문이다. 천간10이 명패라면 지지12는 물건이다. 그런데 여기서 10과 12가 곱하기와 나누기를 반복한다는 것은 다름 아닌 두 수가 서로 사상을 한다는 것을 의미하고 이는 대각선화 과정임을 의미한다.

'천부天符'란 하늘의 이치를 땅의 그것과 부합시킨다는 뜻이다. 이제 천중(북극성)이 땅의 지평과 부합하는지 아니면 안 하는지를 관찰하여야 한다. 북극성은 명패의 명패란 사실을 명심해야 한다. 선기옥형의 제작 동기가, 하늘과 땅을 분리해 보지 않고 그것을 하나로 보려는 우리들의

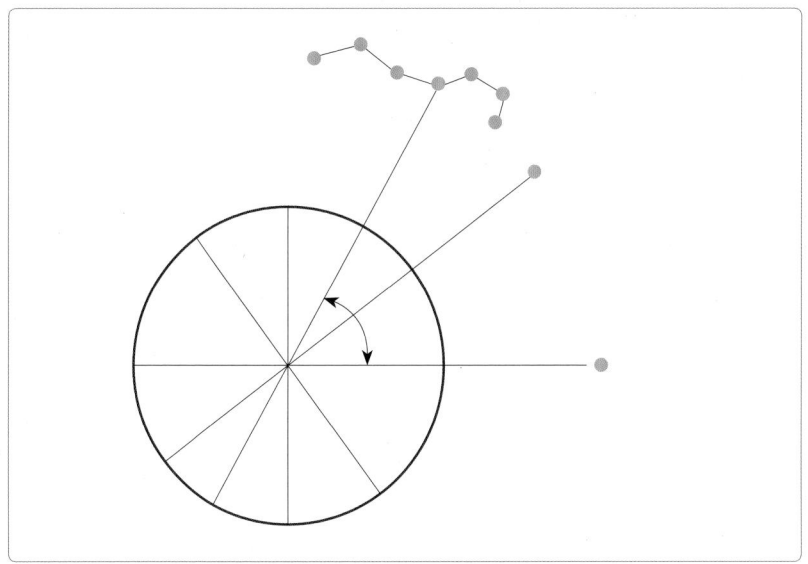

(도판70) 천경과 북극성의 관계(안기석, 1992, 243)

정신세계를 한 눈에 보여준다.

10천간12지지와 대각선 논법

지평은 10천간과 12지지가 서로 사상이 되어 북극성과의 관계 각도를 조절한다. 다시 말해서 대각선과 같이 좌우로 움직이면서 가로와 세로의 관계를 조절한다. 아래 (도판71)은 10천간과 12지지의 구조와 각도를 그대로 보여준다.(같은책, 244-5) (도판71)의 (a)에서는 천간 10수를 대각선화시켜 배열하였다.

10개의 천간 가운데 무·기만은 중앙에 배열하여 대각선을 만든다. 대각선은 10천간 가운데서도 중앙의 5·6이며 이는 명패 혹은 전체에 해당하기 때문이다. 이렇게 명패와 물건으로 나누어 배열하는 한 거기서 역설과 초과분은 불가피하게 발생한다. 어떻게 초과분이 발생하는가를 보자.

(도판71)의 (a)에서는 천간 10수를 대각선화시켜 배열했다. 10천간 가운데 무·기를 중앙 1흑점으로 처리하고 나머지 8간을 8각형으로 원주

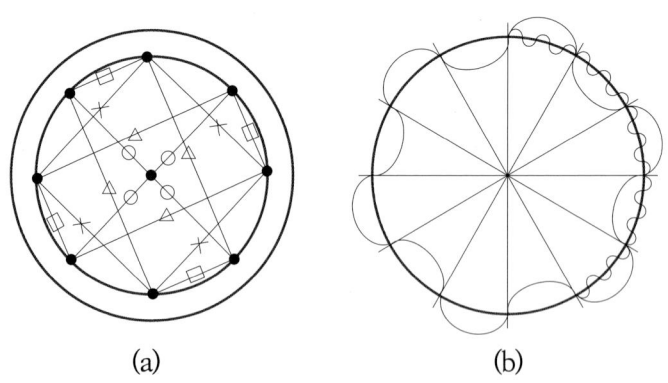

(a)　　　　　　　　(b)

(도판71) 10천간과 12지지의 초과분 관계(안기석, 1992, 244-5)

위에 배열하였다. 사각형의 밖에는 동서남북의 4방위가 있는 원이 있다. 그 4방위 각각에는 갑-북, 경-남, 병-동, 임-서가 대응돼 있다. 그리고 10천간에는 또 목·화·토·금·수의 오행이 일대일 대응돼 있다. 방위에서 중앙은 무기이고 오행에서 중앙은 토이다. 그래서 토와 무·기는 동일시 된다. 여기서 가장 주요한 것은 왜 무·기를 중앙에 구별해 배열해야 하느냐이다.

그 이유를 알기 위해서는 (a) 안에서 8간의 대칭 구조를 살펴보아야 한다. 다시 말해서 하나의 4각형을 그 안에 만들어 보라는 것이다. 만드는 방법은 8간 가운데 어느 하나를 선택하여 그것과 가장 가까이 있는 점들과 연결한 다음, 90도 각도로 꺾어 나가 사각형을 만드는 것이다. 그런데 한 번 간 곳에 두 번 다시 반복해 가서는 안 된다. 이제 갑에서 시작하여 만들 수 있는 첫 번째는 갑과 계가 연결하여 만드는 '갑계경정'이고, 두 번째 사각형은 갑과 임이 연결하여 만드는 '갑임경병'이고, 세 번째 사각형은 갑과 신이 연결하여 만드는 '갑신경을'이다. 그런데 4번째는 사각형을 만들 수 없다. 원안에서 직각으로 꺾을 수 없기 때문이다. 만들자면 원의 밖으로 나가야 한다. 그리고 다른 것과는 달리 네 번째의 것, 즉 갑과 경은 원의 지름 그 자체이다.

네 번째 이전의 선들은 모두 원의 지름보다는 작았다. 그래서 원 안에 사각형이 만들어질 수가 있었다. 그러나 갑-경만은 원의 지름 자체이기 때문에 원 안에 들어 갈 수 있는 사각형이 없다. 그래서 만약에 밖으로 나가지 않으면 네 번째 선은 자기 자신과 언급을 하게 된다. 재귀을 해야 한다. 이때에 8개의 점들이 모두 자기 언급을 하여 만든 것이 다름아닌 중앙의 흑점이며 이것이 무·기(10토)이다. 네 번째 지름이 사각형을 만들기 위해 밖으로 나가면 그것이 (도판71) (a)의 밖에 있는 원이고 이것이 바로 동서남북의 4우四隅이다. 그래서 '8간4우'라고 한다. 4우를 연결하면 정사각형의 원이 만들어질 것이다. 이것이 사각형의 '동서남북'이라 할 수 있다.

이어서 갑이 다섯 번째 정과 만나서 사각형을 만든다고 하면, 그것은 이미 첫 번째 계와 만든 사각형과 동일한 것이다. 여섯 번째 병과 만나 사각형을 만든다고 하면 그것은 그것 자신과 이미 갑과 임이 만나서 만든 정사각형과 같은 것이다. 이어서 일곱 번째 을과 만나 사각형을 만든다고 하면 그것은 사각형 '갑을경신'이다. 이것 역시 세 번째의 것과 동일한 것이다. 이렇게 8간들(점)로 사각형을 만들어 나갈 때에 ①정상적으로 만들 수 있는 경우, ②만들 수 없으나 특례로 만들 수 있는 경우, ③반복되는 경우 등으로 나뉜다. 이렇게 세 가지의 다른 경우가 모두 관심의 대상이 된다.

갑을 북이라고 할 때에 남, 동, 서의 네 곳을 4우라고 한다. 4우에서는 사각형을 만들지 못한다. 그 이유는 지름을 한 변으로 하는 사각형을 원 안에서는 발견할 수 없기 때문이다. 8간이 사각형의 가로와 세로라면 4우는 대각선에 해당한다. 대각선에 해당하는 변으로 만들어진 사각형은 원 안에 없고 원의 밖에 있다. 4우를 만드는 지름은 원 안의 중앙에서 서로 만난다. 8개의 점들이 자기 자신과 4번째 되는 점과 만나 지름을 만든다. 사각형을 원 안에서는 만들 수 없지만 원의 밖으로 나가서 만든다. 지름은 중앙의 한 곳에 다 모인다. 그 모인 점이 바로 '무·기'이다. 두 번째 선과 여섯 번째 선은 정사각형을 만드는데 이 정사각형의 모서리가 4우에 해당한다.

그러면 8간의 밖으로 나간 4우가 만드는 사각형은 무엇인가. 그것이 바로 다름 아닌 12지지이다. 8간과 4우가 합한 새로운 가로와 세로가 추가 된 것이 12지지이다. 지름, 즉 대각선이 원의 밖으로 나가 새로운 세로와 가로가 된다. 이 4우와 8간은 새로운 이름을 갖게 되며 그것이 다름 아닌 12지지이다. 작은 원의 지름이 가로와 세로가 되어 만드는 새로운 사각형은 반드시 작은 원의 밖에 있어야 하며 정사각형이다. 그래서 원 밖의 큰 사각형의 4변과 8간의 8변이 합하여 12가 되며 이를 '12지지'라고 한다. 그래서 12지지는 10천간의 연장선상에 있다. 이는 완벽한 대각선화와 반대각선화를 그대로 두고 한 말이라 할 수 있다. 4우는 중앙의 1점인 무기이다. 그래서 무기를 제외한 8과 4를 더하여 12를 만든다. 4도 8도 모두 사각형의 가로와 세로이기 때문에 동등한 차원에서의 더하기를 한 것이다. 무·기가 바로 그러한 5의 역할을 하는 명패이다. 그런데 다시 5가 4우와 1중앙으로 나뉜다. 이는 앞으로 천간지지를 함께 말할 때에 중앙 '무기'의 문제는 가장 큰 문제임을 암시한다. 이러한 무·기가 재륵과 몃집합의 원리를 만들고 동시에 력曆에서는 윤달과 윤일을 만드는 원인이 된다.

연속체 가설의 문제와 육합의

칸토어가 대각선 논법에서 연속체 가설의 문제에 직면한 가장 큰 이유는 대각선을 반대각선화하고 다시 그것을 반가치화했을 때에 초과분이 생겨났기 때문이다. 가로나 세로가 대각선이 되면 과대가 되고 대각선이 가로나 세로가 되면 과소이다. 초과분을 만드는 것이 바로 무·기이다. 명패이면서 동시에 물건이기 때문이다. 즉, 1인2역을 하기 때문이다. 5가 1과 4로 나눠질 때에 1은 명패이고 4는 물건이다. 원 안의 정사각형과 밖의 정사각형이 작은 무한과 큰 무한으로 나뉠 때에 양자 사이의 연속과 불연속의 문제가 최대의 관심사가 된다. 다시 말해서 12와

10의 중간의 문제와 양자 사이의 연속과 비연속의 문제가 여기서 거론해야 할 최대 과제이다. 이 양자사이에서 윤달의 문제가 생기기 때문이다.

우주 공간에서 일월성신과 12개월이 생기는 원인이 사실상 10과 12 사이의 초과분 때문이다. 이 초과분이 없으면 사시의 변화와 우주의 운행 자체가 불가능해진다. 여기서 문제의 핵은 북극성과 중극상 사이의 각도 55도이다. 이를 '거극도수去極度數'라고 한다. 이 55도는 91-36=55에서 구해지는 수이다. 91은 지평과 중극상 사이의 각도이다. 90에 추가된 1은 재륵수이다. 36은 지평과 북극성 사이인 출지의 각도이다. 천간 10수와 지지 12수로써 55를 만들어 내는 방법은 아래와 같고, 이를 나누고 곱하기를 하면 초과분의 수 3을 얻게 된다.

거극도수 55를 먼저 천간10으로 나누고(식1), 이렇게 얻어진 수 5.5를 12로 곱한다(식2).

(식1)　55÷10=5.5
(식2)　5.5×12=66

(식1)은 거극도수를 10으로 나눈 것이다. 이는 천간 1에 해당하는 도수가 5.5란 뜻이다. 5.5를 12로 곱한다는 것은 거극도수를 12지지로 보았을 때의 수를 구하기 위해서이다. 그래서 55는 우주 공간의 도수이고, 66은 시간의 도수이다. 다음은 이 두 도수가 천구 전체의 도수인 360도를 기준으로 할 때에 양자 사이에 어떠한 차이가 얼마나 나는가를 볼 차례이다. 그러기 위해 1년을 360도(일)로 기준하였을 때에 이를 (식2)와 등식을 만든다.(식3)

(식3) $5.5 \times 12 = 66 = 360 \div \dfrac{55}{11}$

$360 \div 66 = \dfrac{55}{11}$

$66 \times \dfrac{55}{11} = 360$

(식3') $\underbrace{(\dfrac{55}{11}(5.5 \times 12)}_{\text{1개월 안의 개수}} = \underbrace{\dfrac{55}{11} \times 66 = 360)}_{\text{1년 안의 개수}}$

(식4) $5.5 \times 66 = 363$

$\dfrac{55}{11} \times 66 = 360$

와 같다. (식3)과 (식3')는 동일한 식으로서 1년을 360도로 보았을 때에 5/11도란 단위가 1개월 안에는 5.5개 있고, 1년 안에는 66개 있다는 것을 말해주고 있다. 그런데 만약에 이런 단위를 5/11을 5.5로 바꾸면 3일이란 차이가 생긴다.

(식5) 363-360=3

명패 혹은 함수 역할을 하는 수는 10과 12이고, 변수는 55와 66이다. 360은 임의로 도입한 수이다. 10과 12로 나누기와 곱하기를 하여 5.5와 66을 얻었다((식1)과 (식2)). 임의로 도입한 수 360을 66으로 나누기하여 새로운 수 5/11를 얻었다. 여기서 66을 5.5로 곱하기 하면 363이 되고, $\dfrac{55}{11}$ 로 곱하면 360이 된다.

5.5라는 단위는 천간10을 기준으로 하였을 때이고, $\dfrac{55}{11}$ 는 지지12를 기준으로 했을 때이다. 그 기준에 따라서 3이란 차이가 생겼다(363-

360=3). 5.5와 $\frac{55}{11}$ 란 두 수가 66이란 수와 곱하기할 때의 차이에서 생긴 결과이다. 그리고 66은 360을 $\frac{55}{11}$ 로 나누기한 수인 동시에, 5.5를 12와 곱하기한 수이다. 이와 같이 10과 12를 함수로 한 축으로 수들이 서로 곱하기와 나누기를 순환적으로 한다. 이는 곧 대각선화와 반대각선화의 양상을 보여주는 것이다.[3] 3이 바로 초과분이다.

위의 수식들을 알아보기 쉽게 파스토르의 기계 논리로 대조를 하면 다음과 같다. (도판72)는 위의 (식3)의 복잡한 관계를 알게 쉽게 만든다. 즉, 해 주위를 지구가 공전을 할 때에 지평에서 생기는 천간10과 지지12의 관계를 알기 쉽게 한 눈에 보여준다. 즉, A는 천간10일 때에, B의 외원은 지지12이다. 내원은 거극도수55를 천간10으로 나눈 5.5이다. 여기서 피댓줄이 한 번 감기면 곱하기이고, 반대로 감기면 나누기로 본다. B의 내원과 외원은 서로 같은 방향으로 감기기 때문에 두 수를 곱한 것이 66이다. 66은 피댓줄의 화살표 방향에 따라서 C가 된다. C에서 화살표 방향이 반대가 되어 66과 5.5가 곱하면 363이 된다. 363을 5.5로 나누기 하면 66이 된다. 그런데 C의 내원을 55/11이라 하고 이를 66과 곱하기 하면 360이 된다. 그래서 363-360=3이란 결과를 얻는다. 이 수는 어디에 있는 수인가. 이 3이란 수가 다름 아닌 A안의 내원이다. 그리고 그것은 천간 10수 가운데 있는 무·기에 해당하는 수이다. 만약에 이렇게 생긴 초과분 3이 없다고 할 때에 파스토르 기계는 어떻게 될 것인가. 한마디로 말해서 멈추고 말든지 아니면 파괴되고 말 것이다. 비틈과 안비틈 사이에 연접과 결접이 생기지 못하고 만다. 그러면 사영평면과 클라인병 구조가 형성되지 못해 우주는 정지하거나 대 폭발을 하고 만다.

---

3) 이상의 내용은 안기석 연구, 정재승 엮음. '천부경의 비밀과 백두산족 문화' 242-246쪽의 내용을 대각선 논법으로 풀이한 것이다. 선행 연구에 감사를 드린다.

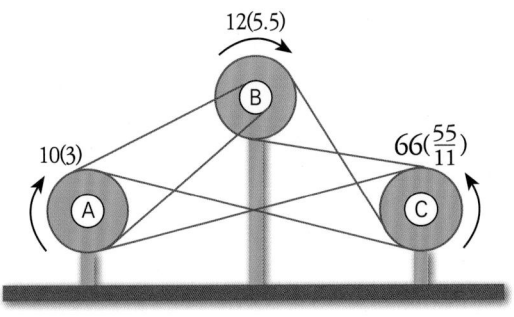

(도판72) 파스토르 기계와 6합의

이런 순환 과정 속에서 360을 볼 때에는 3이 초과하여 363이 되면 과대이고, 3이 감소하면 과소이다. 사시의 변화에서 이 과소분과 과대분 없이는 운행 자체가 불가능해진다. 이런 3을 두고 '세차'라고 한다. 세차는 1년 4계절의 전환과 1년 12달이 생기는 이유이기도 한다. 주역 64괘 가운데 28.대과(≣)와 62.소과(≣)는 이를 두고 하는 말이다.(김상일, 대각선논법과 조선역, 2013. 참고) 10과 12의 비례는 5:6의 비례이고 이는 축구공의 5각형과 6각형의 비례이다. 사시절의 변화 속에도 이런 짝짝이 비례가 함께 있어야 함을 위의 식들과 파스토르 기계논리가 잘 보여주고 있다. 육합의 가운데 천평과 지평의 관계를 지금까지 논하였다. 다음은 삼진의를 논할 차례이다.

4.4 삼진의三辰儀와 마야력

태양계는 천구안에 있는 하나의 집합단위이다. 태양이란 집합 명패 속에 다른 행성들은 부분 물건들로 포함된다. 그리고 지구를 비롯한 몇 개의 행성들은 자기 안에 달과 같은 요소들을 갖는다. 그래서 태양계는 하나의 거대한 집합이다. 이와 같은 구조를 갖는 한 멱집합의 원리 때문에 집합 자신이 부분으로 포함될 수밖에 없고 그래서 결국은 역설과 초과분이 생겨난다. 초과분은 자기 언급 혹은 재귀 때문에 생긴다. 삼진의는 실로 천경과 지평이란 철도 위로 달리는 세 개의 기차와 같다고 할 수 있다. 위에서 본 바와 같은 10과 12의 비례 때문에 생긴 초과분이 여기서도 생긴다. 해·달·별 삼자가 철길 위를 어떻게 달리는가를 볼 차례이다.

해와 달과 지구의 논리적 관계

'삼진의'는 하늘의 해, 달, 별 3자의 운행도수 관계를 관찰하는 도구이다. 보통 사주라고 알려진 년, 월, 일, 시 가운데 년·월은 공전도수이고, 일·시는 자전도수이다. 자전은 지구가 스스로 일회전하는 것을 가리키지만, 공전은 지구와 태양과 28개의 별자리(혹은 28수)가 함께 맞물려 운행하는 과정을 가리킨다. 마야인들이 그린 (도판62-64)은 바로 이러한 천체 안의 구조를 한 눈에 보여준다.

여기서 '도수'라고 할 때에 그것은 서양에서 사용하는 그것과는 판이하게 다르다. 우리가 지금 사용하는 도수대로 하면 하루의 분수는 1,440분이다. 24시간×60분=1,440분에 의해 나온 수치이다. 이러한 계산은 태양을 중심하여 지구가 일회전하는 도수를 기준으로 할 때에 나온 것이다. 그러나 하늘에는 태양, 지구, 달 그리고 별들이 있으며 이를 지구에 대하여 '천구天球'라 한다. 그런데 천구를 운행 도수로 볼 때에 하루는 1,440분(24×60)이라고 할 수는 없다. 그래서 삼진, 즉 해, 달, 별이 함께 맞물려 돌아 갈 때에 공통으로 적용될 수 있는 1일 분수를 얼마로 할 것인가는 관심사라 아니할 수 없다. 지구 중심적 1일 셈법에서 사고 전환을 할 필요가 여기서 생긴다. 달력과 일력에 대하여 별을 중심으로 한 성력星曆의 필요성이 제기되는 대목이다.

바로 해·달·별이란 삼진의에 모두 적용될 수 있는 분수는 1,440분이 아니고 940분이다. 즉, 940분은 해·달·별을 함께 고려했을 때에 나올 수 있는 것이다. 먼저 여기서는 이 940분이 어떤 과정과 배경을 거쳐서 나온 수인지부터 고찰하려 한다. 거대한 천구에서 볼 때에 해와 달과 별이 한 자리에서 출발하여 맞물려 운행하다가 동시에 출발한 지점에 되돌아오는데 얼마나 많은 기간이 걸릴 것인가? 그 기간이 76년이다. 그리고 일수로는 27,759일이다. 그리고 개월 수로는 940개월이다. 다시 말해서 해·달·별의 회귀주년이 940개월이다. 그런데 운행 과정에 반드시 윤달이 끼어들어야 하기 때문에 940개월 속에는 이것까지 포함시켜야 한다. 그래서 천구에서 년행수, 월행수, 일행수는 모두 940을 기준으로 하여 셈한다. 즉,

◎ 태음력의 1개월인 월행수: $27{,}759$일 $\div 940$일 $= 29\dfrac{499}{940}$ 일

　（천구에서 1개월 동안에 걸리는 일수: 약 29일 12시간 4분 3초）

◎ 태음력의 1개월: 약 29일 12시간 4분 3초 $= 29\dfrac{499}{940}$ 일

◎ 태양력의 1년 일행수: $27{,}759$일 $\div 76 = 365\dfrac{19}{76} = 365\dfrac{235}{944} = 365\dfrac{1}{4}$ 일

　（천구에서 1년에 걸리는 일수）

◎ 태음력의 1년: $29\dfrac{499}{940} \times 12 = 354\dfrac{348}{940}$ 일

◎ 태음력의 1년 달수: $354\dfrac{348}{940} \div 29\dfrac{499}{940} = 12$개월

◎ 태음력에 대한 태양력의 비율: $365\dfrac{1}{4} \div 29\dfrac{499}{940} = 12\dfrac{7}{19}$

◎ 태양력의 1개월: $365\dfrac{1}{4} \div 12 = 30.4375 = 30\dfrac{7}{16} = 30\dfrac{630}{1440}$

◎ 1년 동안에 생기는 태양력과 태음력의 차이(윤일):
　$365\dfrac{1}{4}$ 일 $- 354\dfrac{348}{940}$ 일 $= 365\dfrac{235}{940} - 354\dfrac{348}{940} = 10\dfrac{827}{940}$ 일

(도판73) 태음력과 태양력의 차이 셈하기

여기서 윤달 $\frac{7}{19}$ 은 19년에 7번 윤달이 든다는 의미이다. 이는 마야인들이 18개월 다음에 우야엡 5를 넣는 것과 비교가 된다. 여기서 또 하나 필요한 계산은 어떻게 $\frac{7}{19}$ 이라는 계산이 나오느냐이다. 이것에 대한 셈하기가 삼진의가 존재하는 의의 가운데 하나이다. 일단 이에 대한 논의는 뒤로 미루고 940수에 대한 설명을 더하기로 한다. 위의 셈표에서 보는 바와 같이 거의 모든 수 계산의 분모에 940이 들어간다(김성호, 박기성, 1998, 47).

940개월은 해와 달의 연·월·일·시가 완전히 일치하는 기간이며 이를 '천행 1도'라고 한다. 자전과 공전의 공통 분수인 최대공배수에 해당하는 수가 940이라는 것이다. 그래서 태양력도 태음력도 하루의 분수를 940으로 정한 것이다. 그래서 여기서 강조해 말해 둘 점은 940개월에 근거하여 삼진의의 해·달·별 모두에게 하루를 940분(24×60=1,440분에 대하여)으로 임의로 정했다는 것이다. 다시 말해서 940은 매우 편리한 수로서 삼진의 맞물림 운행에 적용할 수 있는 수이다. 태양력에 의하면 1년은 $365\frac{1}{4}$ 일인데, 여기서 분모인 4를 940이라 하면 1은 자연히 235가 될 것이다. 그래서 $365\frac{1}{4}$ 일은 $365\frac{235}{940}$ 로 적을 수 있다. 그리고 태음력의 1년은 $354\frac{499}{940}$ 일로 적을 수 있다. 고로 태양과 태음력에 모두 공통으로 통하는 수가 940이다. 이는 양자가 모두 같이 940을 기본으로 한다는 뜻이다. 태양과 달이 76년 만에 다시 만난다고 하여 이를 두고 '일회一會'라고 한다. 천구와 지구가 1회전하는 최소공배수가 60주기이다. 그래서 1회인 76이 60회 돌면 4,560년이 된다. 이것을 '일통수一統數'라고 한다. 천구가 해와 달을 한 바퀴 다스렸다고 하여 '일통수'라 한다. 19년을 '1장一章'이라 하며 이를 기준으로 셈하는 방법은 다음과 같다.

1장: 19년

1회: 4장 76년=천도1도

1운: 20회 80장 : 1,520년

1통: 3운 60회 240장 : 4,560년

1일원: 2통 6운 120회 480장 : 9,120년

1성원: 3일원 6통 18운 360회 1,440장 : 27,360=천도=360도

1기원: 5성원 15일원 30통 90운 1,800회 7200장 : 136,800년

대기원지년: 360기원 1,800성원 5,400일원 10,800통 : 32,400운

648,000회 2,592,000장 : 49,248,000년

삼진의에서 '1도수'라는 개념은 1일과 같다. 다시 말해서 1도는 곧 1일을 의미한다. 삼진의에 이러한 도수 개념을 적용해 보면 다음과 같다. 먼저 해와 달은 1개이지만 별자리는 모두 28개나 되며 4방에 각각 배열을 할 때에 각 방위마다 7개가 된다. 여기에 중앙의 북극성 1개를 더하면 모두 29개가 된다. 이에 삼진 각각에 도수를 주면 다음과 같다. 이는 윷판에서 재륵을 하여 셈하였을 때와 같은 수이다. 집합과 부분 그리고 요소의 구별이 분명한 멱집합론적 구조이고 이를 명패와 물건의 관계로 볼 때에 대각선 논법의 적용을 예고하고 있다.

1. 해: 일행 1도(940분)

2. 달: 월행 $12\frac{7}{19}$

3. 별: 동방7사: 각, 항, 저, 방, 심, 미, 기 = 75도

　　　북방7사: 두, 우, 여, 허, 위, 실, 벽 = $98\frac{1}{4}$도

　　　서방7사: 규, 루, 위, 묘, 필, 자, 삼 = 80도

　　　남방7사: 정, 귀, 유, 성, 장, 익, 진 = 112도

(도판74) 해·달·별의 도수 관계표

유월과 무월의 문제는 심각한 논리적 문제를 야기 시킨다. 삼진의의 논리적 문제는 위상학적인 데에 있었다. 일통수란 도수를 통해 위상학적 논리성이 개입되는 것을 알게 되었다. 다시 말해서 태양을 중심으로 지구가 자전과 공전을 하고, 지구를 중심으로 달이 또한 자전과 공전을 하는데, 태양의 공전주기는 $365\frac{235}{940}$이고, 달의 공전주기는 $354\frac{348}{940}$이다. 여기서 분수의 분모를 940으로 통일한 것은 삼진의의 취지에 부합하도록 하기 위해서이다. 다시 말해서 해, 달, 별과의 일통수를 만들기 위해서이다.

그런데 태양과 달은 정확하게 일진이 맞아 떨어지지 않는다. 톱니바퀴가 맞물려 돌아간다고 할 때에 서로 안 맞아 떨어진다는 것이다. 여기서 서로 톱니의 이를 서로 맞도록 조절하는 것이 다름 아닌 '윤달'이다. 윤달이란 말 그대로 초과분의 불어난 달이란 뜻이다. 금방 여기서 역설의 문제와 대각선 논쟁의 문제가 나타날 것만 같은 분위기이다. 그 이유는 지구와 달은 명패와 물건의 관계이고, 태양과 지구의 관계 역시 명패와 물건의 관계이기 때문이다. 태양에서 볼 때에 지구는 2차 질서이고 달은 3차 질서이다. 이렇게 태양계는 3대가 한 가족처럼 살고 있다. 보통 일월 혹은 해와 달이라고 하여 이를 양과 음과 같은 부부 관계로 보지만 해와 달은 할아버지와 손녀의 관계이다. 사실 태양계에는 할아버지의 쌍인 할머니란 존재는 없다. 그래서 태양은 자웅동체이다.

여기서 태양에 지구가 없을 때, 지구에 달이 없을 때(무월), 그리고 지구에 달이 있을 때(유월)를 나누어 생각하지 않을 수 없게 된다. 명패와 물건의 관계가 달라지기 때문에 지구가 달에 대해서는 명패이지만, 그러한 명패 자체도 달과 같이 자전과 공전을 한다는 데에 문제가 생긴다.

대각선 논법에서 대각선화와 반대각선화란 다름 아닌 이런 경우를 두고 하는 말이다. 대각선이 다시 가로가 되는 경우를 반대각선화라 한다.

유월과 무월의 문제는 결국 논리적으로 볼 때에 물건수와 명패수의 문제인 것 이상도 이하도 아니다. 물건에 명패가 있고 없을 때, 혹은 명패에 물건이 있고 없을 때라는 대각선 논법의 5대(6대) 요소들과 연관이 되는 문제라는 것이다. 이러한 전제와 함께 마야수 18(19)의 문제가 삼진의와 어떻게 연관이 되는가를 알아보기로 한다.

태양력은 4년마다 한 번 1일씩 윤달을 두고[4], 태음력은 19년에 7번 윤달을 둔다. 태양과 달이 최초의 운행 지점에 다시 되돌아오는 기간을 '일장一章'이라고 한다. 이를 두고 '일장유19년'이라고 한다. 그 계산법은 다음과 같다.

$$\text{태양 } 365\frac{235}{940} \times 19\text{년} = 6{,}939.75\text{일}$$

$$\text{태음 } (354\frac{348}{940} \times 19\text{년}) + (29\frac{499}{940} \times 19\text{년}) = 6{,}939.75\text{일}$$

태음과 태양력이 완전히 같아지는 1장 기간이 19년이란 뜻이다. 그런데 위의 계산에서도 6,939일로 완전히 일진까지 떨어지지 않고 0.75일이 남는다. 문제는 그것까지 맞아 떨어지게 해야 한다는 것이다. 0.75일마저 맞아 떨어져야 해와 달이 일진에서 일치하게 된다. 0.75가 사라지는 것을 두고 '1도 퇴차退次'했다고 한다. 그렇게 되자면 4장이 걸린다. '4장'이란 말은 동서남북 사방을 돌기 때문에 나온 것이다. (도판74)에서 28수에 동서남북 사방으로 7개씩 배열된 것을 보라. 동서남북 사방으

---

4) 서력 연수를 4로 나누어 떨어지는 해 가운데서 100으로 나누어 떨어지는 해를 빼고, 400으로 나누어 떨어지는 해만을 윤년으로 한다.

로 도는 것을 일회一會라 하고, '일장유'에 대하여 이를 '일회유'라고 하고 그 계산은

일회유: 19년=6,939.75일×4=76년=27,759일

와 같다. 이와 같이 해와 달이 한데 물려 천구에서 천행 1도를 도는데 76년(27,759일)이 걸린다고 한다. 일진까지 떨어지는데 소요되는 기간을 월행으로 셈하면 27,759÷29일=940개월=27,759일이 된다. 그런데 여기서 하루를 940분으로 계산하게 된 것이다. 태양을 중심으로 한 지구의 자전도수는 1,440분이지만 비틈과 안비틈, 그리고 비틈과 비틈이라는 논리가 개입될 때에는 하루가 940분이 된다. 위상기하학적 비틈과 안비틈의 조절로 인해 나온 답이 940이다. 그래서 940은 순수한 위상학적 수이다.

명패를 세로, 그리고 물건을 가로라 하고 반대 방향으로 회전하는 것을 '비틈'이라고 할 때에 여기에 위상학적 문제가 개입된다는 것이다. 지구에는 남극과 북극이 있어서 서로 다른 자석이 작용을 한다. 그래서 남극과 북극은 서로 비틈 작용을 하는 뫼비우스 띠이다. 이러한 비틈이 곧 지구로 하여금 북극성을 축으로 자전을 하게 한다. 그런데 태양에는 북극이 여러 개 남극도 여러 개라는 다중극이다. 이를 비틈의 비틈이라고 한다. 이러한 남극과 북극을 '거짓말' 그리고 '참말'이라고 할 때에 하나의 논리적 관계가 성립하고 지구가 자전한다는 것은 거짓말쟁이 역설을 성립시킨다는 말과도 같다.

자력으로 볼 때에 태양은 '비틈의 비틈'으로 사영평면이지만, 지구는 '비틈의 안비틈'으로 클라인병이다. 지구는 태양이 자전하는 방향으로

공전을 하는데 이를 '순행 운동'이라 한다. 태양계 안에서 이러한 순행 운동이 가능한 이유는 태양의 안비틈2이 행성들의 동서극에서 안비틈으로 결접하기 때문이다. 한마디로 말해서 태양은 거짓말쟁이이기 때문에 태양계가 순행을 할 수 있게 된다. 내행성 안의 금성과 외행성 안의 천왕성과 해왕성 같이 기울기와 자전 방향이 예외적인 것도 위에서 본 바와 같이 순행 운동을 하기 위한 필수 조건이다.

태양계의 진화 과정을 통해 볼 때에 태양이 먼저 생겨나고 다음에 지구 그리고 그 다음이 달의 순서이다. 이렇게 발생 과정을 연계해 나갈 때에 우리는 자연히 달에도 달의 달 혹은 '제 2의 달'이 생겨나야 한다는 추리에 이르게 된다. 이것은 순수한 논리적 추리인 것이다. 그러면 자연히 현재의 달은 명패가 될 것이고 제 2의 달은 물건이 될 것이다. 이는 프랙털 현상을 그대로 두고 하는 말이다. 이러한 연계 과정은 수억 년이 걸리는 것일지라도 논리적으로 충분히 추리 가능한 일이다. 현재의 태양계는 계속 진화하고 있다는 말이다. 다시 말해서 논리적인 진화를 계속하고 있다는 것을 의미한다. 논리학에서 풀리지 않는 난제가 무한퇴행이다. 제 2의 달, 제 3의 달,...과 같이 무한히 퇴행해도 거기에는 또 다른 무한이 나타나는 것을 두고 하는 말이다. 그러면 태양계는 논리적으로 무한 퇴행의 오류에 빠져 있는가? 무한 퇴행이란 논리로 볼 때에 미완의 상태인 것이 현재의 태양계이다. 태양계가 이런 무한 퇴행의 역설에서 어떻게 자유로울 수 있겠는가?

이렇게 논리적으로 미완성인 태양계는 운행 주기와 운행 도수에 있어서 문제가 생긴다. 그것은 해, 달, 지구가 서로 맞물려 운행을 할 때에 맞물림이 일정치 않다는 말이다. 맞물림이 일정치 못한 데서 이를 일정하게 만들려고 고안된 것이 다름 아닌 윤달이다. 여기서 $\frac{7}{19}$ 이 갖는 이유는 19년에 7번씩의 윤달이 든다는 의미이다. 해, 달, 지구가 처음 출발했던 자리에 되돌아오는 것을 일통수라고 하며 여기서 주요한 역할을 하는 수가 바로 '19'(혹은 18)이다. 윷판에서는 반원에 해당하는 수이다.

대각선 논법 5대 요소들이란 관점에서 볼 때에 지구와 달의 관계는 명패와 물건의 관계라고 했다. 다시 말해서 지구가 명패라면 달은 물건이다. 그 이유는 지구 주위를 달이 공전을 하고 있기 때문이다. 그래서 지구는 달에 대하여 명패이고 달은 지구에 대하여 물건이다. 달이 지구 주위를 공전하지만 그 반대는 아니기 때문에 지구는 달에 대하여 명패라 하는 것이다. 같은 관계를 해와 지구에 적용할 때에 해 주위를 지구가 공전하기 때문에 해가 명패이고 지구는 물건이다. 그러면 달과 해의 관계는 어떤가? 해를 명패의 명패라고 할 때에 지구는 물건이지만 지구는 달에 대해서는 명패이다. 태양은 그래서 '명패의 명패'이고 달은 지구에 대하여 '명패의 물건'이라 할 수 있다.(The Heavens, 96)

(도판75)는 태양, 달, 지구 삼자 관계의 명패와 물건 관계를 나타내 보여주고 있다. 태양이란 명패에 지구가 물건으로 달려 있고, 지구라는 명패에는 달이 달려 있다. 이렇게 연계해 나갈 때에 달도 명패로서 자기 안에 제 2의 달을 물건으로 달지 못 할 이유가 없다.

달은 지구의 위성이다. 지구를 명패로 한 거기에 달린 물건이다. 그런데 문제는 지구도 달도 자전과 공전을 한다는 데 있다. 여기서 달에는 항성월과 삭망월이란 두 개의 주기가 있게 된다. 달은 하루에 13.18도씩 서에서 동으로 이동하여 27.3일 만에 지구를 한 바퀴 공전과 자전을 하는데 이를 '항성월'(항성주기)이라고 한다. 지구와 달은 모두 태양과는 달리 남북극뿐이다. 그래서 '비틈의 안비틈'이란 연접으로서 '비틈과 비틈'이란 결접이다. 이는 달이 스스로 자전(비틈)을 하면서 동시에 공전

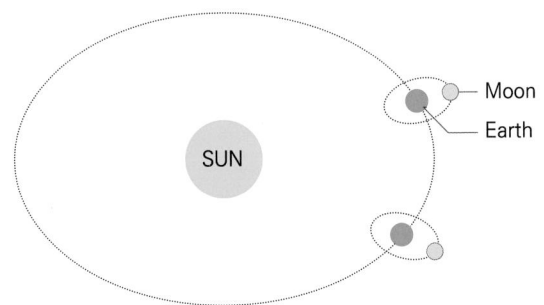

(도판75) 해달지구의 명패와 물건 관계(The Heavens, 96)

(비틈)을 하는 논리이다. 같은 논리가 지구에도 해당이 된다.

그래서 항성월은 달이 지구를 기준으로 하였을 때에, '비틈과 비틈'이란 결접하는 논리를 적용한 것의 한 주기이다. 다시 말해서 항성월이 달의 공전주기인 것은 두말할 필요가 없다. 그런데 달은 자기 모양을 변화시키는 것이 특징이다. 동일한 달이 동일한 자기 모습을 회복하는 주기를 '삭망월'이라 하는데, 이 주기는 29.5일이다. 항성월 27.3보다 2.17(2.2일)도 더 길다. 이 삭망월은 태양을 기준으로 공전주기를 정한 것이다. 그래서 삭망월은 '비틈과 안비틈2'으로 결접을 한다. 다시 말해서 자전하는 달과 자전하지 않고 변하지 않는(안비틈2) 태양과 결접을 한다는 뜻이다. 그래서 항성월 27.3도는 '비틈과 비틈'으로 클라인병이고, 삭망월 29.5도는 '비틈과 안비틈'으로 사영평면이다. 이렇게 항성월과 삭망월이 일치하지 않는 이유는 달이 지구의 둘레를 공전하는 동안에 지구도 태양 주위를 공전하기 때문이다. 지구는 달의 명패인데 달은 물건이기 때문이다. 그리고 지구는 명패 태양에 대해서는 물건이다. 태양은 지구의 명패이고 지구는 달의 명패라는 말이다. 이런 논리적 구조 속에서 역설이 생기고 거기에 따른 초과분이 나타난다. 항성월과 삭망월이 다른 이유는 이런 논리적 이유 때문이다. 삭망월이 항성월보다

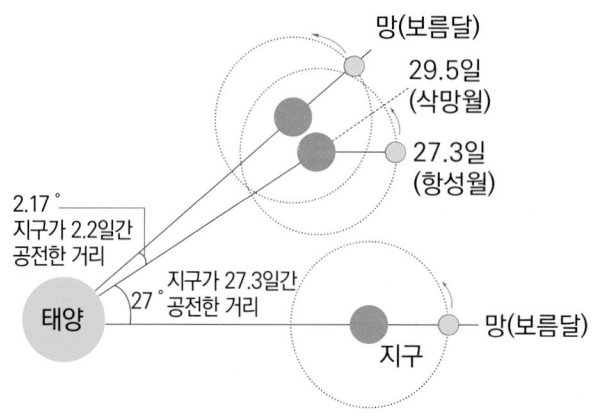

(도판76) 달의 삭망월과 항성월의 관계(김동현, 2008, 45)

2.17일 더 많은 초과분은 완전히 논리적인 문제란 말이다. 그리고 명패와 물건이 서로 사상하는 것이 대각선이고, 이 대각선에서 초과분이 생기는 것도 염두에 두어야 한다. 이 역설을 삼진의는 어떻게 해의하고 있는가? 실로 큰 관심사라 아니할 수 없다.

항성월과 삭망월 사이에는 위의 (도판76)에서 보는 바와 같이 2.2일 (2.17도) 간의 차이가 생긴다. 그 이유는 다름 아닌 위상논리적인 원인 때문이다. 달이 지구의 주위를 '비틈과 비틈'으로 결접 하면서 27.3일 걸려 한 바퀴 돌아 원위치에 도달하는 동안에 지구도 '비틈과 안비틈'이란 결접을 하면서 29.5일 이동을 한다. 달은 2.2일 더 돌아야 다시 우리 앞에 같은 모양의 달로 나타난다. 음력의 주기를 30일과 29일로 둘 수밖에 없는 이유가 여기에 있다. 전자를 큰 달, 후자를 작은 달이라고 한다. '비틈과 비틈'이냐 '비틈과 안비틈'이냐의 논리적 차이가 만들어 내는 결과이다. 초과분의 과대와 과소의 여부에 따라서 이런 결과가 생긴다. 위 천간10과 지지12 사이에서 1년에 3일이란 차이가 생기는 이유를 비교해 보라.

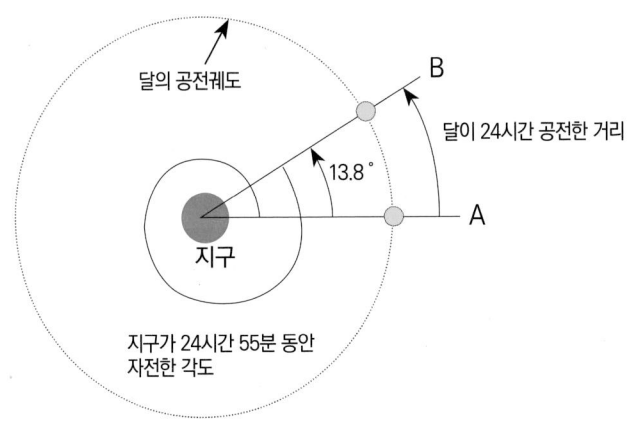

달의 공전궤도

B

달이 24시간 공전한 거리

13.8°

A

지구

지구가 24시간 55분 동안 자전한 각도

(도판77) 지구의 자전과 달의 공전(같은책, 47)

　다시 처음으로 되돌아가 삼진의를 관찰하기로 한다. 달은 지구의 주위를 한 바퀴 일회전하는데 27.3일 걸리기 때문에 달은 하루에 13.18도씩 지구의 둘레를 돈다.(김동현, 2008, 47) 아래 (도판77)의 A지점에서 지구는 자전을, 그리고 달은 공전을 동시에 같이 시작을 했을 때에 24시간(1일) 후에 우리는 같은 달을 보지 못한다. 왜냐하면 달은 A지점에서 13.18도 이동한 B지점에 가 있기 때문이다. 지구가 자전운동을 해 B지점까지 52.7분 걸린다.[5] 이렇게 가는 동안에 달은 또 B에서 이동해 갔기 때문에 달과 지구가 그 전날과 같이 만나자면 54.7분 정도 더 걸린다. 이러한 이유로 달은 하루에 약 54.7분 정도 전날보다 늦게 뜬다. 우리는 왜 달뜨는 시간이 매일 조금씩 늦어지는가의 이유를 알게 되었다. 그 이유는 달과 지구가 '비틈과 비틈'이란 결접의 위상기하학적 논리적 운동을 하기 때문이다. 이 문제를 해결하기 위하여 수학의 미적분학이

---

5) 52.7분을 셈하는 방법은 다음과 같다.
360도 : 24시간=13.18도 : x 고로 x=13.18도×24시간/360도=0.787시간(52.7분에 해당)(김동현, 2008, 48)

발달하게 되었다. 미적분학 없이 천체 운행 도수를 구하기는 어렵다.

그런데 미적분학 이상의 문제는 지구는 명패이고 달은 물건이라는 논리적인 관계에 있다. 그렇다면 지구에 달이 없었을 때를 상정할 수 있다. 지구와 달은 46억 년 전에 거의 동시에 생겼지만 달이 없을 때가 있었던 것이다. 지구에 달이 없었을 때를 충분히 상정할 수 있다. 그렇다면 달이 없었을 때에는 논리적 관계가 달라진다. 다시 말해서 지구와 해만 결접을 한다. 그러나 달이 생긴 다음부터는 지구가 달과는 '비틈과 비틈'을 하고 해와는 '비틈과 안비틈'을 한다. 전자는 클라인병적이고, 후자는 사영평면적이란 위상학적 차이가 생긴 것이다. 이러한 위상학적 차이를 고려하지 않고 도수를 논한다는 것은 무의미하다는 것이다. 그러나 클라인병과 사영평면은 서로 상관관계적이지 배타적이지 않다. 대각선화와 반대각선화의 상관관계 속에 양자는 들어 있다(도판34 참고). 서로 내인적관계이지 외인적이지 않다. 즉, 서로 연접과 결접의 관계가 반대일 뿐이다.

태양계 안에서 이와 같이 위상학적 차원의 문제와 역설의 문제가 해결하기 어려운 난제 거리로 등장하는 것을 보았다. 이와 같이 태양계 안에는 물리적인 공식만 있는 것이 아니라 순수 사고의 문제인 논리적인 문제도 들어 있다. 이러한 위상학적 논리에 근거하여 볼 때에 유월일 때에 지구의 1회 자전으로 인한 태양에 대한 공전도수는 다음과 같다. 즉, 지구 자전의 $365\frac{1}{4}$ 회전은 공전 도수가 $365\frac{1}{4}$도인 것을 의미한다. 그런데 1도=940분이라고 했기 때문에 1년 분도는 $940 \times 365\frac{1}{4}$도 =343,335분이다. '940'을 사용하는 이유는 이 수가 해·달·별에 공통 분수로 사용될 수 있기 때문이다.

여기서 일법이란 해와 달과 별의 삼자가 함께 정렬을 이룰 때에 이를 함께 고려한 하루에 해당하는 것이다. 같은 논리로 한 달에 해당하는 것이면 월법이 될 것이다. 지구의 하루 분수는 1,460분이지만 일법으로는 940분이다. 그러면 달은 지구가 1도 공전할 때에 달은 940분 공전한다. 따라서 달의 1년의 분도는 $940 \times 365\frac{1}{4} = 343,335$분이다. 그리고 월법으로는 $940 \times 29\frac{499}{940} = 27.759$분이다. $\frac{499}{940}$는 분수 자리를 모두 분모 940으로 통일하기 위한 것이다. 그래서 $29\frac{499}{940}$는 삭망주기로서 약 29.5에 해당한다. 아래는《서전書傳》〈윤월정시세여閏月定時歲餘〉조에서 19년에 7번 윤월이 드는 것을 셈하는 방법이다.

태양과 달을 모두 940으로 분모를 통일하여 계산을 한다. 그러면 태양의 세법은 $365\frac{1}{4} = 365\frac{235}{940}$이고, 달의 세법은 $354\frac{348}{940}$이다.

분모가 940으로 통일이 되었기 때문에 태양과 달의 세법의 차이는

$$365\frac{235}{940} - 354\frac{348}{940} = 343,335 - 333,108 = 10,277/940 \text{(세여歲餘)}$$

이렇게 세여을 구하였다. 초과분을 세여라 한 것이다. 즉, 세여란 태양과 달의 운행 도수의 차이를 두고 하는 말이다. 다음으로 월법을 구하면,

$$354\frac{348}{940} \div 12 = 27.759/940$$

이다. 1년에는 10,227분 만큼 그리고 1월에는 27.759분 만큼의 초과분이 생긴다. 실로 세여란 대각선 논법에서 명패인 태양과 물건인 지구가 서로 사상을 하여 대각선을 만들 때에 생기는 초과분을 두고 하는 말이

다. 그리고 태양, 지구, 달의 삼자가 운동을 할 때에 비틈과 안비틈이란 위상학적 구조에서 생기는 초과분이다.

세여에서 생긴 초과분과 월법에서 생긴 초과분이 만드는 최대공배수를 구해 보면 몇 년마다 몇 번의 윤월이 생기는가를 알 수 있다. 최대공배수는 193,313이다.

$$10,227 \times 19 = 194,313$$
$$27,759 \times 7 = 194,313$$

와 같다. 이 말은 19년마다 7번 윤년이 든다는 것을 의미한다.

서양 철학사상 전통에서 명패와 물건의 관계는 불변과 변, 절대와 상대, 전체와 부분의 관계이다. 다시 말해서 명패는 변해서는 안 된다. 그러나 우주의 구조 속에서 이러한 불변하는 것과 절대적인 것은 없어 보인다. 태양도 다른 우주의 물건에 불과하다. 이러한 추리와 함께 우리는 앞으로 제 2의 달이 나타날 것을 상상할 수 있다. 그러면 지금의 달이 명패가 되고 새로 생길 달이 물건이 될 것이다. 즉, 태양, 지구, 달, 제 2의 달은 제 4체가 될 것이다.

위와 같은 세여가 생기는 원인은 현재의 태양, 지구, 달이란 3체 구조 때문이다. 카오스이론에 의하면 2체에서는 질서이던 것이 3체가 되면 카오스가 된다고 한다. 그러면 여기에 파스토르 기계 장치를 가지고 와 생각할 때에 제 2의 달은 큰 원 안의 작은 원 안의 원이 만들어질 것이다. 지금은 3체이지만 앞으로 제 2의 달이 생기면 3+1이 되어 4체가 될 때에는 세차도 달라질 것이다. 여기서는 태양계가 처음 생겨났을 때의 태양과 지구만 있을 때와 달이 생겨났을 경우만을 고찰하였다. 그래서 지금의 태양계 구조에서는 19세7윤을 말할 수밖에 없게 되었다.

삼진의의 28수와 마야수

삼진의의 해와 달에 이어 별을 말할 차례이다. 마야력은 거의가 별에 관한 것이다. 일력, 월력 다음에 성력을 말할 차례이다. 해와 달은 지구와 연관하여 태양계 안에서 위치를 관찰하면 된다. 지구에는 대각선 논법의 5대 요소들 가운데 세로와 가로에 해당하는 천경(경도longitude)과 천위(위도latitude)가 있다. 지평은 방으로서 그 안에 동서남북을 잇는 가로와 세로 그리고 직거와 옥형이란 대각선이 있다.

태양계 밖에는 수 억 만 개의 별들이 있고, 이런 별들이 모여 있는 곳을 두고 '성좌'라고 한다. 이들 별들이 있는 곳을 지구에 대하여 '천구天球'라고 한다. '천구'란 지구를 중심으로 삼을 때에 지구와 동심구同心救를 그린다. 이때에 그 반경은 무한으로 연장이 되며 이를 '무한원'이라고 한다. 이를 두고 지구에 대하여 '천구'라고 한다는 것이다. 결국 천구는 지구의 연장이라고 할 수 있다. 천구에서 별의 위치를 표시하는 두 가지 방법 가운데 하나는 황경과 황위에 의한 '황도좌표'이고, 다른 하나는 적경과 적위에 의한 '적도좌표'이다.

지구와 천구의 두 가지 동심구에서 볼 때에 지구의 적도를 먼 우주 공간으로 투영을 시킨 것을 두고 천구 안의 적도라 한다. 지구의 남북극을 그대로 우주에 투영하면 천구의 남북극이 된다. 지구의 남북극과 혼동을 피하기 위해 '천구의 남극' '천구의 북극'이라고 한다. 어느 항성의 위치를 구하기 위해서 하늘의 적도에서 북극 혹은 남극을 향해(세로로) 측정한 각도를 '적위'라고 한다. 한편 동서로(가로로) 측정하는 것을 두고는 '적경'이라고 한다. 지구상에서는 그리니치 천문대를 중심으로 동경과 서경을 정한다. 이상은 적도좌표에 대하여 말한 것이다.

다른 하나는 '황도좌표'이다. '황도'란 태양이 다니는 길, 즉 태양이 움직이는 궤도이다. 다시 말해서 황도를 따라 춘분점에서 동쪽으로 0도~360도 사이를 측정하여 이를 '황경'이라고 하고, 항도의 대극점에 있는 점을 '황도극'이라고 한다. '황위'란 황도에서 황도극을 향해 측정한 각도를 두고 하는 말이다. 황위는 적위와 같이 +90도와 -90도 사이를 측정한 값이다. 황경 0도와 360도 사이는 적경과 같이 북극을 중심으로 한 항성의 일주운동과 관계가 있는 좌표이다.

황경은 적경과 같이 하늘의 북극을 중심으로 한 항성의 일주운동에 해당하는 좌표가 아니다. 적경과 적위는 하늘의 북극을 중심으로 하여 일주 운동하는 길이지만, 황경과 황위는 오직 태양과 행성들이 황도 주위를 움직이는 것으로서 이는 오직 태양계를 중심으로 한 것이다.(시계루, 1992, 66) 그렇다면 선기옥형은 황경과 황위, 그리고 적경과 적위를 모두 고려해 제작된 기구라 할 수 있다. 선기옥형은 북두칠성의 다른 말이라고 할 때에 선기옥형은 천구와 지구에 모두 관련된 것이라 할 수 있다.(도판66-69 참고)

선기옥형이 제작된 근본적인 이유는 위에서 다룬 세여 혹은 '세차' 현상을 측정하기 위해서이다. 황경·황위 좌표와 적경·적위 좌표라는 두 좌표계를 사용한 이유는 춘분점이 황도 위를 통과할 때에 생기는 차이를 측정하기 위한 것이다. 측정된 세차를 표시하자면 황경과 황위가 필요하게 된다. 측정하는 것을 다시 측정하는 것이 필요하기 때문이다. 이는 미적분학의 단서를 말하고 있다. 그래서 메타의 메타의 메타 관계를 고려해 선기옥형이 제작되었다. 적위는 세차에 의해 차이가 나는데 황경과 황위는 세차의 영향을 받지 않는다. 이렇게 달라지지 않는 황경과 황위를 사용함으로써 달라지는 것을 관측할 수 있게 되었다. 이와 같이 황경과 황위는 태양계 안에서 태양이 지나는 황도와 그 주위를 지나는 행성의 운행을 표시하는 데 적합하다.

삼진의는 두 가지 좌표를 모두 말하고 있다. 삼진의는 별들을 나눌 때에 철저하게 명패와 물건으로 나눈다. 먼저 북극성 1개를 중심으로 7개의 북두칠성이 회전한다. 이때에 북극성은 명패이고 북두칠성은 거기에 달린 물건들이다. 그런데 북두칠성 안에서 다시 명패에 해당하는 별과 물건에 해당하는 별로 나눈다. 다시 말해서 7개의 별들 가운데 네 번째의 별 '문곡성文曲星'은 북두칠성 안에 있는 별이 아니고 지구에서 떨어져 나간 별이라고 본다. 이 말은 나머지 6개의 별들이 3씩 좌우에 나뉘어 문곡성 주위를 돈다고 볼 수 있다.

이를 윷판에서 보면 문곡성은 윷판의 중앙점에 해당하는 별이다. 윷판의 수평축 우측에서 보면 4번째에 있고, 좌측에서 보아도 4번째에 있다. 윷판의 수직축에서 보아도 마찬가지이다. 수직축의 상에서 보아도, 하에서 보아도 4번째에 해당한다. 다시 말해서 북두칠성 안에서도 명패와 물건으로 나뉜다는 것이다. 가운데 문곡성은 명패에, 그리고 다른 것들은 물건에 해당하는 별들이다. 그러면 명패가 둘이다. '명패'와 '명패의 명패'(메타)가 그것이다. 이런 구조는 프랙털 구조인 동시에 역설을 그 속에 필연적으로 담고 있는 구조이다.

삼진의에서 말하는 '28수'란 천구에서 북극성을 중심으로 주행하는 별들의 영역을 28개로 나누어 그것을 $365\frac{1}{4}$에 배분하여 배열한 것을 두고 하는 말이다. 그런데 배열을 할 때에 별들을 명패와 물건으로 나누었다는 점이다. 28수를 4개의 집합 속에 7개의 요소들로 집합시켰는데 이를 '7사七舍'라 한다. 여기서 4개의 집합이란 동·서·남·북의 4방을 의미한다. 그래서 28수=7사×4방과 같다고 할 수 있다. 7개로 집합을 만든 이유는 북두칠성을 본뜨기 위해서이다. 그런데 집합의 명패를 정할 때에 계절에 해당하는 춘하추동과 오행으로 정하고, 다시 그 오행에 해당하는 동물들의 우두머리를 찾아 이름을 정했다. 즉, 각 계절을 대표하는 동물에다 7개의 별들을 집합시켜 동방청룡 7수, 북방현무 7수, 서방백호 7수, 남방주작 7수와 같이 조합한다. 이는 고구려 고분 벽화에 그려져 있는 그것과 같다. 이러한 28수의 배열도를 두고 '사중중성四仲中星'이라고 한다.

이때에 청룡, 백호, 주작, 현무가 4개 큰 집합의 명패라면 각, 규, 정, 두 같은 것들은 그 안에 포함된 별자리를 거느리고 있는 명패 속의 명패들이다. 이렇게 천구 안에 있는 별들은 적경과 적위라는 그물 망 안에서 집합군을 만들어 배열돼 있다는 것이 삼진의의 집합론적 발상이다. 그리고 이렇게 명패와 물건으로 나누는 집합론적 발상은 역설이 그 안에서 배태되지 않을 수 없다는 것과 우주론적 대각선 정리가 불가피해지게 된다는 것을 의미한다. 대각선 정리에 따른 연속체 가설의 문제가 결국 별들의 운행 도수 속에 초과분의 달과 날을 만들어 내는 원인이다. 4계절에 따라서 7성 가운데 중성이 되는 별들이 방위와 시각에 따라 어떻게 변하는가를 한 눈에 잘 보여주고 있다. 이렇게 28수는 시간과 공간을 분리하지 않고 있다. 공간의 동서남북과 시간의 춘하추동을 동시에 표시한다는 점이다. 7개의 집합은 한 개의 별이 아니고, 그 안에 또 작은 집합을 만든다. 동방청룡 7수의 중심 되는 것은 방方, 서방백호 7수의 그것은 묘昴, 남방주작 7수의 그것은 성星, 북방현무 7수의 그것은 허虛이다.

이런 중앙 집합의 좌우에 3개씩의 집합이 있다. 그리고 7수 안 각각의 집합에 속하는 집합도 별들을 거느리고 있으며, 그 작은 집합 안에도 명패와 물건이 되는 별들로 나뉜다. 이때 작은 집합들 안에서 명패가 되는 별을 '수거성宿距星'이라고 한다. 7수 각각에 해당하는 명칭이 곧 그 수의 명패가 된다. 예를 들어서 동방청룡의 각수의 명패는 '각'이고 이는 서양 별자리로는 처녀자리Virgo이다.

　사중중성에서 가장 주요하게 지적해 둘 점은 공간인 중앙에 춘하추동이란 시간 개념이 들어가 있다는 점이다. 이는 공간에서 생긴 역설을 시간에서 해의한다는 의미가 들어 있는 것이라 할 수 있다. 삼진의가 역설적 구조를 가지고 있다는 것은 28수의 명패와 물건의 구조 이외에 28수 전체의 도수인 $365\frac{1}{4}$에서 찾아야 할 것이다. 지구가 공간적으로 회전하는 데는 360도이지만 시간은 $365\frac{1}{4}$도이다. 여기서 세차가 생기는 것을 위에서 보았다. 그래서 사중중성은 역설의 구도를 그려 놓은 것이다. 집합의 집합, 집합 그리고 부분과 요소라는 구조는 역설을 그 안에 포태하고 있다. 이제 이러한 집합론적 구조를 삼진의에서 발견한 다음 우리는 우주 공간 속에서 연속체 가설의 문제와 역설의 문제와 그 해의를 선기옥형에서 찾아 나설 것이다. 다시 말해서 선기옥형은 어떻

7사	28수	도수	오행	계절
동방7사	각, 항, 저, (방), 심, 미, 기	75도	목	춘
북방7사	두, 우, 여, (허), 위, 실, 벽	981/4도	수	동
서방7사	규, 루, 위, (묘), 필, 자, 삼	80도	금	추
남방7사	정, 귀, 유, (성), 장, 익, 진	112도	화	하
요일	목, 금, 토, (일), 월, 화, 수		토	

(도판78) 7사 28수 사중중성도

게 역설을 해의하고 있는가를 볼 것이다. 삼진의 속에 있는 이러한 논리적 난제들을 해의하는 것이 다름 아닌 사유의이다.

28수는 위의 (도판78)에서 보는 바와 같이 4개의 방위에 중심을 두고 중심의 좌우에 3개씩의 별들이 달려 있다. 그리고 7사는 방위각을 가지고 있다. 물론 방위각을 모두 합하면 365.25(혹은 $365\frac{1}{4}$)이다. 문제는 이 방위각에 있다. 마야인들은 0.25($\frac{1}{4}$)를 무시하고 1년을 365일로 한다. 이들의 365일 셈법은 18×20=360+5=365에 의한다. 그러면 여기서 이들은 윤일인 0.25($\frac{1}{4}$)를 어떻게 처리하고 있는가? 이 질문에 답하기 위해서 앞으로 삼진의의 28수가 가지고 있는 방위각이 마야력수와 어떤 연관이 있는지를 고찰할 것이다.

사중중성 구조는 윷판의 구조이다. 중앙에 4계절 춘하추동이 있고 중앙의 동서남북에는 7사의 중성들이 계절마다 방향을 바꾸어 배열되어 있다. 그리고 외곽 원에는 12지지가 배열돼 있다. 4개의 수는 하나의 대표적인 별을 정해 놓고 있는데, 이런 명패격인 수거성을 각 7성은 하나씩 가지고 있으며, 각각 춘분날, 하짓날, 추분날, 동짓날 초저녁에 동쪽 지평선 위로 이 수거성을 필두로 하여 별들이 차례로 떠오른다. 인접한 두 수거성 사이를 이각離角이라고 하고 이를 수도宿度라고 한다. 이각은 각 수마다 다르다. 이 말은 28수가 서로 일정한 간격을 두고 배열돼 있지 않음을 의미한다. 같은 수 안에 속한 다른 별들과 수거성과의 거리를 '입수도入宿度'라고 한다.(강진원, 2009, 187)

인간들이 1년이 365.25일이라는 사실을 어떻게 알았을까? 동짓날 초저녁에 남쪽 하늘의 어느 수거성을 관찰하고 다음날 같은 방법으로 관측을 하면 그 별이 어제보다 조금 서쪽으로 이동했음을 알 수 있다. 이는 천구가 하루에 일주를 하고 1도를 더 돌았기 때문이다. 이렇게 하여 365.25일 만에 작년 동짓날에 관측했던 별을 다시 보게 된다. 이로서 천구의 둘레는 365.25도라는 사실을 알게 되었고 이를 '주천도수周天度數'라고 한다. 이와 같이 천구가 해와 함께 출발하여 하루가 지나면 천구는 해보다 조금 앞서게 되는데 이 차이를 1도라고 정하였다. 해의 운행을 천구에서 말할 때에는 '도度'라 하고, 력에서 말할 때에는 '일日'이라고 한다. 그런 의미에서 도와 일은 그 수에 있어서 같다. 28수는 365.25일(도) 만에 제자리에서 같은 별이 뜬다.

4.5 사유의와 우주적 역설해의

6합의가 철길이라면 3진의는 열차이고 4유의는 열차가 달리는 속도를 측정하는 장치이다. 이들 수들은 모두 천간 12의 약수들이다. 여기서 측정이란 다름 아닌 초과분을 조절하여 시간이 연속적이게 하는 것이다. 6합의의 천경에는 24절기가, 천위에는 28수가, 지평에는 8간4우(10천간)와 12지지가 표시돼 있다. 천경과 천위는 철도의 이정표와 같이 표시돼 있을 뿐이지 이것이 측정하는 도구는 아니다. 철길은 철길일 뿐이다. 대각선 논법의 가로와 세로일 뿐이다. 지금까지는 일월성이 달릴 준비를 끝낸 것이다. 이제 열차에 해당하는 삼진의의 일·월·성이 이 철길 위로 달린다.

사유의는 시간과 공간 개념을 모두 종합한다. 종합하는 방법이란 다름 아닌 60갑자를 사용하는 것이다. 실로 천간10과 지지12에 의하여 조합돼는 60갑자는 우주 공간 속에서 생기는 역설을 해의하는 절묘한 도구이다. 칸토어가 만약에 60간지와 선기옥형을 알았더라면 그렇게 심각한 정신적 고통을 겪지는 않았을 것이다. 그는 역에서 대각선 논법을 배웠을지는 모른다. 그러나 그가 역설해의의 동양적 기법은 몰랐던 것이다. 이제 칸토어의 대각선 논법과 비교를 하면서 선기옥형의 역설해의 법을 알아보기로 한다.

천간지지와 역설해의

6합의에서 지평에 해당하는 천간지지에서 볼 때에 세차가 생기는 이유는 3이라는 초과분 때문이다. 그러면 어떻게 이러한 초과분이 세차를 만들어서 운행을 가능하게 하는가? 삼진의에서는 19세7윤이라 하여 19년마다 7번 윤년이 드는, 즉 세여歲餘가 생기는 것을 보았다. 세차와 세여란 말을 대각선 논법에서 볼 때에 대각선을 반대각선화와 반가치화를 시킬 때에 생긴 초과분이라 할 수 있다. 이 초과분은 명패와 물건이 사상을 할 때에 명패가 물건이 되고 물건이 명패가 되는 자기 언급에서 생기는 결과물이다.

만약에 무한에서 이러한 초과분이 생긴다면 무한보다 더 큰 무한이 있다는 주장이 가능하게 된다. 그러면 큰 무한과 그 보다 작은 무한 사이에 들어 있는 중간 무한이란 것이 있는가 없는가. 두 무한이 서로 연속이 되는가 안 되는가. 이것이 소위 '연속체 가설'의 문제이다. 물론 칸토어는 중간 무한이 없다고 하여 연속을 믿고 죽었다. 그러나 그의 사후에 벌어진 논쟁은 세기와 더불어 이어져 괴델과 코헨 등이 연속과 불연속이 모두 증명가능하다는 선문답 같은 종류의 해답으로 논쟁의 종지부를 찍었다. 그것도 1970년대까지 와서야 말이다.

여기서 검토의 대상은 칸토어의 대각선 증명 그 자체이다. 그는 명패를 세로줄에 물건을 가로줄에 배열하여 무한 사각형 격자를 만들었다. 여기서 생기는 초과분 앞에 당황할 수밖에 없었다.(도판2 참고) 여기서 말하는 초과분이란 세여에 해당하는 것이다. 그런데 위에서 본 바와 같이 선기옥형은 해에서 생기는 19세와 월법에서 생기는 7을 동시에 고려하여 이들 양자의 초과분에 모두 나누어떨어지는 해마다 윤달을 둔다. 이것이 다름 아닌 초과분을 해의하는 방법이다. 결국 초과분은 폐기의 대상이나 기피의 대상이 아니라 조율의 대상인 것이다. 만약에 칸토어가 이 점을 알았더라면 그렇게 연속체 가설의 문제로 고민하지는 않았을 것이다. 그래서 삼진의는 궁극적으로 세차에서 발생하는 세여라는 초과분을 해의하기 위해 만들어진 장치라는 것이다. 아래에서 말할 사유의는 역설 해의의 구체적인 방법론이라 할 수 있다. 칸토어의 문제점은 배열 그 자체에 있었다. 다시 말해서 격자식 배열이 문제였다. 그러나 60갑자 배열법은 이와는 달랐음을 아래서 말할 것이다.

삼진의가 '연속체'의 문제 바로 그것 자체라면, 사유의는 그것을 해의하는 장치다. 6합의의 지평에서 10천간과 12지지, 삼진의에서 24절기와 28수, 5운과 6기, 축구공의 5각형과 6각형의 관계와 같이 왜 이러한 1아니면 2라는 수의 과대와 과소라는 짝짝이의 문제가 생기는 것인가. 그 이유에 대한 답은 대각선 논법에 있다. 명패가 물건이 되는 멱집합의 원리 때문이다. 즉, 전체 집합이 자기 자신의 집합 속에 부분으로 포함되기 때문이다. 자기자신인 집합을 '제집합(자기집합)'이라 할 때에 어느 집합의 부분집합은 반드시 공집합과 제집합을 자신의 부분집합 속에 포함시킨다. 이를 '멱집합의 원리'라 한다. 제집합을 '자기언급' 혹은 '재귀'란 다른 말로 지금까지 사용해 왔다. 이러한 논리적인 문제가 천체의 운행 구조 속에 내재해 있고, 선기옥형을 논리적으로 볼 때에 멱집합의 원리를 응용했다고 할 수 있다.

그러면 60갑자에서는 멱집합의 원리를 어떻게 이해하고 있는 것인

가. 먼저 이를 알기 위해서는 60갑자의 구성 원리부터 파악해야 한다. 60갑자는 10천간과 12지지를 서로 조합해서 만든 것이다. 그 조합되는 모양을 보면 마야 시간의 수레바퀴와 비교가 된다.(도판79) 마야의 것이 13, 18, 20의 세 개인데 천간지지의 그것은 두 개의 바퀴 밖에 없는 것 같지만 사실은 마야와 같이 세 개다. 왜냐하면 천간지지는 음양과 오행에 그 구조적 근거를 두고 있기 때문이다. 5는 윷판의 5방위 수이다.

주역《계사전》에 따라서 음양이 가일배법으로 시생원리를 정할 때에 한 가지 문제가 생긴다. 태극이 음양을, 음양이 사상을, 사상이 팔괘를 낳는다고 할 때에 태극의 위치와 처리가 문제이다. 이때에 태극을 음양과 사상 팔괘에서 분리, 제외 그리고 초월의 방법 가운데 어느 것을 취할 것이냐의 문제이다. 여기서 멱집합의 원리를 따른다면 태극도 음양과 사상 속에 포함包含되어져야 한다.

집합 전체 자체가 자기 집합의 한 부분으로 포함된다는 것이다. 그러면 음양 양의는 3(태극과 음양의 합수), 사상은 5, 팔괘는 9가 된다. 여기서 삼태극과 오행과 구궁이 생길 수밖에 없다. 오행의 경우 초과된 1을 토라고 한다. 그래서 토는 부분에 대하여 전체 격이기 때문에 모든 부분에 다 관련이 된다. 마치 무지thumb만은 다른 4개의 손가락과 서로 다 접할 수 있는 것과 같다. 멱집

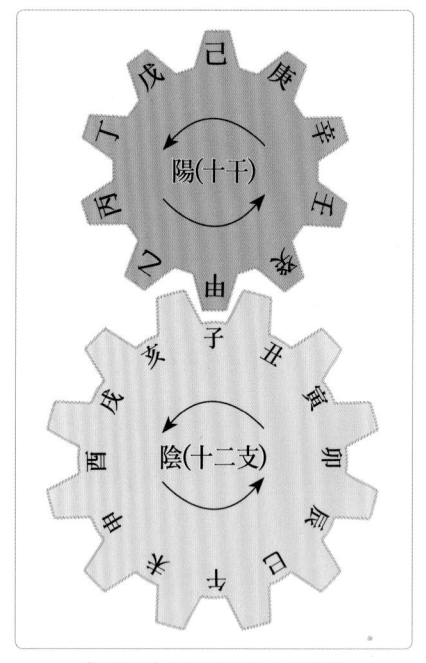

(도판79) 천간지지의 수레바퀴
(김동현, 2008, 6)

합의 원리란 다름 아닌 무지를 4손가락fingers 가운데 하나로 취급하는 원리인 것이다. 이는 대각선화를 의미한다. 전체격인 명패가 부분격인 물건과 사상하는 것이 다름 아닌 대각선화이기 때문이다. 이런 멱집합의 원리와 대각선화라는 관점에서 천간지지를 볼 차례이다.

10천간은 모두 음양과 오행으로 배분이 된다. 음과 양으로 나눌 때에 10천간은

양 : 갑, 병, 무, 경, 임

음 : 을, 정, 기, 신, 계

와 같다. 천간이 오행으로 배분이 될 때에는 갑·을=목, 병·정=화, 무·기 =토, 경·신=금, 임·계=수와 같다. 이를 도표로 나타내면 다음과 같 다.(도판 80)(김동현, 2008, 111)

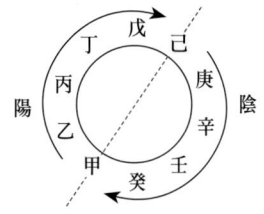

	木		火		土		金		水	
陽	甲		丙		戊		庚		壬	
陰		乙		丁		己		辛		癸

(도판80) 천간10과 음양 오행(김동현, 2008, 111)

특히 위의 표에서 '무기'가 토에 해당한다는 사실에 관심을 두어야 한다. 무기는 10천간의 중앙에 배열이 되는 동시에 다른 천간과 같이 주

변에 배열되기도 한다. 무기에 해당하는 수는 5이다. 이 '5'는 동양이 서양보다 훨씬 이전에 허수의 개념을 알고 있었다는 것을 의미한다.[6] 5+5=토=무+기의 등식은 천간지지 그리고 계절과 방위를 결정하고 관찰하는 데 있어서 가장 주요한 요소이다.

이것 때문에 윤달과 윤일이 생기기 때문이다. 10간을 8간이라고도 하는데 이는 10천간 중에서 토인 무·기를 제외한 것을 두고 하는 말이다. 10천간으로도 8간이라고도 하는 이유는 대각선화와 반대각선화를 하는 과정에서 무기를 넣으면 과대가 되고 **빼면 과소**가 되기 때문이다. 즉, 멱집합에서 전체격을 부분에 포함시킬 것이냐 제외시킬 것이냐의 문제 때문이다. 24절기에 천간을 적용할 때에 이는 실로 여간 곤혹스럽지 않은 문제이다. 천체 운행 도수를 결정할 때에 항상 불확정성으로 남는 것이 이에서 야기된 것이기 때문이다. 마야 문명이 멸망한 원인 가운데 하나가 왕이나 제사장들이 천체의 운행도수를 정확하게 계산해낼 수 없었기 때문이라고 할 정도이다. 자기언급을 하는 수 5가 나타나기 때문이다. 마야인들과 동양에서 말하는 5란 다름 아닌 서양의 허수이다. 마야인들에게서 5를 우야엡이라 하여 이는 신성함과 불길함을 동시에 의미한다.

12지지 역시 음양과 오행으로 나눈다. 그런데 왜 천간은 10이고 지지는 12인가? 그 이유 역시 멱집합의 원리와 대각선 논법으로만 설명될 수 있다. 천간 10은 8괘에서 자기 자신과 공집합을 자기의 부분집합 속에 포함시켰을 때 10이 된 것이다. 자기자신과 공집합이 무·기와 같은

---

6) 허수란 -1의 제곱근이다. 제곱이란 자기가 자기 곱하기를 의미하며 논리적으로는 자기언급에 해당한다. 역에서는 5가 자기언급을 하는 것을 통해 허수 개념을 대신한다. 자기언급이란 점에서는 같기 때문이다. 허수란 자기언급에서 생긴 수이다.

것이다.[7] 그렇다면 10의 멱집합에서 자기 자신과 공집합을 자기자신의 부분집합 속에 이를 포함시키면 '12'가 된다.

그러면 왜 12지지가 필요하게 된 것인가? 무지를 제외한 4개의 손가락 하나하나에 무지를 추가했기 때문이다. 다시 말해서 '목화금수'에 토를 개별적으로 더해주면 이것이 5가 되고 8간에 4토(진·술·축·미)를 더하여 12가 된다. 10간을 계절의 변화에 적용한다고 할 때에 한 계절이나 시각은 이전의 것을 이어받고 다음에 이어주어야 한다. 다시 말해서 단계적이지 않고 연계적이어야 한다. 예를 들어서 목은 이전의 수와 이후의 화와 연계하여 수·목·화 3자를 동시에 함께 고려해야 한다. 목은 수에서 남은 기를 이어 받고 목 자신의 남은 기를 화에 넘겨주기도 한다. 이렇게 추가분을 주어야 지구가 태양을 1회전하는 동안에 달은 지구를 12회전하게 된다. 12지지의 이러한 초과분 때문에 조석간만과 윤일과 윤월이 생긴다.

12지지에도 음양오행을 적용할 수 있다. 12지지 가운데 진·술·축·미는 오행 가운데 토에 해당한다. 다시 말해서 10천간의 무·기와 같다. 진토, 술토, 축토, 미토가 가능하게 되며 이는 각각 환절기에 해당하는 지지이다. 진토는 봄에서 여름으로, 미토는 여름에서 가을로, 술토는 가을에서 겨울로, 축토는 겨울에서 봄으로 넘어가는 춘추분과 하동지 같은 환절기에 해당한다. 계절의 전후에 따라서 과대이기도 하고 과소이기도 한다. 이를 조절하는 것이 토이다. 이렇게 음양오행과 12지지를 연관시키면 (도판81)과 같다.(같은책)

이렇게 음양오행과 10천간 12지지를 연관을 시켜 놓았을 때에 이들이 어떻게 서로 연관이 되어 순환의 수레바퀴를 만들어서 마야의 그것

7) 己를 제 자신으로 해석할 수도 있을 것이다.

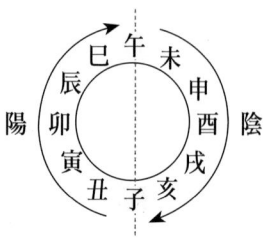

	水	土	木	土	火	土	金	土	水
陽	子		寅		辰		午		申		戌	
陰		丑		卯		巳		未		酉		亥

(도판81) 12지지와 음양오행(김동현, 2008, 114)

과 일치시킬 수 있느냐의 문제가 생긴다. 마야 시간의 수레바퀴와 일치점을 찾기 위해서는 다시 파스토르의 수레바퀴로 되돌아 와야 한다.

파스토르 기계와 지장간 이론

파스토르 기계에서 B는 음양오행, A와 C는 각각 10천간과 12지지이다. B의 내원은 음양이고 외원은 오행이다. 먼저 음양이 회전하여 4상이 되면 거기에 태극이 들어가 오행이 된다. 태극이 토에 해당한다. 이렇게 내원과 외원이 일대일 대응을 하여 B가 만들어지면 그것이 10천간인 A와 12지지인 C와 연결이 된다. 음양오행이 10천간과 12지지에 모두 걸리게 하는 것이 토라는 요소이다. 그것이 10천간에서는 무기이고, 12지지에서는 '진술축미'이다.

오행(5)이 음양(2)과 일대일 대응을 하여 10천간(A)이 만들어진다. 그래서 안비틈이다. 그러나 10천간의 무·기가 멱집합의 원리에 의해 제집합과 공집합이 포함되어 12가 되는데 그것이 12지지이다. 그런데 12가 2와 5와 연결을 할 때에 2는 약수이지만 5는 아니다. 그래서 B와 C는

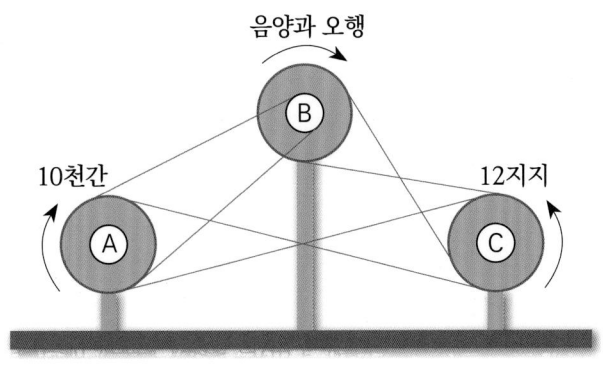

음양과 오행

10천간

12지지

A

B

C

(도판82) 파스토르 기계논리와 천간지지

비틈이다. B와 C가 비틈이기 때문에 A와 C도 비틈이다. 이러한 피댓줄의 연결 관계로 음양오행과 천간과 지지 간에 조화가 이루어진다.

명리학에서는 10천간과 12지지가 서로 포함包含되는 관계를 지장간支藏干이라고 한다. 12지지가 10천간을 그 안에 저장한다는 뜻이다. 실로 10천간이 12지지와 결합하는 장면은 하나의 대장관이라 아니할 수 없다. 기독교인들은 이것을 두고 성육신이라고 부를 것이다. 하늘과 땅이 결합된다는 논리 그 자체이기 때문이다. 우주 기의 운행으로 지장간을 설명하는 내용은 마야력에서 세 구성수들 13, 18 그리고 20이 서로 어떻게 연결이 되는가를 보여준다.

우리는 이미 (도판62)를 통해서 5, 13, 18의 세 수가 연결되는 것을 보았다. 순역이 교차하면서 연결되는 것을 보았다. 순순과 역역은 안비틈이고 순역과 역순은 비틈이라고 할 때에 이는 파스토르기계와도 연관이 된다. 그러나 마야력은 동북아의 역학만큼 이들 구성수들 간의 구조적 관계를 설명해내지 못한 점이 있다. 실로 지장간 이론은 어쩌면 이들 구성수와 유사한 음양오행, 10천간 그리고 12지지 삼자 간의 관계를 규명해 놓은 것이라 할 수 있어서 여기에 소개한다.

그러면 지장간 이론으로는 천간과 지지를 어떻게 서로 연관시키는가를 보자. 천간의 기운을 여기餘氣, 중기中氣, 정기正氣의 장삼기로 나눈다. 여기라는 것이 위에서 말한 세여와 초과분이라는 관점에서 어떻게 같고 다른가를 보자. 여기는 지난달 기운의 여분이 넘어와 간접적인 영향을 미친 것이기 때문이다. 마치 윤달과 윤일과 같은 개념이다. (도판83)은 음양오행과 10천간과 12지지의 삼자들 간의 관계를 한 눈에 보여준다.

우리가 여기서 갖는 관심사는 삼자들 간의 운행 구조이기 때문에 장삼기는 무시하고 넘어가기로 한다. 그러나 명리학에서도 이전의 계절에서 남아돌아가는 기에 해당하는 여기의 문제를 다룬다는 것과 이를 어떻게 처리하고 있는가를 보는 것은 세여의 문제와 무관하다 할 수는 없다.

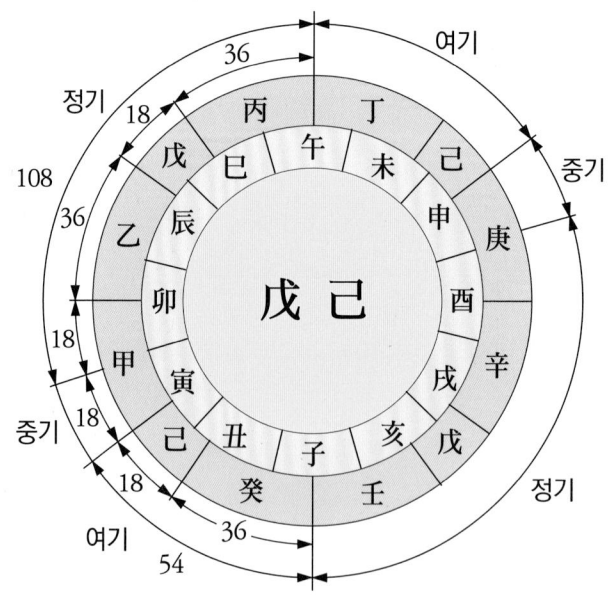

(도판83) 음양오행으로 나눈 지장간 도수

중앙의 무기는 음양을 대표한다. 음양오행이 10천간과 일대일 대응을 한다. 그 대응하는 관계는 (도판80)을 통해 확인한다. 위에서 말한 대로 10천간과 음양오행의 2와 5는 파스토르기계에서 '안비틈'이다. 2는 B의 내원이고 5는 외원이기 때문이다. 그런데 (도판82)를 보면 10천간 (A)과 12지지(C)는 서로 회전 방향이 반대인 비틈이다. 그렇기 때문에 B와 C도 '비틈'이다. 2는 12의 약수이지만 5는 약수가 아니다. 이렇게 파스토르기계와 지장간 이론을 서로 거짓말쟁이 역설을 통해 결부시켰다.

장삼기에 대한 설명을 하면 여기는 지난달에 남은 여분의 기가 다음 달로 넘어 온 것으로 간접적으로 영향을 미치는 것이다. 이에 대해 중기는 여기가 완전히 소멸되고 새로운 천간의 기운이 지지에 정착하고 자리 잡는 구간에 해당하는 기이다. 자리 잡은 중기가 정착을 해 기가 가장 왕성해지는 구간을 말한다. 정기를 일명 본래의 기라고도 한다. 1일은 1도이다. 도를 중심으로 지장간의 운행 원리를 (도판83)을 중심으로 다시 설명을 하면 다음과 같다. 1년은 12달이기 때문에 한 달은 30도이다. 10천간으로 말하면 한 개의 간은 36도에 해당한다. 중앙의 무기는 갑을(무)병정(무)경신(무)임계(무)와 같이 10천간에 고루 배분된다. 무기토는 18도씩 4분되어 분배된다. (도판83)을 통해 볼 때에 계에서 양기운이 나타나 병까지 180도 회전하는데 그 사이에 여기, 중기, 정기가 태동한다. 계에서 기까지 54도(36+18)가 여기에 해당한다. 36도는 계 자신의 것이고 18도는 기르의 것이다. 이전 구간에서 넘어 온 기氣가 이 구간에서 여기로 남아 있다가 완전히 소멸한다. 여기의 기토가 끝나고 갑이 시작되는 점에서 갑의 중앙까지를 '중기'라고 한다. 갑의 중앙에서 시작되어 기운이 끝나는 지점인 병까지를 '정기'라고 한다.

이렇게 천간과 지지가 서로 결부될 때에 그 사이에 도수의 차이를 두고 여기, 중기, 정기가 나뉜다는 것이 동북아 역학의 지혜이다. 이러한 지혜가 마야력에 얼마나 어떻게 반영이 되고 있는가를 알아볼 차례이다.

대각선 논법과 60갑자 배열법

천간지지에 의한 60갑자와 마야력의 세 구성수와는 어떤 상관 관계가 있는 것인가? 밀접한 관계가 있다는 것을 말할 차례이다. 그리고 양자를 매개시켜 이해를 돕는 것이 다름 아닌 윷판이다. 천간은 10, 그리고 지지는 12이지만 마야 구성수는 13, 18, 20이다. 그러나 위 지장간 이론에서 본 바와 같이 10천간과 12지지는 음양오행과 맞물려 있다.

마야 구성수와 천간지지의 수를 서로 연관을 시키자면 윷판으로 돌아와야 한다. 윷판에서 두 수직과 수평축은 음양, 그리고 윷판 안에서 재륵을 하는 5개의 점들(중앙과 사방)은 오행이다. 그리고 13은 수직과 수평축의 점들 가운데 중앙의 점들을 재륵했을 때에 생기는 수이고, 재륵을 안 하면 12이다. 이렇게 13과 12지지를 연관시킨다. 다음 18은 윷판의 반원에 해당하는 수이고 동시에 13에 오행을 더한 수이다. 다음 20은 윷판의 온원의 수 자체이고 동시에 13에 음양오행을 더한 수이기도 하다. 다시 20은 10천간의 배수이다.

다시 정리를 하면 윷판의 수직과 수평축과 그 안의 점들에서 음양오행(2와 5)과 12와 13을 찾는다. 이렇게 얻어진 13에 오행을 더하면 18이 되고 음양오행을 더하면 20이 된다. 10천간은 온원 윷판 20의 반인 수이다. 이렇게 수를 찾을 때에 13과 18은 수직과 수평축에 연관이 되고 20은 원주와 연관이 되는 수라는 것을 알 수 있다. 여기서 마야력과 구별이 되는 것은 동북아의 역에서는 10과 12라는 수가 반드시 음양오행을 떠나서 생각할 수 없지만 마야력에서는 이 점이 부각 되지는 않는다. 그러나 마야력에서도 5를 우야엡이라고 하여 추가분의 수로 취급을 하고 있다.(도판62) 우리는 윷판의 도움으로 수들의 성격이 서로 판이하게 다르다는 것도 알게 되었다. 다시 말해서 13과 18은 수평과 수직축과 연관이 되고 20은 원주와 연관이 된다. 그 가운데서도 13은 수직과 수평축만의 수이기도 하지만 4분원의 수이기도 하다. 18은 수직이나 수평 어느 하나와 반원과의 합인 수이다.

이렇게 천간지지와 마야 구성수를 연관시켜 놓은 다음에야 (도판26)과 (도판79)를 서로 연관시킬 수 있게 되었다. 특히 (도판79)에서 10천간과 12지지의 회전 관계는 순역의 관계이고, 이를 조절하고 양자에 모두 관계하는 것이 음양오행이다. 우리는 5와 13과 20이 정렬되는 것을 (도판62-63)에서 보았다. 사실 이를 윷판 상에서 보았을 때에 이것은 5행과 12지지와 10천간이 정렬되는 것이나 마찬가지이다. 수들 간의 차이는 재륵 여부에 달려 있음을 재차 강조해 둔다.

칸토어는 대각선 논법에서 가로와 세로에 동일한 개수의 실수들을 배열하였다. 그러나 여기서부터 문제점이 제기된다. 만약에 {a, b, c}라는 3개의 요소들이 들어 있는 집합(명패)의 부분집합(물건)은 {a, b, c, ab, bc, ca, abc, ∅}와 같이 8개이다. 사상이 5행이 되고 8괘가 10천간이 되는 등 짝짝이 현상이 생기는 이유는 어느 집합의 부분집합 속에는 자기 자신과 공집합이 들어가기 때문이다. 그래서 세로를 명패로 가로를 물건으로 삼았을 때에 가로와 세로는 일대일 대응이 되지 않는 비대칭이다. 5운6기 등 짝짝이가 생기는 근본적인 원인도 여기에 있다. 그래서 가로와 세로 그리고 세로와 가로는 칸토어가 생각한 것과 같이 일대일 대응이 될 수 없는 성격의 것이다.

    10천간을 가로에 12지지를 세로에 배열을 한 다음 이들을 사상시켜 정대각선을 만든다. 즉, 사각형의 좌상에서 우하로 향하도록 사상시킨다. 그래서 배열, 가로, 세로 그리고 대각선이라는 세 요소가 확인되었다.(도판84)

10干 / 12支	a 甲	b 乙	c 丙	d 丁	e 戊	f 己	g 庚	h 辛	i 壬	j 癸
A 子	甲子		丙子		戊子		庚子		壬子	
B 丑		乙丑		丁丑		己丑		辛丑		癸丑
C 寅	甲寅		丙寅		戊寅		庚寅		壬寅	
D 卯		乙卯		丁卯		己卯		辛卯		癸卯
E 辰	甲辰		丙辰		戊辰		庚辰		壬辰	
F 巳		乙巳		丁巳		己巳		辛巳		癸巳
G 午	甲午		丙午		戊午		庚午		壬午	
H 未		乙未		丁未		己未		辛未		癸未
I 申	甲申		丙申		戊申		庚申		壬申	
J 酉		乙酉		丁酉		己酉		辛酉		癸酉
K 戌	甲戌		丙戌		戊戌		庚戌		壬戌	
L 亥		乙亥		丁亥		己亥		辛亥		癸亥

(도판84) 60갑자의 배열법과 대각선 논법

12가 철길이라면 10은 열차와 같다. 변하지 않는 철길 위로 변하는 열차가 달리는 것과 같다. 이는 마치 마야력에서 13을 변하지 않는 철길로 그리고 18과 20은 그 위로 달리는 열차로 보는 것과 같다.(안기석, 1989, 260)

천간과 지지 가운데 어느 것이 명패이고 어느 것이 거기에 달리는 물건인가는 서로 상대적이다. 지금 위에서 소개한 (도판84)는 60갑자를 기준으로 하여 천간은 가로에 지지는 세로에 배열을 하였다. 세로 칸의 첫째 칸은 갑, 둘째 칸은 을,... 열째 칸은 계와 같이 천간이 명패이고 지지가 물건이다. 그러나 오자원법五子元法이라는 배열 방법은 지지를 고정해 명패로 하고 천간을 물건으로 거기에 다는 방식이다.(도판85)

					陽順	天干
壬子	庚子	戊子	丙子	甲子		
癸丑	辛丑	己丑	丁丑	乙丑		
甲寅	壬寅	庚寅	戊寅	丙寅		
乙卯	癸卯	辛卯	己卯	丁卯		
丙辰	甲辰	壬辰	庚辰	戊辰		
丁巳	乙巳	癸巳	辛巳	己巳		
戊午	丙午	甲午	壬午	庚午		
己未	丁未	乙未	癸未	辛未		
庚申	戊申	丙申	甲申	壬申		
辛酉	己酉	丁酉	乙酉	癸酉		
壬戌	庚戌	戊戌	丙戌	甲戌		
癸亥	辛亥	己亥	丁亥	乙亥		

(도판85) 오자원법배열법(김성호와 박기성, 1998, 120)

(도판84)의 60갑자와 (도판85)의 오자원법은 우리에게 시사하는 점이 많다. 전자는 천간을 명패로 한 것이고 후자는 물건을 명패로 한 것이기 때문이다. 러셀은 이것의 혼동에서 역설이 발생한다고 보았다. 그래서 그는 둘은 서로 다른 유형의 것이기 때문에 치환 불가한 것으로 보았다. 그러나 역에서는 천간과 지지는 서로 명패 자리를 양보하고 있다. 이는 역설해법상 동서양 사이의 큰 차이라 할 수 있다. 역에서는 명패와 물건을 상호 치환 관계로 본다. 태양계에서도 유형이 다른 비틈1과 비틈2가 서로 교환될 때에 운행에 지장이 생기지 않는 것을 보았다.

(도판84)의 60갑자는 10천간을 명패로 한 배열법이다. 이 배열법에 의하면 대각선상에 갑자(Aa), 을축(Bb), 병인(Cc), 정묘(Dd), 무진(Ee), 기사(Ff),...계유(Jj)가 들어간다. 문제는 그 다음이다. 먼저 (도판84)에서 대각선으로 60갑자가 배열되는 방법을 보면 가로(천간)는 한 줄씩 '하'로, 그리고 세로(지지)는 한 칸씩 '우'로 이동하면서 쌍을 만든다. 이 규칙을 적용할 때에 계유(Jj) 다음은 사각형의 밖으로 나가 대각선 방향 가상의 자리인 가위를 만들어주어야 한다. 그 자리는 갑술(Kk)이다. 그러나 그것은 가위이기 때문에 사각형 안의 실위로 가야 한다. 가위에서 실위로 가는 방법은 가로나 세로의 끝으로 이동한다. 그렇게 이동할 때에 갑술이 갈 실위는 Ka이다. Ka에서 한줄은 하, 한칸은 우로 이동을 하면 갑술 다음의 을해는 Lb이다. 이렇게 가로는 하, 세로는 우로 이동하는 규칙을 일관성 있게 적용을 할 때에 을해 다음은 다시 가위로 나가게 되고 그것은 Mc이다. 그러나 그것은 사각형 밖의 가위이기 때문에 실위로 이동해야 한다. 을해(Mc) 다음의 병자는 Mc의 세로 끝인 Ac이다. 동일한 규칙을 적용해 나갈 때에 가위가 한 번은 우측에서 한 번은 하측에서 생긴다. 우측일 때에는 가로 끝에 하측일 때는 세로 끝에서 계속 이어진다.

그런데 계해는 Lj에서 끝나는데 그 다음인 갑자Aa로는 어떻게 이동을 할 것인가? 위에서 말한 규칙에 따라 이동할 때에 계해 다음은 Mk이다. Mk에서 가로 끝인 Ma와 세로 끝인 Ak로 이동을 하면 그곳도 가위이다. 다시 말해서 가로 끝(Ak)과 세로 끝(Ma)도 가위란 말이다. 그러면 세로 끝은 가로 끝(Aa)으로, 가로 끝은 세로 끝(Aa)으로 이동한다. 두 끝은 같은 갑자(Aa)이다. 이렇게 60갑자는 끝없이 순환을 한다. 60년마다 같은 갑자에 되돌아오는 데는 이러한 과정이 그 안에 있었다.

대각선화는 가로와 세로가 사상되는 것인데, 다시 역으로 가로와 세로를 만든다는 것은 역대각선화이다. 60갑자가 다 끝나는 계해(Lj)에서는 역대각선화를 한 다음에 다시 역대각선화를 시켜야 갑자(Aa)로 되돌아 간다.[8] 이는 '비틈의 비틈'으로서 사영평면이다. 대각선화를 한 번 역대각선화 하면 그것은 클라인병이고, 두 번 하면 사영평면이 된다. 우리는 이미 태양은 사영평면이고, 행성들은 클라인병인 것을 보았다. (도판84)는 세로 12이고 가로 10인 직사각형이다. 대각선에는 10, 8, 6, 4, 2 이것이 양 쪽에 나뉜다. 대각선상에서 10개인 것은 갑자→계유와 갑인→계해의 두 개다. 그래서 계해와 갑자는 서로 다른 대각선상에 있다. 그래서 갑자와 계해가 다시 연결이 되자면 두 대각선이 포개어져서 사라지고 대각선의 상우(갑자)와 하좌(계해)가 서로 마주 붙어야 한다. 이러한 대각선의 사라짐을 '기하학적 소멸'이라고 한다.

기하학적 소멸과 60갑자 배열법
기하학적 소멸은 우주 변화의 원리와도 밀접한 관계가 있을 정도로

---

8) 역대각선화란 대각선 자체의 향하던 방향을 역으로 하는 것이다. 그런 의미에서 반대각선화와는 다르다.

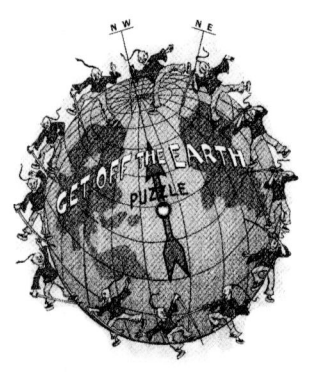

서북 방향 12명   동북 방향 13명

(도판86) 지구의상의 기하학적 소멸

주요하기 때문에 이에 대하여 더 알아보면 다음과 같다. (도판86)을 보면 지구의의 경도 상에 13명의 병사들이 일렬종대로 서 있다. 이 지구의는 중심축을 중심으로 하여 회전한다. 이것이 지구의 회전 축이다. 그런데 중앙의 시침 화살표가 동북 방향(NE)일 때는 병사가 13명이던 것이, 서북 방향(NW)일 때에는 12명이 된다. 이를 두고 '지구로부터 탈출'이라 한다. 여기서 사라진 한 명의 행방 문제가 다름 아닌 하도10에서 1이 사라져 낙서9가 되는 문제이다. 이는 태양계와 우주의 기수가 정해지는 원리 그 자체이다.

이것은 일종의 퍼즐인데 이 퍼즐을 푸는데 바로 '기하학적 소멸'의 문제가 거론된다. 기하학적 소멸의 문제에 관하여 벨로즈Alex Bellos는 그의 책 *Here's Looking At Euclid*에서 이런 소멸 현상을 '기하학적 소멸 geometrical vanishment'이라고 하면서(Bellos, 2010, 162), 다음과 같은 간단한 기법으로 지구로부터 병사의 탈출을 설명한다.

벨로즈의 (도판87)에 따르면 도상(a)에서는 세로선이 열 개인데, 이를 빗금 대각선에 따라서(갑자→계해) 접어서 도상(b)와 같이 만들면 아홉 개

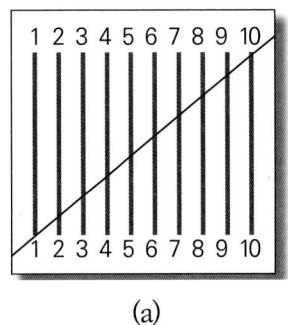
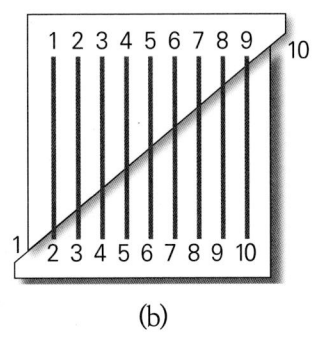

(a)   (b)

(도판87) 기하하적 소멸과 대각선

가 된다. 한 개가 사라지고 마는데, 이를 일명 '기하학적 소멸'이라고 한
다. 세로 선들이 좌측으로 한 칸씩 이동했기 때문에 a-b가 1-2, 2-3…
9-10과 같이 일대일 대응이 된다. 그러면 자연히 (0)-1과 10-(11)의
대응도 가정해야 한다. 이처럼 자리만 있고 수도 가수로만 있는 것이
생기는데, 바로 이런 자리가 위에서 말한 가위에 해당한다. (0)과 (11)이
이러한 가위와 가수에 해당한다. 이렇게 한 칸씩 (a)에서 (b)로 이동을
하면 가위와 가수가 실위와 실수와 대응하는 현상이 생긴다. (b)의 정대
각선이 다름 아닌 (도판84)의 갑인→계해 정대각선이다. 위에서 60갑자
에서 가위의 문제는 결국 기하학적 소멸의 문제이다.

　이제 한 번 사각형 (a)를 손바닥이라 하고 그 안에 있는 10개의 세로
선들을 수지들이라고 하자. 모굴1(무지를 굴하면서 1이라 함)하면서 우리식
셈하기 방식대로 숫자를 적어 넣을 때에 여기서 말하는 기하학적 소멸
이란 다름아닌 수지와 무지에서 재륵이 일어나는 곳이다. 다시 말해서
'소굴5'하면서 5를 셈한 다음에 6을 하자면 소신1(소지를 펴는 것을 '소신'
이라 함)해야 한다. 동일한 소지가 굴하면 5이고 신하면 6이 된다. 5-6이
란 짝짝이가 생긴 이유는 이러한 기하학적 소멸 때문이다. 그렇다면 (도

판86)에서 1-2와 10-(11)의 짝짝이에서 (b)에서 사라진 1과 (11)은 종이의 뒷면으로 간 것이다. 그렇다면 차원 문제에서 사라짐은 전후대칭의 문제인 것이다. 수지로 셈할 때에 굴에서 신으로 신에서 굴로 변한 것이 사라짐의 문제인 것이다. 전면에서 사라진 것이 뒷면에서 재현된 것이다. 기하하적 소멸의 문제를 한 번 수지와 연관시켜 설명을 하면 다음과 같다.

(도판88)은 수지의 굴신과 60갑자를 묶어 놓은 것이다. 그리고 손바닥의 수지로 돌아오면 기하학적 소멸의 문제는 더욱 주요시되고 선명해진다. (도판88)을 보면 가로 5줄 세로 6칸이다. 그리고 좌우에 점선으로 된 가위들이 있다. 적어도 우리가 셈을 하려고 할 때에 수지 5개로 된

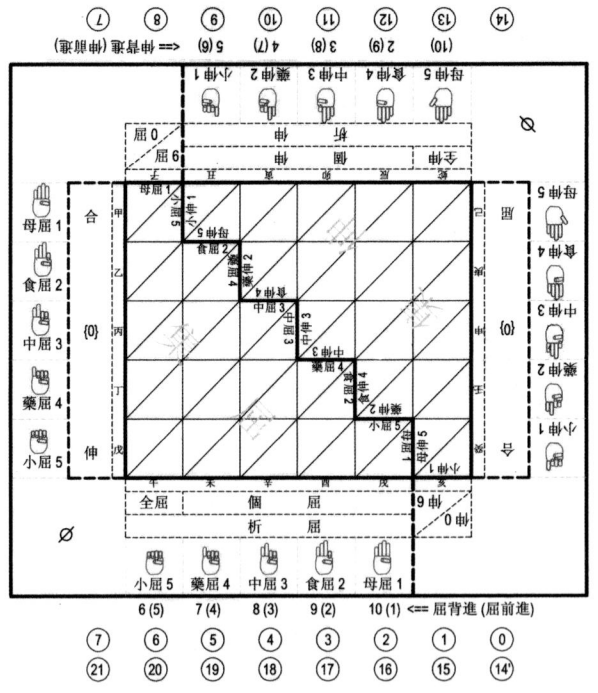

(도판88) 기하학적 소멸의 문제로 본 수지

가로와 세로를 만들 수 없다. 왜냐하면 모굴1하면서 우리 식 셈을 시작하는 순간 그 이전에 수지5개가 모두 펴진, 신하고 있는 상태를 전제해야 하기 때문이다. 물론 소신1할 때에는 수지 5개가 모두 굴한 상태를 전제해야 한다. 이를 (도판88)의 좌와 우에서 '합신'과 '합굴'이라고 부르기로 한다. 이것이 사각형 밖의 가위이다. 이 가위를 넣으면 수지가 모두 7개가 된다. 7개를 넣어서 수지를 셈하면 13, 18 그리고 20의 수가 생기는 곳이 결정된다. 즉, 13은 무지, 18은 중지, 20은 소지이다.

(도판84)의 60갑자 배열법에서 가위는 천간지지가 순환하는 데 필수불가결한 요소였다. 대각선으로 이동한 후 가위로 나가 가로나 세로 그리고 '가로와 세로'로 이동하듯이 일상 생활에서 수지로 셈하기 할 때에도 이것을 사각형 안에 그려 넣어 확인을 하면 그것이 (도판88)이다. 모굴1/모굴5라는 짝에서 시작을 하여 대각선 방향으로 상좌로 이동을 하여 소굴5/모굴1에 도달한다. 그 다음으로 이동하는 방법은 가로 끝과 세로 끝으로 가는데 거기도 가위이기 때문에 가로는 세로 끝으로 세로는 가로 끝으로 하면 그것이 다름아닌 소신1/모신5이다. 이것을 수지로 실제로 셈을 하면 아무런 어려움이 없이 이해된다. 모굴1에서 소굴5까지 셈한 다음에 소신1에서 시작을 하여 모신5까지 오는 과정이기 때문이다. 그런데 막상 이 과정을 사각형 안에 넣어서 표시를 하면 반드시 가위인 자리로 나가야 한다. 이때에 가위에 해당하는 것이 합신과 합굴이다. 소굴5 다음에 반드시 수지 전체를 한꺼번에 굴신을 하는 것을 두고 하는 말이다. 단동십훈의 잼잼에 해당한다. 그런데 합신과 합굴은 모신5와 소굴5와 그 형태가 같다. 다시 말해서 수지 5개를 모두 신하거나 굴하고 있다는 점에서 그 모양이 같다는 말이다. 그래서 소굴5를 합굴과 구별하여 '전굴'이라 하고, 모신5를 합신과 구별하여 '전신'

이라고 한다. 전굴에 대하여 다른 것들은 '개굴'이라 하고, 전신에 대하여 다른 것들은 '개신'이라고 한다.

다시 본론으로 돌아가서 생각할 때에 (도판84)에서 10천간은 세로에 12지지는 가로 선에 배열이 되어 있다. 그 모양이 (도판84)와는 가로와 세로의 줄과 칸의 수에 있어서 다르지만 60갑자를 만드는 방법은 같다. 가로와 세로가 사상하는 것은 대각선화이다. 그런데 가위에서 가로와 세로가 반대로 이동하는 것은 역으로 대각선화되는 것을 말하는 것으로서 이를 '역대각선화'라 한다. 이렇게 역대각선화한 것이 다시 대각선화된다. 이런 과정이 두 개의 정대각선(갑자→계유와 갑인→계미)을 사이에 두고 상하와 좌우를 왕래한다. 마치 이것은 두 개의 대각선을 따라서 해가 다니는 황도라고 할 때에 달이 상현 때와 하현 때에 그리는 선과도 같다. 우주 자연의 변화가 하나의 종이 위에서 일어나고 있는 것을 한 눈에 보는 듯하다.

이 전 과정에서 대각선화와 반대각선화 그리고 역대각선의 과정을 반복한다. 반대각선화란 대각선이 다시 가위에서 가로나 세로가 되는 것이다. 그래서 반대각선화는 가위에서 생기는 것이고 역대각선화는 실위에서 생기는 것이다. 결국 기하학적 소멸이란 두 정대각선을 사이에 두고 왕래하는 것이다. 드디어는 두 대각선 자체가 포게진다. 이는 달이 기우는 모습과도 같으며 두 대각선이 완전히 포게지는 때가 보름인 것이다.

다시 정리하면 기하학적 소멸과 재현이란 결국 실위가 가위로 변하는 것이고 다시 가위에서 실위로 나타나는 것을 두고 하는 말이다. 갑인→계해 대각선이 갑자→계유 대각선으로 소멸되면 계유의 자리에 계해가 겹치게 되고 대각선을 비틀어 마주 붙이면 결국 계해는 다시 갑자로 되돌아가게 된다. 이는 결국 대각선의 전후, 좌우, 상하 3차원이 일치하는 것이다. 그것이 가능해지려면 시간이란 차원이 첨가되어야 하고 이에 대한 이해는 위상학적 고찰을 통해서만 가능해진다.

천간지지에 대한 위상학적 고찰

가로줄에서는 아래로 세로칸에서는 우측으로 이동한다는 것은 대각선화가 되는 것이다. 그러나 그렇게 대각선화된 것이 가위에서 다시 가로나 세로로 이동한다는 것은 반대각선화이고, 실위에서 이동하는 것은 역대각선화이다. 그러면 왜 우측 가위에서는 가로 끝으로 하측 가위에서는 세로 끝으로 이동하느냐이다. 그 이유는 (도판84)의 사각형을 토루스(원환)로 그 다음 클라인병으로 만들어 보면 알 수 있다. 다시 말해서 토루스에서 계유(Jj) 다음의 가위인 Kk는 Ka(갑술)와 만나게 되고, 을해 다음의 가위인 Mc는 Ac(병자)와 만나게 된다. 만나게 될 때에는 한 칸씩 이동하는 기하학적 소멸의 문제가 따른다. 그리고 기하학적 소멸에는 대각선의 이동이 수반된다. 대각선은 가로와 세로가 사상된 것이기 때문에 양자는 동시 이동을 한다. 다시 말해서 사각형 안의 60갑자 배열법 속에는 위상학적 문제와 대각선 논법의 문제가 들어 있음을 쉽게 확인하게 된다. 반가치화는 음양이 반대로 바뀌는 것이다. 천간 지지는 모두 음과 양에 일대일로 대응하는 것을 위에서 보았다. 대각선화된 다음에 다시 그것이 반대각선화하고 반가치화한다는 것은 이미 그것은 '비틈의 비틈'이기 때문이다.

만약에 칸토어가 수를 이러한 방법으로 배열하였더라면 연속체 가설의 문제는 전혀 다른 방향으로 전개되었을 것이다. 그는 가위라는 개념을 몰랐다. 사각형을 위상범례상으로 보았을 때에 그것은 여러 가지 범례 가운데 2차원에 해당하는 것에 불과하다. 위상 범례들인 원기둥, 원환, 뫼비우스띠, 클라인병, 사영평면으로 사각형을 변하게 하는데에 따라서 60갑자의 배열방법도 달라진다. 만약에 한 번 (도판89)와 같이 12지지를 가로줄에 배열을 하고 10천간을 세로칸에 5개씩 양분하여 격자형식의 사각형 좌우에 배열을 하면 대각선 눈금에 따라서 천간지지는 (도판89)와 같이 조합이 될 것이다. 이것은 (도판84)와 (도판88)을 조합해 만든 것이다. (도판90)으로는 우주변화의 원리를 제대로 표현해 낼 수 없다. 그 이유는 사각형에서 12지지는 가로에서 양분되지 않았고 사각형이 원기둥(도판91)과 그 이상의 차원으로 변하지 않았기 때문이다. 그런데 60갑자는 원환으로도 완벽하게 표시할 수 없는 면이 있다. 그것은 그 속에 들어 있는 대각선 논법의 제 요소들 때문이다. 가로

	子	丑	寅	卯	辰	巳	
甲	甲子 1 / 31 甲午	己丑 26 / 56 己未	甲申 21 / 51 甲寅	己卯 16 / 46 己酉	甲戌 11 / 41 甲辰	己巳 6 / 36 己亥	己
乙	庚午 7 / 37 庚子	乙丑 2 / 32 乙未	庚寅 27 / 57 庚申	乙酉 22 / 52 乙卯	庚辰 17 / 47 庚戌	乙亥 12 / 42 乙巳	庚
丙	丙子 13 / 43 丙午	辛未 8 / 38 辛丑	丙寅 3 / 33 丙申	辛卯 28 / 58 辛酉	丙戌 23 / 53 丙辰	辛巳 18 / 48 辛亥	辛
丁	壬午 19 / 49 壬子	丁丑 14 / 44 丁未	壬申 9 / 39 壬寅	丁卯 4 / 34 丁酉	壬辰 29 / 59 壬戌	丁亥 24 / 54 丁巳	壬
戊	戊子 25 / 55 戊午	癸未 20 / 50 癸丑	戊寅 15 / 45 戊申	癸酉 10 / 40 癸卯	戊辰 5 / 35 戊戌	癸巳 30 / 60 癸亥	癸
	午	未	申	酉	戌	亥	

(도판89) 수지셈법으로 본 60갑자 배열법

와 세로는 2차원이지만 대각선화, 반대각선화, 역대각선화, 그리고 반가치화 등은 이미 고차원으로의 상승을 의미하고 시간이란 요소가 들어가지 않으면 대칭들이 일치할 수 없다. 그리고 멱집합의 원리는 3차원 공간에서는 불가능한 원리이다. (도판89)에는 '무·기'를 분리하여 천간(8간)들과 같이 나란히 가로줄에 배열하였지만 이것을 분리하여 (도판90)과 같이 (중앙이나 위에) 배열을 해야 한다. 왜냐하면 무기는 위에서 말한 대로 전체로서 부분에 포함되어 다른 천간들에 일대일로 관계가 되어야 하기 때문이다. 다시 말해서 멱집합의 원리에 지배를 받는다. 그리고 12지지의 진술축미는 (도판81)에서 보는 바와 같이 무기와 같이 토로서 다른 8개의 지지들 사이사이에 끼어 배열이 된다.

사각형인 (도판90)을 (도판91)인 원기둥으로 바꾸어 그 안에서 10천간의 변화 모습을 관찰하기로 한다. 한 차원을 높였다. 원기둥은 가로나 세로 가운데 어느 하나만 일치시킨 경우인데 여기서는 세로인 10천간 부분만 표시했다. 만약에 가로와 세로, 그리고 안과 밖의 삼차원을 모두 일치시키면 그것은 클라인병과 사영평면 같은 위상 공간이 된다. 이는 멱집합의 원리가 위상 공간과 관련이 돼 있음을 의미한다. (도판91)은 원기둥의 안과 밖을 일치시키는 것이다. 화살표를 따라서 이동을 하

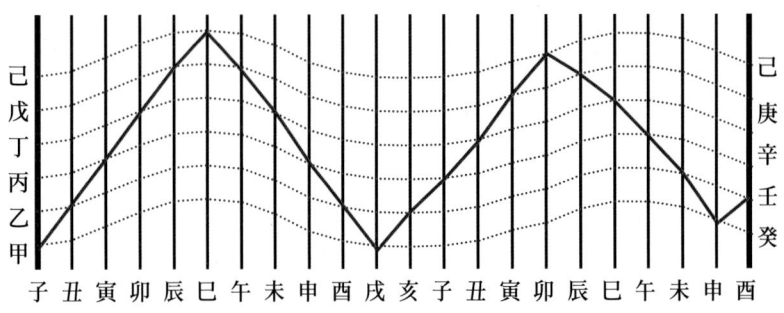

(도판90) 천간지지 격자형 배열법(김동현, 2008, 66)

면 좌우, 상하 그리고 원기둥의
안과 밖(사각형의 전과 후)을 모두
통과하게 된다. 안과 밖을 연결
시키는 것이 무기이다. 그러면
시작의 갑은 끝인 계와 일치하
게 된다.(도판90)

이는 (도판84)에서 갑자와 계
해가 일치하는 것과 같다. 위에
서 이미 본 바와 같이 그 안에

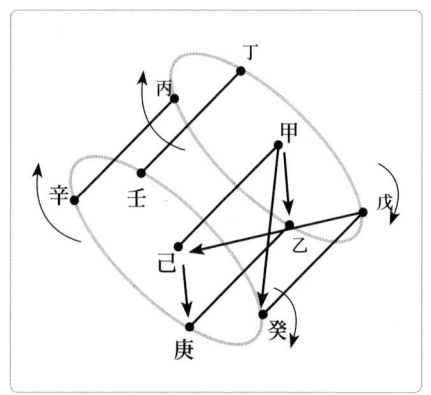

(도판91) 원기둥과 천간10의 배열
(김동현, 2008, 118)

는 기하학적 소멸이 있었다. 두 개의 대각선이 합치하는 소멸이 있었다.
무와 기가 일치하자면 무와 기가 시간적으로 동시적이어야 한다. 그리
고 무가 기에, 기가 무에 기하학적 소멸을 해야 한다. 그래서 (도판87)의
세로선이 대각선을 통해 좌나 우로 이동을 하여 세로선이 하나 소멸되
어져야 한다. 소멸이 아니라 포개져야 한다. 만약에 10천간와 12지지
모두가 세로와 가로에 5와 6으로 나뉘어 (도판89)와 같이 배열이 된 다
음 비틀어 마주 붙이면 사영평면이 된다.

(도판91)을 위상학적으로 관찰을 해보기로 한다. 원기둥 안에서 두 개
의 원이 비스듬하게 상하에서 회전을 하고 있다. 회전 방향이 같다. 즉,
먼저 '안비틈'으로 원기둥을 만든다. 상하 5개의 천간들이 각각 일대일
대응을 하고 있다. 그런데 문제는 원기둥이 아닌 것은 갑을, 무기, 갑계,
기경의 화살표 방향에서 나타난다. 그리고 이들은 상하, 좌우에서 대응
을 한다. 그런데 갑을과 기경은 원기둥의 내부와 외부에서(전과 후에서)
대응을 한다. 무기와 갑계는 내외, 상하에서 대응을 한다. 다음은 사각
형 갑을·기경과 갑술·계기를 비교해 보기이다. 갑을·기경의 화살표 방

향은 같다. 그러나 갑술·계기의 경우 대각선의 방향이 반대이다. 즉, 무기는 상외에서 하내로, 갑계는 하외에서 상내로 향한다.

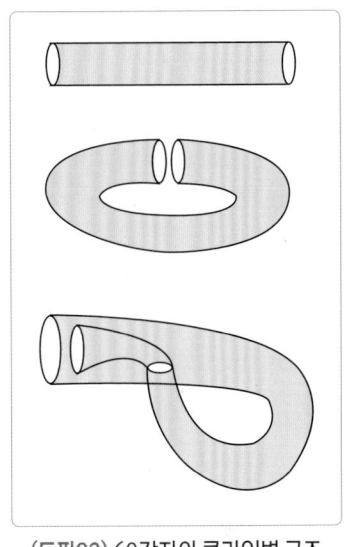

(도판92) 60갑자의 클라인병 구조

원기둥의 양끝이 만나는 부분인 a와 b로서 이는 방향이 같은 갑을과 기경에 해당한다. 한편 원기둥의 안과 밖 그리고 좌우(상하)의 대칭이 만나는 부분이 중앙의 c이다. 이 부분이 다름 아닌 갑과 계 그리고 무와 기가 만나는 곳이다. 이곳은 대각선의 방향이 모두 반대이다. 이러한 구조 속에서는 과거, 현재, 미래가 서로 순환하는 구조인 것이다. 역의 천간지지가 표상하는 시간 개념은 바로 이러한 위상학적 구조라 할 수 있다. (도판92)는 전형적인 클라인병 구조이다. 이는 (도판91)의 화살표 방향대로 움직일 때에 도달하는 결론이다. (도판91) 자체는 원기둥이지만, 그 안의 화살표 방향에 따라 움직이면 그것은 (도판92)와 같은 원기둥이 아닌 클라인병이 된다.

(도판90)에서 10천간에서는 세로의 좌우에 5개씩 나누어 배열을 하였지만 12지지는 나누지 않았다. 이런 사각형의 가로와 세로를 마주 붙이면 (도판92)와 같은 클라인병이 된다. 그러나 만약에 12지지마저 6개씩으로 나누어 사각형의 상하에 배열을 하여 마주 붙이면 그것은 사영평면이 될 것이다. 그렇다면 태양과 다른 행성들 간의 관계가 더욱 분명해진다. 전자는 사영평면이고 후자는 클라인병이기 때문이다.

이러한 위상학적 고찰과 함께 칸토어의 대각선 논법의 문제점을 선명하게 발견하게 된다. 만약에 (도판84)의 사각형을 무한사각형이라 한다면 가로와 세로의 끝은 무한연장이고, 이때에 칸토어는 무한순서수의 끝을 ω라 하였다. 그런데 60갑자 배열법에서와 같이 무한사각형에 가위를 설정한다면 무한 씨리즈 $\omega+1$, $\omega+2$, $\omega+\omega$, 2ω, $\omega\,\omega$, ...등을 얼마든지 무한사각형 안에 배열할 수 있을 것이다. 이미 확인한 바와 같이 가위를 이용하여 대각선화, 반대각선화, 그리고 역대각선화를 시키면 무한수를 무한사각형 안에 넣을 수 있다. 기하학적 소멸과 재현에서 결국 무한 사각형 안에 들어가지 않는 요소가 생긴 것이다. 칸토어는 무한기수를 ℵ(알레프)로 표시하였다. 그렇다면 위 60갑자 사각형에서 하나의 대각선이 끝나는 것을 두고 ω 씨리즈 단위가 끝나는 것으로 보면 될 것이다. 이는 마치 힐베르트의 무한호텔을 연상시키는 방법이다. 무한호텔에서 얼마든지 손님을 받아들이는 방법 말이다. 한 손님이 새로 올 때마다 한 칸씩 방을 다음 방으로 옮기는 식의 배열 방법 같은 것이 (도판84)의 60갑자 배열법에 해당된다. 그런데 (도판90)과 같이 가로와 세로를 10천간과 12지지로 하게 되면 방이 모두 120개가 된다. 그러나 60은 그것의 반이다. 여기서 빈 무한이 생긴다. 그런데 만약에 (도판89)와 같이 5와 6으로 배열을 하고 작은 사각형을 반으로 나누어 삼각형으로 방을 만들면 60개 모두를 배열할 수 있게 된다. 여기서 이런 기법이 가능하자면 사각형의 밖에 가위를 인정해야 한다. 무한의 밖에 또 다른 무한을 가상으로 설정해야 한다는 말이다. 이런 기법을 사용해 만든 것이 낙서 마방진이다.

제5장

선기옥형과 마야력

마야인들은 상과 수를 사용하여 무려 20개의 달력을 사용했다. 물론 남아 있는 것은 5개뿐이다. 마야 연구학자들은 마야인들이 달력을 제작한 기준으로서 여성의 임신주기, 방울뱀의 산란주기, 옥수수 수확주기, 곤충의 생활주기, 행성들의 운동 등에서 찾았다고 하지만 필자의 주장에 의하면 그 모두는 마야력의 실제 적용에 불과하지, 마야력 구성 수의 논리적 기초는 될 수 없다고 본다. 마야인들은 중미 지역의 원주민이 아니고 어디선가 이주해 온 이주민들로서 이들은 그들이 떠나온 곳에서 가지고 온 것을 자기들이 살던 지역 특성에 맞게 마야력을 재조정했을 것으로 본다. 이러한 주장들을 위에서 여러 가지 사례들을 통해 논증해 왔다. 아래 글들에서는 마야력의 장주기 계산법을 통해 그것이 얼마나 동북아 문화 유산과 유사한가를 보여주려 한다.

5.1 마야력의 장주기법

마야력의 세 종류

마야력을 이해하는 데 있어서 약간 혼란스러운 이유는 마야인들이 역을 두 가지로 나누어 사용했기 때문이다. 세계적으로 알려진 달력 체계는 태양력과 태음력이 있다. 한국은 지금 두 가지를 혼합한 '태양태음력'을 사용하고 있다. 마야인들도 두 종류 다른 월력 체계가 있다는 것을 알고는 있었지만 둘을 하나로 조화를 시켰는지는 의문이다. 세 종류란 종교력, 태양력, 그리고 태음력이 그것이다.

첫 번째 종교력은 1년을 13×20=260일에 의한 것이다. 1주가 13일이며 1년이 20주이다. 20주에는 하나 하나 이름들이 붙어 있으며 마치 동양의 천간지지 같이 동물들의 이름들이 주종을 이루고 있다.[1] 다음

---

1) 사평판의 수직과 수평의 점들이 13개이고 판의 둘레는 20이다. 그리고 13은 지지, 그리고

은 태양력으로서 1년이 지금의 우리의 것과 같이 365일이다. 여기서 윤일에 해당하는 0.25일은 아예 무시돼 있다. 그런데 마야인들이 윤일을 무시했다고 해서 이들의 태양력을 비과학적이라고 보아선 안 된다. 왜냐하면 마야인들은 아래 장주기 계산법에서 보는 바와 같이 시간의 초과분인 윤일과 윤월을 가장 심각하게 생각하고 있었음이 드러나기 때문이다.

태양력에 의하며 1년은 18개월이고, 1달은 20일이다. 매년 마지막에는 '우야엡Uyayep'이라는 초과분 5일을 추가하고 있다. 이 5일은 어느 달에도 속하지 않는 '불길한 날들unlucky days'이다. 각각의 달에도 특별한 이름과 문양, 그리고 사람의 두상들로 되어 있다. 마야인들이 점을 칠 때에는 우야엡 5일과 종교력의 주와 태양력의 달을 함께 사용한다.

마지막으로 마야인들은 소위 긴 주기를 의미하는 장주기법을 사용하는 달력 체계를 가지고 있었다. 초미의 관심사였던 2012년 12월 21일은 이 장주기법 계산에 의하여 나온 결과물이다. 그래서 우리는 마야인들이 사용한 장주기법long count에 관심을 집중할 필요가 있다. 장주기 계산법은 종교력과 태양력의 톱니바퀴가 회전할 때에 서로 마주 물리는 지점이 생기게 되고, 그 지점이 1일이 된다. 즉, 그 1일에서 장주기 계산법이 지금까지 이어져 2012년 12월 21일까지 온 것이다. 그래서 장주기 계산법에는 그 이전의 두 력曆인 종교력과 태양력이 필수불가결하게 전제되어져야 한다.

지금 동양의 점에서 사용하고 있는 사주four pillars는 네 개의 기둥이란 뜻으로서 시, 일, 월, 년주를 두고 하는 말이다. 그런데 마야인들의 장주기법에는 5주를 사용하고 있다. 우리 달력은 하루하루 쓰인 수가 왼쪽

20은 천간으로 생각할 수 있다.

에서 오른쪽으로 10진수로 나타내지만, 마야 장주기법에서는 수를 나타내는 곳이 단 5군데 밖에 없다. 첫 번째 기록되는 곳에는 0에서 20까지, 두 번째 곳에서는 0에서 17까지, 세 번째 곳에서는 0에서 19까지, 네 번째 곳에도 0에서 19까지, 마지막 곳에서는 0에서 12까지의 수가 적힌다. 여기서 말하는 '곳' 혹은 '장소position'는 역에서 말하는 '위位'에 해당한다. 마야수를 말할 때에 수는 위와 쌍벽을 이루며 이를 동시에 말해야 하는 것이 특징이다. 이것은 마야 력법의 특징이기도 하다.

수를 적는 방법은 왼쪽에서 오른쪽으로, 우리가 쓰는 방법과 동일하며, 4주가 아닌 5주를 0.0.0.0.0이나 4.12.5.9.0과 같이 '점'으로써 각각의 주가 나뉜다. 10진수로 수를 적는 대신에 20진법으로 적는다. 첫 번째 수가 쓰이는 곳에서는 1의 배수, 두 번째는 20의 배수, 3번째는 360의 배수, 네 번째는 2,700의 배수, 다섯 번째는 144,000의 배수로 적는다. 그런데 20진법이 적용 안 되는 곳이 세 번째(360)이다. 그 이유 역시 수의 초과분과 관련이 있는 것으로 주요한 부분이다.

예를 들어서 장주기법 5곳에서 수가 4.12.5.9.0으로 적혀 있다면 다음과 같이 계산을 해야 한다.

$$(4 \times 144000)+(12 \times 7200)+(5 \times 360)+(9 \times 20)+(0 \times 1)$$

과 같다. 이에 대한 자세한 설명은 아래에서 이어진다. 그렇다면 5주기법에서 마야인의 달력의 맨 끝 숫자는 12.19.19.17.20이 된다. 이를 학자들에 따라서는 13.0.0.0.0으로 보기도 한다. 이 수를 현대의 수로 계산 하면 1,872,000일(5,125.36년)이 된다. 그날에 해당하는 날짜를 현대의 그레고리 역에다 일치시키면 그것이 기원전 3114년 8월 11일이다.

여기서 하루를 수정해야 한다는 주장도 있다. 그러면 이날로부터 시작하여 5,125.36년에 해당하는 날짜가 언제인가. 그날이 바로 2012년 12월 21일이다.

그러나 필자의 관심은 여기에 있는 것이 아니다. 주된 관심사는 마야인들이 어떻게 이런 장주기법을 고안해 내었는가에 있다. 나아가 그것과 대각선 논법과의 관계 그리고 동북아 문명의 산물인 역과의 관계 등이 여기서 다룰 주요 주제들이다. 오직 이것만이 학문적인 연구 가치가 있다고 판단했기 때문이다.

그러면 도대체 마야인들은 이러한 장주기법을 어떤 논리적 근거에서 고안해 낼 수 있었던 것인가? 마야인들은 오늘날의 10진법이 아닌 20진법을 사용했다. 윷판의 둘레가 20인 것을 다시 상기해 둔다. 20일 각각의 날들은 '아하우Ahau'라는 신들로서 '영혼의 안내자'를 의미하는 20개의 상들 가운데 하나이다. 이는 마치 역의 12지지와 같이 각각의 날들이 상징하는 동물들과는 다르게 사람들의 얼굴을 한 신들의 이름을 갖는다. 그러면 20진법이 어디서 유래했는가 할 때에 쉽게 생각할 수 있는 것이 손가락 10개와 발가락 10개의 합으로 여길 수 있다. 그러나 이러한 생물학적 유래설은 모두 여기서 접는 것이 좋다. 그것들은 너무 우연적이고 일관성이 결여되어 있기 때문이다.

마야인들의 수는 사실상 5진법이다. 1-4까지는 점으로 표시하고 마지막 5는 가로로 된 막대기를 사용했다. 5는 명패수이며 5의 자기 언급이 10이고(대각선화), 20은 10의 자기 언급이다. 한국의 정역에서 5를 황극, 10을 무위, 20을 무무위수라고 한 것은 마야수를 과학적으로 이해하게 하는 데 도움이 된다. 이 문제는 필자의 '대각선 논법과 정역'(출간 예정)에서 다룬다. 여기서 생물학적 그리고 신비적 요소들을 되도록 배

제하고 논리적 그리고 수학적 접근에 맞게 노력을
할 것이다.

(도판93)은 국립중앙박물관에 소장된 낙랑시대
명문으로 고대인들이 생각한 숫자 5五에 연관된 개
념들이 잘 나타나 있다.(안기석, 1992, 48)

위 명문을 위에서부터 보면 5, 王, 宜(옳음), 그리
고 0 혹은 알을 의미한다. 이들 의미들이 어떻게 연
관이 되는가에서 우리는 고대인들의 수 개념과 우
주관을 함께 읽을 수 있을 것이다. 5는 왕이다. 그
래서 정역에서는 5를 '황극'이라고 했다. 5는 모든

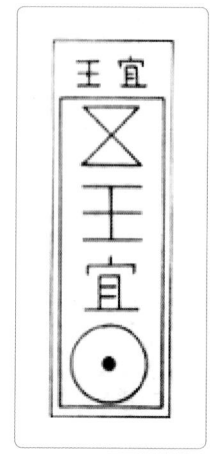

(도판93) 낙랑 명문에
나타난 숫자 5

만물의 옳고 그름을 판단하는 기준이다. 그래서 '명패'에 해당하는 수
라 한다. 다음은 생명의 근원인 '알' 혹은 0이다. 그리고 5는 서양에서
말하는 허수이고 무이다. 그래서 정역은 5의 배인 10을 무위수라고 하
고 20은 무무위수라고 한다. 이러한 5의 의미가 마야력 수에도 그대로
담겨져 있다. 즉, 우야엡으로서 5는 공, 허무 그리고 두려움의 대상인
수이다. 위 낙랑의 비문에 담긴 내용이 마야력 안에도 다 들어 있다.

마야력과 장주기 계산법

마야인들의 기원전 3114년 8월 11일은 현금의 역사가 시작되던 날
이다. 그 이유에 대해서는 아직 신비에 쌓여 있다. 마야인들에게는 실
무한적 시간 개념을 가지고 있었다. 즉, 일정한 기간의 시간 단위 속에
서 시와 종을 말하고 있다. 기원전 3114년에서 2012년까지를 한 단위
로 생각하는 시작과 종말을 말하고 있다는 말이다. 이를 두고 세계인들
은 마치 마야인들이 우주의 종말을 말하고 있는 것처럼 오해하였다. 기

원전 3114년 8월 11일, 이 기념비적인 날을 소위 '4아하우8쿰쿠4Ahau 8Cumcu'라고 한다. 그 이전에도 우주의 시간 역사가 있었다는 것을 의미한다. 그리고 우주가 끝나는 날도 다음 '4아하우 8쿰쿠'가 되는 날이라고 한다. 그날이 바로 2012년 12월 21일이다. 마야인들은 그 사이의 시간대를 20이라는 수에 기본을 두고 달력 체계를 만들었다. 그래서 마야수를 일명 '20진법vigesimal'이라고 한다.

마야인들은 20×13=260에 근거한 260일 계산법을 365일을 1년으로 셈할 때의 세 번째 바퀴와 맞물리게 하여 확장시켜 나간다.(도판94) 지금 우리는 12개월인데 마야인들은 18개월을 단위로 한다. 각 1개월에 20일이 있다고 하여 (18×20)+(1×5)=365일이란 날을 셈하였다. 물론 마야인들은 0.25일을 무시하고 있다. 그런데 이들이 윤일인 0.25일을 무시하고 있는 것 같지만 이들이 소위 우야엡Uyayeb이라고 하는 '5일'이라는 것이 사실상 이 윤일에 해당한다.

초과분의 숫자 5라는 것이 태양력의 1/4일에 해당하는 역할을 하는 것으로서 이는 마야인들이 더 철저하게 윤달과 윤일에 대하여 생각하고 고민했음을 알게 된다. 윤일을 발상하는 사고방식에 있어서도 역과 같다. 우리의 관심사는 2012년이란 미래 예측에 있는 것이 아니고, 마야인들이 윤일과 윤달이라는 초과분에 대하여 어떻게 생각했는가에 있다. 이것만이 과학적이고도 학문적인 연구 대상이기 때문이다. 선기옥형의 삼진의에서 다룬 해와 달과 지구의 관계에서 마야인들이 초과분을 어떻게 다루었는가를 여기서 알아보기로 한다. 양자를 연결시키는데 결정적 역할을 하는 것이 천간지지일 것이다. 이미 위에서 마야 구성수와 천간지지의 관계를 다루어 놓아 그것이 비교에 참고가 될 것이다.

(도판94)에서 서로 맞물려 돌아가는 세 바퀴는 날짜의 변화를 보여준

다. 세 바퀴는 각각 월, 일, 시간을 나타낸다. 마야식 삼진의라고 해 두기로 한다. 여기서 중요한 우측 큰 원은 하압으로 월을 나타내는 것이며 그것을 '쿰쿠Cumcu'라고 한다. '8쿰쿠4아하우'는 이 시대의 '영점'이

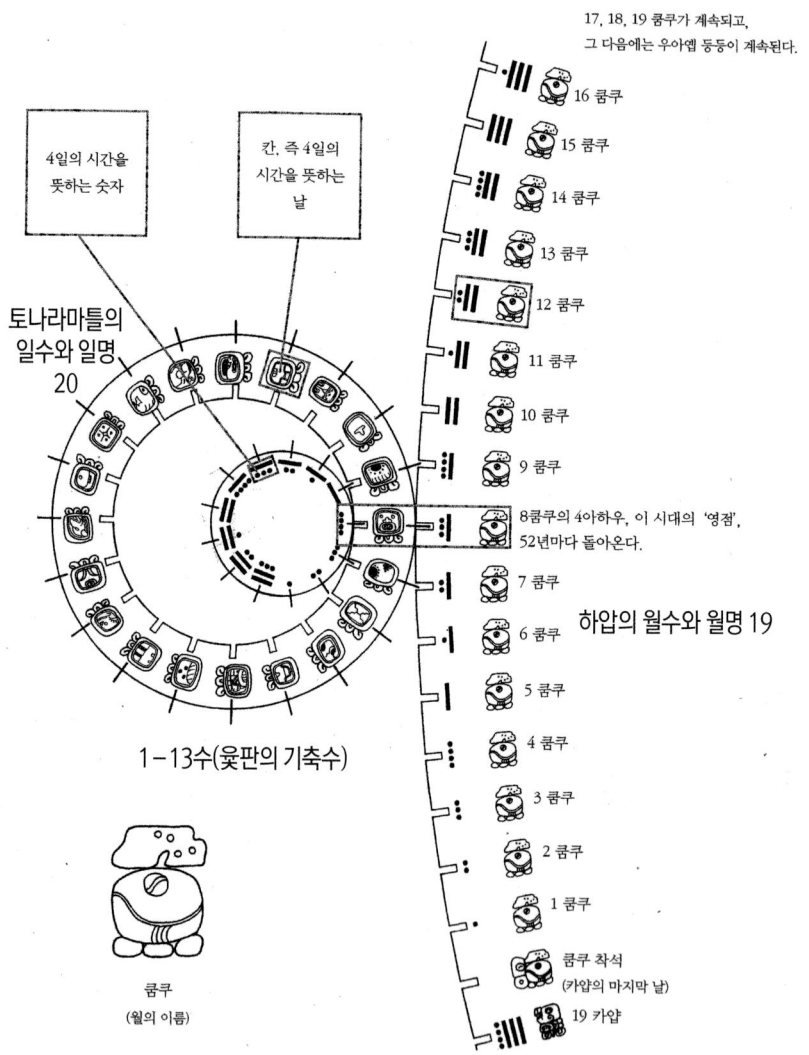

(도판94) 토나라마틀과 하압의 맞물림(로빈슨, 1995, 127)

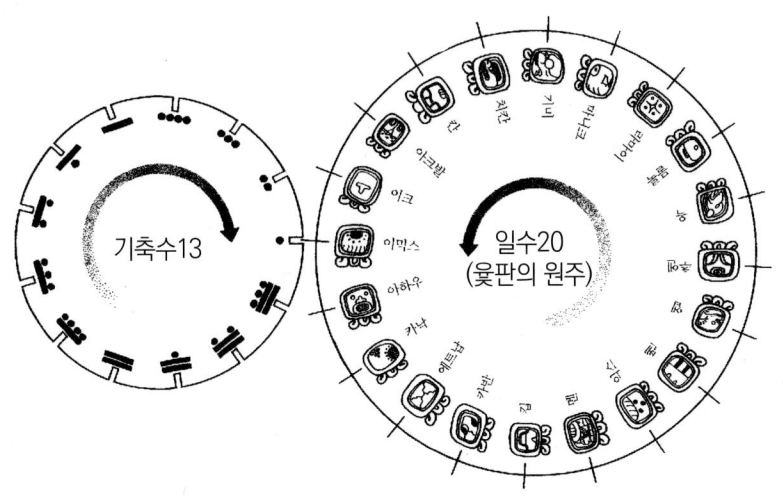

(도판95) 기축수13과 토나라마틀의 맞물림

며 매 52년마다 돌아온다. (도판94)에서 현재 날짜를 '8쿰쿠4아하우'라고 할 때에 4일 후면 12쿰쿠8칸이 된다. 3개의 바퀴를 계속 돌리면 52년 만에 다시 8쿰쿠4아하우에 돌아오게 된다. 3개의 바퀴가 다시 원점에서 일치하게 된다. 이를 마야식 일통수라 할 수 있다. '일통수'란 역에서 일회전 하는 수이기 때문이다. 이를 '시초적 시리즈Intial siries'라 한다.

마야인들의 0은 8쿰쿠4아하우와 관련이 있고 지금 우리가 사용하는 역법으로는 기원전 3114년 8월 13일에 해당한다. 이 날을 마야인들은 0.0.0.0.0으로 표시한다.

이제 0.0.0.0.0이라는 5개의 자리가 어떻게 결정되는가를 볼 차례이다. (도판94) 좌측의 두 개의 바퀴 13과 20이 만드는 260일을 토나라마틀tonalamatl이라고 한다. 우측의 큰 바퀴는 하압Haab이라고 한다. 하압은 위에서 본 바와 같이 (18×20)+(1×5)=365에 근거하여 365일이다. 그러면 260일과 365일이 처음 출발했던 곳에서 다시 만나는 일통수는

52년이다. 토나라마틀과 하압에 의해 4개의 시제 일수, 일명(토나라마틀)과 월수, 월명(하압)이 정해진다. 중요시 되는 것은 19개의 쿰쿠이다. 그런데 19개는 18+1=19이다. 여기서 1은 수 '5'이며 이를 '우야엡'이라고 한다. 18개의 도상들과 우야엡과의 관계는 다음과 같다. 1과 5를 정역에서는 태극과 황극이라고 하며 전체수인 동시에 무에 해당하는 수이다.(로빈슨, 1995, 126)

260을 '토나라마틀'이라 하며 이를 365의 하압이란 것과 두 개의 바퀴가 되어 서로 마주 물려 돌아가게 하면 하나의 장주기 혹은 대주기를 만든다. 대주기 안에 들어 있는 작은 주기들의 이름들은 다음과 같다.

문명이 탄생한 이후 인간은 세 개의 태양을 통과해 왔고, 2012년 12월 21일이면 이제 네 번째 태양주기에 돌입을 한다. 이러한 계산의 배후에는 20진법이 있었다. 5개의 자릿수 가운데 우측을 기준으로 가장 먼 쪽에 있는 숫자가 1일, 둘째 자릿수는 20일, 셋째 자릿수는 마야의 태양년으로 1년에 해당하는 360일이다. 그런데 여기서는 20진법이 적용되지 않았다. 20진법이면 $20 \times 20 = 400$일이어야 하는데, $20 \times 18 = 360$일이라는 점이다. 20진법의 일관성 상실, 이것이야말로 대각선 논법이 적용되어져야 해명될 주요한 논리적 부분이다. 이에 대한 규명을 아래에서 해 나가려고 한다.

넷째 자릿수는 태양년으로 $360 \times 20 = 7,200$일이다. 다섯째 자릿수는 마야의 태양년으로 400년인 $7,200 \times 20 = 144,000$일이다. 《요한계시록》에 나오는 마지막 살아남을 144,000명이란 수 역시 이와 무관치 않다. 물론 동양의 역수에도 곤책수 144에서 이 숫자가 등장한다. 이를 마야력의 명칭들을 사용해 요약하면 다음과 같다.

	1킨	1일
20킨	= 1위날	20일
18위날	= 1툰	360일
20툰	= 1카툰	7,200일
20카툰	= 1박툰	144,000일

위의 셈법에서 20진법인 것이 확인되나 여기에 예외가 있다. 그것은 다름 아닌 달을 의미하는 위날의 경우에는 20이 아니고 18위날이 1툰이다. 바로 위날의 경우에 우야엡이 들어간다. 윤달이 들어가 초과분의 수가 발생하기 때문이다. 이는 마야인들이 0.25일을 무시한 것 같지만 우야엡을 통해 윤달과 윤일에 초과분의 심각성을 더 심각하게 인식하고 있었음을 의미한다.

마야인들은 도상을 통해서 수를 이해하는 동시에 사람의 머리 도상을 통해서도 이해하고 있다. 여기서 우리가 눈여겨보아야 할 점은 5와 10과 0이다.(Stray, 2007, 23) 이는 마치 역에서 상·수·사 트로이카를 항상 동시에 고려하는 것과 같다고 할 수 있다. 서양 전통에서는 이 전통을 아테네 시대의 철학자들이 다 파괴하고 말았다. 유클리드 역시 수에서 언어(사)와 상을 제거하고 말았다. 플라톤은 철학자들이 저서 속에 도상을 넣지 못하게 했다.

여기서 괄목할만한 점은 마야인들이 0을 수로 사용했다는 것과 1, 2, 3, 4는 점으로 표시했지만 5는 막대를 사용했다는 점이다.[2] 이는 역에서 5를 명패수로 보고 1, 2, 3, 4를 생수로 보아 명패수와 생수들의 합으로 생수 6, 7, 8, 9, 10을 만들었다는 것과 연관이 된다. 이 점에서 역

2) 이는 사희 놀이에서 5를 '모'라고 하는 것과 같다.

수와 마야수는 완전히 일치하고 있다. 무엇보다 지적할 중요한 점은 수를 명패와 물건으로 나눌 줄 알았다는 점에서는 더욱 일치한다.

(도판96)을 보면 10을 제외한 모든 수들이 사람의 두상으로 되어 있다. 특히 10이하의 수들에는 아래턱 뼈가 달려 있다. 특히 0은 손으로 아래턱 뼈를 잡고 있다. 그런데 10만은 두상이긴 하지만 해골이다. 다시 분석하면 13~19는 3~9의 수들에 아래턱 뼈와 수 10의 해골을 가미했다. 이러한 두상을 통한 도상들을 볼 때에 마야인들이 수를 통해 대각선 논법을 깊이 이해하고 있었음이 여실히 나타난다. 명패와 물건을 나눈다는 것이 대각선 논법의 시작이다.

다시 정리하면 5를 명패수로 한 물건수와의 사상으로 대각선수 만들기, 정대각선수 10에 대한 특별한 처리 같은 것들이 마야인들이 력수를 이해한 주요 내용이라 할 수 있다. 10수를 특히 죽은 사람의 해골로 표시한 것은 대각선 논법에 대한 깊은 이해 때문이라 볼 수 있다는 것이다. 마야인들이 수를 명패수와 물건수로 나누고 그렇게 나눌 때에는 자기 언급 현상이 생긴다는 것을 알고 있었다. 10수는 5라는 막대기 두 개가 자기 언급하는 것으로서 주요한 동시에 불길한 수라는 것도 알았음을 의미한다. 10을 만드는 것은 당연히 5이다. 그래서 우야엡에 5를 배정하는 이유도 이해하게 된다. 대각선을 반가치화와 반대각선화를 할 때에 초과분이 생겨나고 이것은 역설을 조장해 우주의 질서에 난맥상을 조장하는 수로 간주했다는 것을 의미한다.

마야식 오주 표기법

대각선 논법과 관련하여 마야인들이 수를 배열할 때에 가로와 세로를 어떻게 인식하고 있었는가를 고찰할 차례이다. 여기서 사용하는 '사

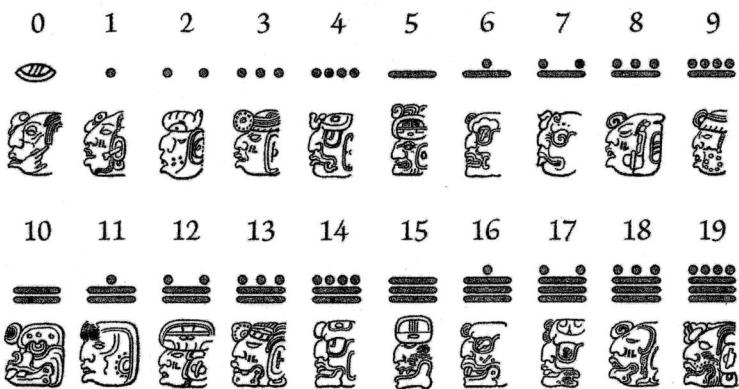

(도판96) 하압 월수19(윷판의 반원수)

'주四柱'라는 말은 말 그대로 '네 개의 기둥'이라는 일반적 의미와 같다.
마야인들도 시·일·월·년이라는 시간의 네 개 기둥을 그대로 사용한다.
킨(1일)·위날(20일)·툰(360일)·카툰(7,200일)·박툰(144,000일)을 수로 표시
하는 0.0.0.0.0은 다름 아닌 동양식 사주 표시법과 비교할 수 있다. 마
야인들은 1년 주기가 아닌 '장주기법long term'을 사용하기 때문에 카툰
(7,200일)에 박툰(144,000일)을 첨가하여 4주가 아닌 5주기 법을 사용한다.
그리고 마야인들은 5주五柱를 기둥 모양의 직사각형을 통해 나타낸다.

　마야력에서 1태양주기(아하우)는 5,200년인데, 이 숫자는 매우 중요한
수로서 그것을 셈하여 얻는 방법은,

$$144,000일 \times 13 = 1,872,000일 \div 360일 = 5,200년$$

(여기서 1년은 360일)

과 같다. 지금은 5,200년 단위의 1태양주기가 세 번 지나가고 있는 때
이다. 태양3주기가 끝나는 시점을 소수점으로 13.0.0.0으로 표시하고

2012년 12월 21일 다음 날은 0.0.0.1로 표시된다. 이는 4태양주기가 시작하는 시점이다. 력을 장주기 표시법, 마야력 표시법(촐킨과 하압), 그레고리력 표시법이란 삼자를 동시에 표시할 줄 알아야 마야력에 대한 이해가 증폭될 것이다. 이를 함께 비교해 나타내면 아래와 같다.

장주기법					마야력법	그레고리력 법
0.	0.	0.	0.	0	4아하우8쿰쿠	3114년 8월 11일, B.C.E.
7.	16.	3.	2.	13	6벤16출	36년 12월 6일, B.C.E.
9.	10.	19.	5.	11	10츄엔4쿰쿠	652년 2월 2일, B.C.E.

(도판97) 3대 력법 비교

마야력에서 자릿수라는 것은 매우 주요하여 자릿수 간의 구분은 소숫점으로 한다. 그래서 자릿수를 순서대로 나타내면

박툰.카툰.툰.위날.킨박툰.카툰.툰.위날.킨

의 순이다. 날짜가 증가하는 순서는 좌측에서 우측으로 일·월·년과 다음의 순서이다. 이렇게 마야력에 대한 관심사는 당연히 장주기법에 쏟아질 수밖에 없다. 다시 강조해 말하면 마야 장주기법은 사주에 대하여 오주이다. 동양의 사주는 마야력에서 볼 때에 단주기인 것이 분명하다. 그러나 동양에도 이만한 장주기법이 없는 것은 아니다. 특히 소강절에 와서 발전된 장주기법은 마야력의 그것과 쌍벽을 이룬다. 마야 장주기법은 빅뱅까지 셈할 수 있다.

장주기 계산법으로 가기 전에 우리는 마야력에 관한 기본 지식을 더 확보해 둘 필요가 있다. 마야인들은 1년을 365일 단위로 하는 상용년

(하압Haab) 주기와, 260일로 된 제례주기(촐킨tzolkin)라는 두 개의 바퀴를 돌려서 장주기법을 만들었다. 365는 (18×20)+5=365일에서, 260은 13×20=260일에서 유래했음을 다시 강조해 둔다. 윷판에서 전자는 반원과 온원의 곱수에 5(모)를 더한 수이고, 후자는 중앙 기축과 온원의 곱수임을 상기할 필요가 있다. 13과 18은 20과 달리 두 개의 기축과 원주의 수에 의하여 결정된다. 그러나 20은 단순한 원주상의 수이다. 그러나 4곳에서 수평과 수직축이 만난다. 마야인들은 제례주기를 20일씩 13주기로 나누고, 상용년은 20일씩 18개월(위날)로 나눈 다음 5(불행수)를 더한다.[3]

역의 일진법에 의하면 모든 날과 달은 10천간12지지의 동물 이름이 붙어 있는데 이와 마찬가지로 마야인들은 평일의 이름을 동물의 이름으로 네 부분으로 나누었다. 이는 천간지지가 4계절과 연관이 되는 것과 같다. 그리고 이는 마치 윷판을 네 등분하는 것과 같다. 260일 주기와 365일 주기를 매 52년을 주기로 등분하여 바퀴의 톱니가 맞물리도록 하였다. 시작과 끝이 일치한다는 뜻이다. 이 52년 주기를 학자들은 '책력의 순환Calendar Round'이라고 한다.

이는 장주기 역법을 두고 하는 말인데 이 역의 테를 표시하는 방법은 오주 소숫점 자리에 의한 방법과 명칭과 숫자를 조합한 '12카반15체' 혹은 '2아하우8쿰쿠'와 같은 제 방법들이 있다. 특히 후자는 역의 일진 표기법과 같다. 즉, 이는 '5갑자년12임진월13갑신일'과 같은 방법이라 할 수 있다. 동양에서는 이를 납갑법納甲法이라 하여 그 시작의 기준을

---

3) 84년마다 1개월을 늦추는 방법을 취한다. 이 기간에 축제나 행사를 벌여서 추가로 생긴 날짜들을 특별하게 보낸다. 유대인들이 희년이라는 것을 두어 특별하게 취급하는 방법과 같다. 이렇게 각 문화권마다 역법을 연구함에 있어서 주요한 것은 윤달과 윤일을 어떻게 처리하고 있는가를 관찰하는 것은 초미의 관심사가 아닐 수 없다.

요임금이 등극하던 해로 삼았는데, 마야인들도 마찬가지로 주요 통치자들이 지배하던 기간의 장주기법을 돌비석에 새겨 남겼다. 이제 장주기 계산법으로 들어가기 전에 13.0.0.0.0은 '8아하우8쿰쿠'이고 이날이 기원전 3114년 8월 11일에 해당하는 지금 우리가 살고 있는 시대의 시작이었음을 다시 상기해 둔다. 시간과 공간 파악에는 항상 시작과 출발점을 바로 파악하고 있어야 하기 때문이다.

구성수들 13과 18과 20은 그 성격이 다르다. 윷판에서도 보는 바와 같이 13은 수평과 수직축에 있는 기축수들이고, 20은 외곽의 수들이고, 특히 13과 18은 수평 혹은 수직과 외곽수의 혼합이다. 윷판의 네 순환점의 수들은 축과 주변에서 함께 하는 수이기 때문이다. 이들 5곳에 있는 재귀점들 때문에 우야엡이 생긴다고 보아야 한다. 위 낙랑 명문 (도판93)에서 보는 바와 같이 마야력의 이러한 특징들이 그 안에 다 들어 있다. 즉, 낙랑 명문에서 O은 우야엡의 공개념을 그리고 五의 글자 모양은 가로와 세로가 만드는 대각선 모양을 그리고 王자는 수직과 수평축이 서로 만나는 것 등을 나타낸다. 마야 장주기 계산법에서 주요한 구별은 서수와 기수의 구별이다. 마야인들은 1~13까지의 수를 셈할 때에 서수를 구사하였다. 천간지지에서 이러한 서수에 해당하는 것은 12지지 이지 10천간이 아니다. 천간은 무기 때문에 서수를 결정할 수 없다. 마야인들에게서도 12와 같이 13으로만 규칙적인 서수를 정할 수 있다. 20개의 원주상의 철도는 규칙적으로 배열되어야 하지만, 거기를 달리는 열차들의 수는 13과 18의 맞물림에 의하여 만들어져 가변적이다.

5.2 마야 장주기 계산법

마야력의 장주기법을 계산하기 위해서 가감승제의 성격을 파악하는 것은 매우 중요하다. 주역에서는 가감을, 그리고 정역에서는 승제가 주로 적용이 된다. 마야력을 이해하는 데 있어서도 가감승제는 중요한 셈법이다. 특히 나누기 셈법에서 '나머지'에 해당하는 수는 매우 중요하다. 력에서도 중요시 되는 것은 몫이 아니고 나머지이다. 작용을 하는 수는 나머지 수이지 몫 수가 아니기 때문이다. 역과 마야력은 '나머지 정리'라 할 정도로 나머지를 중요시한다.

곱하기와 나누기 셈법

더하기는 서로 더하는 수를 가로든 세로든 한 가지 방법으로 배열해야 하지만, 곱하기는 더하기와는 달리 곱하는 수와 곱해지는 수를 가로와 세로, 또는 세로와 가로에 배열해야 한다. 예를 들어 $728 \times 549 = 399,672$가 어떤 구조로 셈하여지는지를 한 번 살펴보기로 한다. 아래 곱하기 셈법은 '게로시아Gelosia'라고 하여 인도의 힌두들이 개발한 것이다. 7은 백의 단, 2는 십의 단, 8은 일의 단위에 해당한다. 이 세 가지 단위를 가로로 나란히 (도판98)과 같이 나열해 놓는다.

다음은 곱하는 수만큼 1부터 9까지 세로로 순번을 매긴다. 5와 4와 9를 세로로 순번으로 나열한다. 그러면 가로줄 7과 2와 8은 세로줄 5와 4와 9가 분리되어 가로와 세로의 작은 칸 하나씩을 대각선을 사이에 두고 차지한다. 그 모양은 직사각형이다. 그러면 한 칸으로 된, 네 칸으로 된, 그리고 아홉 칸으로 된 세 개의 소, 중, 대 사각형이 생긴다. 각 사각형을 대각선으로 2등분하여 나눈다. 그리고 가로와 세로를 곱하기 하여 대각선의 아래 위 칸에 (도판98)과 같이 적는다. 줄9와 칸6을 곱한 63의 경우 3은 대각선의 아래에, 6은 위에 적는다. 다음은 소, 중, 대 사각형 안에 있는 대각선상에 있는 수들을 더하기를 한다. 예를 들어 2+7+8=17의 7은 사각형의 하단에 적고 1은 그 위의 대각선으로 올려 적는다. 올린 1은 그 위 대각선의 합산에 더해진다. 그래서 0+3+8+1+3=15+1=16이 된다.

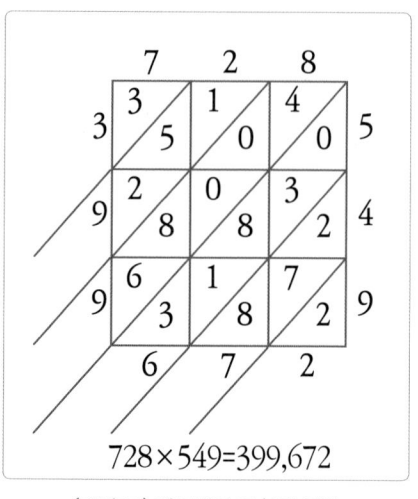

728×549=399,672

(도판98) 게로시아 곱하기 셈법

6은 사각형의 하단에 적고, 1은 그 위의 대각선위로 올린다. 이렇게 하면 사각형의 하단에는 672가 좌측에는 399가 나타난다. 이때에 두 수를 이어 적은 399,672가 문제의 곱하기의 답이다.

여기서 자리란 역에서 말하는 '위'이고, 2는 그 위에 있는 '수'이다. 다시금 역이 왜 위와 수를 구별하는지를 알게 된다. 여기서 곱하기는 더하기와 달리 가로와 세로, 대각선이라는 3차원을 고려하지 않으면 안 된다는 것도 알았다. 그리고 곱하기에는 그 속에 더하기를 내포한다는 사실도 알았다. 다시 말해서, 두 수가 만드는 대각선상에 있는 수들끼리는 서로 더하기를 해야 한다는 사실을 안 것이다. 작은 사각형의 대각선 좌우는 가로와 세로수를 곱하기 한 숫자가 나누어져 들어가 있다. 큰 대각선 두 개와 작은 대각선 두 개가 새로운 수의 수열을 만들고, 이렇게 새로 만들어진 대각선상의 수들을 더하기 한 것이 곱하기로 새로 만들어질 수의 자리와 그 자리(위)의 수가 된다. 이렇게 곱하기는 가로와 세로와 대각선상의 수가 곱하기와 더하기 한 것으로 구성된다.

이상은 '곱하기' 셈법의 구조이다. 그 속에는 가로와 세로, 그리고 대각선이라는 대각선 논법의 요소들이 가미된다. 더하기나 **빼기**에서는 가로와 세로로 수를 배열할 필요없이

$$
\begin{array}{r}
728 \\
+549 \\
\hline
1,277
\end{array}
\qquad
\begin{array}{r}
728 \\
-549 \\
\hline
179
\end{array}
$$

와 같다. 가로나 세로가 대각선을 만들 필요조차도 없다. 가로나 세로 어느 하나의 방향으로만 더하기 할 수를 배열만 하면 된다. 칸토어 대각선 논법과 역의 방도는 반드시 수를 가로와 세로로 격자 방식으로 배열하여 한다. 곱하기가 더하기와 다른 점은 물건수와 명패수를 나누어야 하는 것이다. 3×4=12의 경우 이는 3개의 상자 각각에 과일이 4개씩 들어 있다는 말과 같다. 혹은 4개의 상자에 3개씩 들어 있다고 해도 좋다. 그러나 3+4=7은 사과 3개와 사과 4개를 단순 더하기이다. 같은 상자 안에 사과 7개가 들어 있다는 말과 같다. 과일이 담는 상자와 담길 과일을 구별한다는 것은 위와 수를 구별하는 것이고 명패와 물건을 구별하는 것이나 마찬가지이다. 이는 곱하기의 경우 집합과 요소를 구별한다는 것을 의미하고 이는 명패와 물건을 구별한다는 말과도 같다.

 나누기의 경우는 분수 형식으로도 표현할 수 있다. 분자는 나뉘는 수이고 분모는 나누는 수이다. 16÷3=5 나머지 1인 경우, 16리터가 들어가는 용기에 3리터짜리가 5개 들어가고도 1리터가 남는다는 뜻이다. 1리터 용기를 다 채우지 못한 어중간한 양의 물을 얼마나 더 모으면 1리터가 될 것인가를 생각하는 것이 분수의 개념이다. 즉, 어중간한 이 양이 2개로 1리터가 된다면 이 물병의 양은 1/2이고 3개이면 1/3이 된다.

분수는 이와 같이 다 차지 않는 어중간한 양을 기준 양으로 (여기서는 1리터) 측정한다.

그런데 문제는 다 차지 않는 어중간한 양을 몇 배 해 보아도 정확하게 1리터가 되지 않을 경우에는 어떻게 해야 하는가이다. 이럴 경우에는 이 어중간한 양을 몇 개 모아서 1리터의 몇 배의 양이 되는가를 조사하면 된다. 예를 들어서 어중간한 양을 7개 모았을 때에 1리터의 5배인 5리터가 된다면 이를 5/7리터로 표시한다. 그런데 물을 담는 용기가 1리터가 아닌 경우에는 동일한 방법으로 생각할 수 있다. 예를 들어서 3리터 용기에 들어 있는 어중간한 양의 물을 2배하면 정확하게 가득 찰 경우 3/2리터가 된다. 참고로 2/5를 읽을 때에 '5분지 2'라고 한다. 그러나 서양에서는 'two-fifth' 혹은 'two over five'라고 한다. 여기서 서양 사람들은 분자는 기수로 분모는 서수 개념으로 이해한다. 기수와 서수가 이렇게 분자와 분모의 개념과 일치한다. 이렇게 분자와 분모를 기수와 서수로 구별하는 것은 서양적 지혜라 할 수 있다. 예를 들어서 five/fifth라고 하면 그것은 수지의 경우 무지에 해당하고 그것은 다른 것들과 구별되어져야 한다. fiive와 fifth는 구별해야 한다. 후자는 5번째로서 개수로서 five 가운데 하나이지만 five는 전체이기 때문이다. 우리는 모와 자로 구별하여 분자/분모라고 한다. 이는 수지 셈법을 할 때에 매우 주요시된다. '5번째'하고 '5개'하고는 서로 다르기 때문이다.

물을 담는 용기라는 개념을 한 번 1년 1달 1일 등으로 시간 개념으로 바꾸어 놓고 생각할 때에 여기서 '어중간한'이란 개념은 일수와 월수와 년수를 셈할 때에 아주 필요한 개념이다. 다 담을 경우와 다 담지 않을 경우가 항상 천지 도수를 셈할 때에 문제시 된다는 것이다. 이러한 차이를 '세차歲次'라고 하며 제사를 지낼 때에 첫 마디가 '유세차維歲次'란 말이 여기서 유래한다. 귀신을 부를 때에 이러한 세차를 말하지 않으면 귀신이 태어난 시간과 죽은 시간을 정확하게 셈할 수가 없기 때문이다. 마야인들이 얼마나 유세차에 민감했는가를 볼 차례이다. 이는 미신이 아니라 360도와 $365\frac{1}{4}$일의 차이를 이해하는 데서 오는 필수적인 것이다. 그러나 그리스 시간의 신인 익사이온은 유세차를 몰라서 전과 후 어디로 바퀴를 돌릴까 고민하고 있다.

정역에서는 9를 명패수로 한 1~9까지의 수를 곱하기하여 이를 간지의 명칭에 일대일 대응시켜 력수曆數를 만들어 낸다. 이때에 하도와 낙서수의 기수법에는 없던 대각선이 정역에는 있음을 알게 된다. 다시 말해서 곱하기의 사상 작용mapping은 9가 명패수가 되어 1~10(9)의 물건 수들을 곱하기의 대상으로 하는 것이다. 5와 10이 더하기 사상 작용을 하는 것은 기차의 철길과 같고, 9의 곱하기 사상 작용은 그 철길 위를 달리는 기차와도 같다. 선기옥형에서는 전자가 우주의 천체가 도는 궤도와 같다면 후자는 천체 자체와도 같다고 본다. 전자가 6합의라면 후자는 3진의이다. 도수를 측정하는 것이 사유의이다. 그래서 우리의 관심사는 궁극적으로 사유의에 다다를 수밖에 없게 되었다.

장주기 계산법과 역산법

마야인들은 장주기를 셈할 때에 가·감·승제의 4산법을 모두 구사한다. 이 가운데 곱하기와 나누기는 중심역할을 한다. 마야력의 장주기는 세로는 두 칸으로 하고, 가로는 5개 혹은 그 이상의 줄로 하여 이를 장주기 일수 적는 방법으로 사용한다. 이는 음양오행의 수를 연상케 한다. 즉, 역에서 효를 셈할 때에 아래로부터 초효, 2효, 3효,...상효로 셈하듯이 마야력도 아래로부터 위로 킨, 툰,...박툰의 순서로 거슬러 올라

가면서 셈한다. 그러나 (도판99)에서
읽는 방법은 그 반대이다. 세로줄은
A와 B로 표시하고, 가로줄은 1, 2, 3,
...6으로 표시하여 이를 도상으로 표
시하면 다음과 같다.

(도판99)의 도상에서 괄목한 점은 마
야력은 명패수와 물건수를 엄격히 나
눈다는 점이다. 이렇게 나누는 순간 대
각선 논법은 피할 수 없게 된다. 먼저
읽는 순서는 아래와 같다.

A1—B1—A2—B2—/
A3—B3—A4—B4—A5—B5—/
A6—B6—A7—B7—A8—B8—A9—B9

(도판99) 마야 도상을 통한 장주기 표시
법(Huf, 1984, 13)

가로와 세로를 서로 가로지기 하면서 지그재그로 위에서 아래로 읽
어 내려간다. 그러면 수의 크기 순서는 반대로 아래서 위로 향한다. 그
런데 여기서 A1-B1-A2-B2에 해당하는 위에 있는 가장 큰 도상은 명
패에 해당하는 도상이다. 이를 '서두 도상introductory glyph'이라고 한다.
서두 도상이란 명패가 있기 때문에 대각선 논법은 불가피하다. 이 서두
도상 밑으로 우리가 찾으려고 하는 마야력의 수들이 박툰-카툰,...킨
순서로 나타난다. 우리는 여기서 대각선 논증의 5대 요소들 가운데 배
열, 가로와 세로를 확인한다. 세로인 명패는 위에서 본 바와 같이 A1-
B1-A2-B2이다.

명패에 해당하는 서두 도상 다음의 박툰-카툰-툰-위날-킨의 5개의 오주五柱('사주'에 대하여 오주라고 함)는 소수점 자리로 표시하여 0.0.0.0.0이라고 한다. 바로 0.0.0.0.0에 해당하는 해가 그레고리 역으로 기원전 3114년 8월 11일에 해당한다. 그리고 0.0.0.0.0의 3아하우가 끝나고 4아하우가 시작되는 날은 13.0.0.0.0으로 그레고리 역으로는 2012년 12월 21이다. 이를 위의 도상에서는 13.0.0.0.0으로 표시한다. 이 날은 4아하우 3칸킨이 시작하는 날이다. 결론적으로 (도판99)의 도상들을 순서대로 읽으면

A1—B1—A2—B2	서두 도상
A3—B3	13박툰baktuns 0카툰katuns
A4—B4	0툰tuns 0위날uinals
A5—B5	0킨kins 4아하우Ahau(촐킨Tzolkin 날)
A6—B9	(하압Haab달) 3칸킨kankins

과 같다.

장주기 계산법을 더 논하기 전에 명패에 대하여 더 알아보기로 한다. 그 이유는 우리의 관심사는 마야력 안의 대각선 논법에 있기 때문이다. 명패 혹은 서두 도상으로 사용되는 도상들은 (도판100)에서 보는 바와 같이 당대의 신이든지 아니면 도상들이 건립될 당시의 맹주들이다. 도상들의 모양을 보면 크게 세 부분으로 나뉜다.

옆구리는 머리빗이나 고기의 지느러미이다. 그 중앙에 있는 것이 다름 아닌 당대의 주신이 아니면 도시를 지배하던 통치자의 얼굴들이다. 그러나 이러한 것들이 마야력을 셈하는 데 있어서 중요한 것은 아니다.

역에서도 명패에 해당하는 수는 5이며 5는 낙랑 명문에서 보는 바와 같이 황극에 해당하는 임금에 비유하기도 한다. 명패와 물건수의 사상으로 역수가 만들어지듯이 마야력에서도 명패인 서두 도상과 그 아래 물건인 도상들과의 관계에서 마야력의 장주기법이 만들어

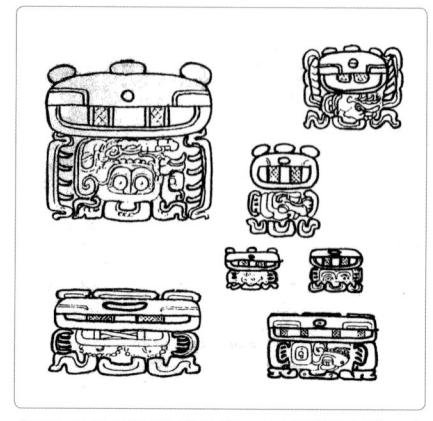

(도판100) 명패에 해당하는 도상들(같은책, 15)

진다. 장주기법에는 서두 도상들 이외에 박툰을 비롯한 5개가 모두 고유한 도상들을 가지고 있다.

동양의 역에서는 장주기법을 말할 때에 반드시 선천과 후천을 말한다. 지금 여기서 말하고 있는 13을 20 혹은 18과 곱하기하여 만든 장주기법은 사실상 역의 언어로 말하면 '후천After-Heaven Era'에 해당한다. 이를 '13Heavens'라 한다. 그러나 마야에서는 '9Under worlds'라 했는데 이는 '선천Before-Heaven Era'에 해당하는 다른 말이라고 보면 된다. 박툰에서 친까지 5개의 기간은 후천에 해당한다. 그 이전 9개의 지하 세계, 즉 선천세계가 있었다. 마야 피라미드의 9개 층이 모두 이런 지하 세계를 상징한다. 13후천 세계 이전의 9지하 세계는 가히 빅뱅까지 거슬러 올라가는 장주기라고 할 수 있다. 선천 9지하 세계를 논하기 전에 여기서는 13후천 세계의 셈법에 대하여 더 상론해 두기로 한다. 결국 마야 장주기법은 현대 천문학에까지 와 닿는 길을 열어 놓고 있다.

아래 도상은 후천 장주기 9.12.15.13.7에 해당하는 것이다. 이를 통해 한 번 장주기 계산법을 알아보기로 한다.

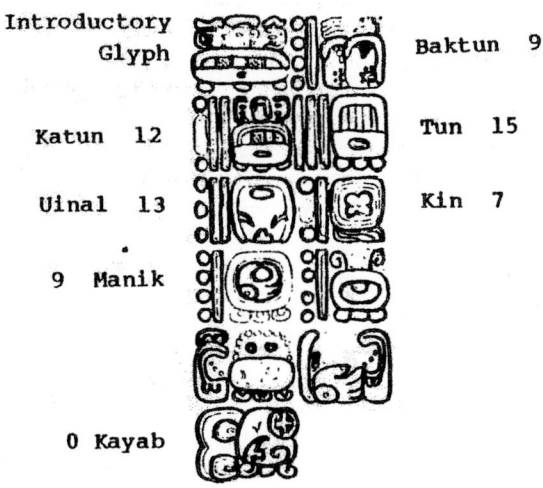

Introductory Glyph	Baktun 9
Katun 12	Tun 15
Uinal 13	Kin 7
9 Manik	
0 Kayab	

(도판101) 9.12.15.13.7 장주기법과 도상들(Huff, 1984, 22)

　박툰, 카툰, 툰, 위날, 킨의 오주 이외에 '9마니크manik'와 '0카얍kayab'
이 추가되어 있다. 특별히 이 점에 유의해야 한다. 이 부분이 대각선 논
법의 초과분 혹은 윤달에 해당하는 부분이기 때문이다. 이 초과분은 명
패와 물건으로 나눌 때에 반드시 대각선 논법에서 발생하는 수이다. 이
를 중심으로 후천 장주기 셈법을 상론하면 다음과 같다.

　이제 (도판101)은 9.12.15.13.7로 읽힌다. 이에 해당하는 일수를 곱하
기 하면 다음과 같다.

박툰　9×144,000일=1,296,000일

카툰　　12×7,200일=86,400일

툰　　　　15×360일=5,400일

위날　　　　13×20일=260일

킨　　　　　　7×1일= 7일
　　　　　―――――――――――――
　　　　　　합계 1,388,067일

(도판102) 9.12.15.13.7 장주기법 계산하기

4아하우8쿰쿠에서 우주가 시작된 이래로 1,388,067일이 지나갔다는 것을 의미한다. '9마니크'와 '0카얍'이 52년마다 발생했기 때문에 이만한 수의 날이 지나 갈 수 있었다. 여기서 '9마니크'와 '0카얍'은 52주기에서 한 번 생기는 현상이다. 그 사이에 생긴 윤일이다. 이는 역에서 말하는 19세7윤과 같다고 할 수 있다. 마야력을 고찰할 때에 반드시 이에 대한 토론을 해야 될 이유는 이 날짜를 계산에 넣어야 이만한 수의 날이 경과한다는 것의 의미를 알 수 있기 때문이다. 그래서 마야력 연구에서 요주의해 보아야 할 대목은 '9마니크'와 '0카얍'이다. 이제 9.12.15.13.7의 오주를 단계적인 전개 방법으로 셈하여 보기로 한다.

토나라마틀 구하기 셈법

(도판94)를 보면 13은 스스로 반복 회전하고 20수도 13을 따라서 회전한다. 그래서 13×20=260일을 만든다. 순서에 따라서 마야 력수를 구해 나가면 아래와 같다.

작용수 2,527일 구하기 : 오주의 날수를 총합한 수는 1,388,067일이다. 이 수를 52주기의 일수인 52×365일=18,980일로 나눈다. 나누는 이유는 1,388,067일이란 수가 너무 거대한 수이기 때문에 이 수를 52주기의 수 52×365일=18,980일로 나눈 후 그 나머지 숫자 2,527일 만을 취한다. 나머지 숫자만을 취하는 이유는 톱니바퀴들이 맞물려 회전할 때에 서로 맞물리는 곳이 바로 나머지가 없이 몫이 떨어지는 지점이기 때문이다. 하루에서 12+12=0시가 되는 것과 같은 이치이다. 그래서 아무리 많이 회전을 해도 그것은 변화를 유도할 수 없다. 이 기법은 동북아의 명리학, 특히 구성학에서 그대로 이용하는 기법이다. 그래서 얻어지는 나머지는 (식1)과 같다.

$$1,388,067 \div 18,980 = 73.133 \ (\text{몫} 73\text{과 나머지} 2,527) \quad \ldots (\text{식}1)$$

작용수 2,527을 구하는 또 다른 방법 하나는 73.133에서 소수점 이하의 수 0.133은 버리고 18,980을 73으로 곱하여

$$18,980\text{일} \times 73 = 1,385,540$$

을 얻는 방법이다. 다음은

$$
\begin{array}{r}
1,388,067 \\
-1,385,540 \\
\hline
2,527
\end{array}
$$

과 같은 결과가 나온다. 이는 (식1)을 다시 다른 방법으로 구한 것에 지나지 않는다. 나머지수 2,527은 작용수Working number라 한다.

일수 구하기 : 다음은 9마니크0카얍을 구하는 셈법이다. 9마니크는 (도판99)에서 A4에 해당한다. 이 수를 구하기 위해서는 (식1)에서 얻은 나머지 수 2,275에서 13의 곱수를 모두 제거해 버려야 한다. 이것 역시 맞물려 반복되는 수를 모두 제거하기이다. 13은 마야수에서 기본 주기에 해당하는 수이다. 그래서 13의 곱수를 제거하는 것은 필수이다. 윷판의 수평과 수직에 있는 수들의 곱수를 제거하기 위해서는 아래와 같이 13으로 나누기를 해야 한다. 4아하우 다음으로 이어질 수를 얻기 위해서는 13의 배수를 모두 제거하고 나머지를 취하면 된다. 그 나머지가 5이다. 마야에서 13은 한 주week에 해당한다.

$$2,257 \div 13 = 194와 \ 나머지 \ 5 \quad \cdots(식2)$$

일명 구하기 : 나머지 5라는 수는 '4아하우8쿰쿠'에서 4아하우 다음에 이어질 수이기 때문에 4+5=9이다. 이것이 A4의 '9마니크'이다. 그래서 이를 셈으로 표시하면,

4	아하우	8	쿰쿠
+5	가?	나?	다?
9	라?	마?	바?	$\cdots$(식3)

위의 (도판101)을 보면 9는 마니크에 해당한다. 9는 날짜 수day number이다. 다음은 날짜의 이름(일명)인 아하우에 더할 수(가?)를 찾을 차례이다. 다시 말해서 위에서 가?에 해당하는 수를 찾을 순서이다. 그것은 20개의 날짜 가운데 어느 것이 수 9에 해당하는 수인가이다. 그 수가 다름 아닌 2,527을 20으로 나누고 남는 나머지 수 7이다. 즉,

$$가? \ 구하기: 2,257 \div 20 = 126과 \ 나머지 \ 7 \quad \cdots(식4)$$

과 같다. 가?에 해당하는 수가 7이란 뜻이다. 7이란 수는 우리가 마니크에 도달하기 위해서 아하우로부터 셈하여 온 수이다. (도판101)에 의하면 아하우에서 끝나 다시 이믹스로 돌아와 7번째가 '마니크'이다. 즉, 7은 20개 날들의 이름 가운데 7번째에 있는 '마니크'에 해당하는 수이다. 그래서 일수인 '가?'는 7이고 일명인 '라?'는 '마니크'이다. 일명 라?를 찾는 방법은 (도판94)에서 4아하우에서 회전 방향과는 반대로 7번째에 가면 그것이 마니크이다.

4	아하우	8	쿰쿠
+5	7	나?	다?

9	마니크	마?	바?
(일수)	(일명)	(월수)	(월명)

월수 구하기 : 이제 남은 월에 해당하는 수와 이름을 찾을 순서이다. 2,257에서 365의 곱수 되는 수를 모두 제거하고 나머지 수를 취하면,

$$5,257 \div 365 = 6과\ 나머지\ 337 \quad \cdots (식5)$$

와 같다. 그러나 337이란 수가 너무 크기 때문에 이것을 20으로 나누고 나머지 수를 취한다.

$$337 \div 20 = 16달 + 17일 \quad \cdots (식6)$$

16번째 달(팍스)이 지나고 그 다음 17일째 해당 되는 것은 '0카얍'이 다.(도판103)

1	8 포프	이믹스
2	8 우오	이크
3	8 시프	아크발
4	8 소트스	칸
5	8 트섹	치칸
6	8 크술	키미
7	8 약스킨	마니크
8	8 몰	리마이
9	8 첸	몰록
10	8 약스	옥

월수	월명	일명
11	8 삭	추엔
12	8 세	엠
13	8 막	벤
14	8 칸킨	익스
15	8 무안	멘
16	**8 팍스**	킵
17	**카얍**	카반
18	쿰쿠	에트남
19	우야엡	카우악
20	(zero)	아하우

(도판103) 월수와 월명, 그리고 일명표

위의 (도판103)에서 볼 때에 16번째에 해당하는 달은 '8팍스'이다. 다음은 17일에서 불길한 수 혹은 초과분 우야엡 5를 제거한다.

$$17-5=12 \qquad \cdots(식7)$$

월명 구하기 : 여기서 문제시 되는 수는 우야엡 5이다. 위에서는 18×20=360+5=365에서는 5를 더하였으나 여기서는 5를 빼고 있다. 마야력을 결정하는 데 있어서 주요한 역할을 하는 수가 5라는 사실을 확인한다.[4] 먼저 우야엡을 포함한 18개의 월명에 따라 20개의 날짜를 표시

---

4) 5는 대각선 논증에서 볼 때에 자기 언급을 하여 10이 되고, 10이 자기 언급을 하여 20이 된다. 이렇게 추리할 때에 마야수를 결정하는 수는 모두 5와 연관이 있는 것을 발견한다. 그런데 장주기를 셈할 때에 이 5를 더하기와 빼기를 한다는 것이다. 더하기 빼기를 하는 것을 두고 정역은 '존공'과 '귀공'등의 말을 사용하여 처리한다. 명패를 더하고 뺀다는 것은 대각선화와 반대각선화 과정을 두고 하는 말이다.

하면 다음과 같다. 이 표를 통해 우리는 8팍스와 0카얍을 확인할 수 있다.(Huff, 1984, 25)

	0	1	2	3	4	5	6	7	**8**	9	10	11	12	13	14	15	16	17	18	19
1 포프	0	1	2	3	4	5	6	7	**8**	9	10	11	12	13	14	15	16	17	18	19
2 우오	0	1	2	3	4	5	6	7	**8**	9	10	11	12	13	14	15	16	17	18	19
3 시프	0	1	2	3	4	5	6	7	**8**	9	10	11	12	13	14	15	16	17	18	19
4 소트스	0	1	2	3	4	5	6	7	**8**	9	10	11	12	13	14	15	16	17	18	19
5 트섹	0	1	2	3	4	5	6	7	**8**	9	10	11	12	13	14	15	16	17	18	19
6 크술	0	1	2	3	4	5	6	7	**8**	9	10	11	12	13	14	15	16	17	18	19
7 약스킨	0	1	2	3	4	5	6	7	**8**	9	10	11	12	13	14	15	16	17	18	19
8 몰	0	1	2	3	4	5	6	7	**8**	9	10	11	12	13	14	15	16	17	18	19
9 첸	0	1	2	3	4	5	6	7	**8**	9	10	11	12	13	14	15	16	17	18	19
10 약스	0	1	2	3	4	5	6	7	**8**	9	10	11	12	13	14	15	16	17	18	19
11 삭	0	1	2	3	4	5	6	7	**8**	9	10	11	12	13	14	15	16	17	18	19
12 세	0	1	2	3	4	5	6	7	**8**	9	10	11	12	13	14	15	16	17	18	19
13 막	0	1	2	3	4	5	6	7	**8**	9	10	11	12	13	14	15	16	17	18	19
14 칸킨	0	1	2	3	4	5	6	7	**8**	9	10	11	12	13	14	15	16	17	18	19
15 무안	0	1	2	3	4	5	6	7	**8**	9	10	11	12	13	14	15	16	17	18	19
16 팍스	0	1	2	3	4	5	6	7	**8**	9	10	11	12	13	14	15	16	17	18	19
17 카얍	0	1	2	3	4	5	6	7	**8**	9	10	11	12	13	14	15	16	17	18	19
18 쿰쿠	0	1	2	3	4	5	6	7	**8**	9	10	11	12	13	14	15	16	17	18	19
19 우야엡	0	1	2	3	4	5														

(도판104) 일수(가로)와 월수(세로) 배열법

즉 위 (도판104)에 근거하여 다음 식이 가능해진다. 16번째 달(8팍스)에 12일을 더하면 17번째 카얍 가운데 첫 줄에 있는 0 즉, 0카얍에 도달한다.

$$8팍스 + 12일 = 0카얍 \cdots (식8)$$

여기서 마야인들은 1년을 모두 8로 하여 끊는다는 사실을 알게 되었다. 그 이유는 4아하우8쿰쿠 때문이다. 그래서 16번 8팍스 다음의 9에 서부터 날을 더해 가면 12번째에서 0카얍에 도달한다. 즉, 16번째 달 8 팍스 다음 달은 카얍이고 8팍스 다음 12일째 되는 날은 0카얍이다. 즉, 8팍스부터 12번째가 0카얍이다.(9 10 11 12 13 14 15 16 17 18 19)

0카얍을 계산한 근거는 337에 있었다. 그래서 다음과 같은 방법으로 동일한 결론에 도달할 수 있다.

4	아하우	8	쿰쿠
+5	+7		+337
9	마니크	0	카얍
일수	일명	월수	월명

이렇게 하여 (식3)에서 의문부호(?)에 해당하는 수와 이름을 모두 구할 수 있게 되었다. 즉, (도판101)에 있는 9마니크와 0카얍을 모두 구하게 되었다.

18에서 만나는 마야력과 역법

(도판104)에서 볼 때에 주요한 수는 18(혹은 19)이다. 골프 코스 18홀과 염주 알 18개 등 18은 회전 주기를 말할 때에 주요한 수이다. 우리는 이 수를 윷판의 1/2 반원에서 확인하였다. 이 수는 다름 아닌 지구와 달이 태양 주위를 회전할 때에 생기는 초과하는 일수 때문에 19가 되기도 한 다. 태양을 중심으로 지구가 1회전 공전하는 동안에 달은 지구를 중심 으로 정확하게 12회 공전을 하지만 여기서 그렇지 않고 오차가 생긴다. 바로 여기서 마야력과 동북아 역법 계산에 어려움이 생긴다. 동북아에

서는 이런 오차를 해결하기 위하여 요임금 때에 지금의 태양태음력으로 바꾼다. 그리고 그 오차를 정확하게 셈하려 하였다. 이를 위에서 세여와 월법을 통해 셈하려 했다. 셈하기에서 마야력에서와 같이 나머지 정리를 이용한다.

　지구의 자전주기는 1일이다. 그런데 달의 공전 주기(혹은 삭망주기)는 29.5일이다. 0.5일 때문에 정수가 아니다. 그래서 큰 달 30일과 작은 달 29일을 둔다. 그러면 그 평균은

$$30+29=59 \div 2=29.5 \quad \cdots (식:가)$$

와 같다. 소수 0.5를 제거하는 방법은 큰 달(30일)과 작은 달(29일)을 번갈아 둠으로서 해결한다. 다시 말해서 두 달이 지나면 정확하게 정수 59일이 된다는 말이다. 한 번은 29일로, 다른 한 번은 30일로 하면 정확하게 59일이 된다는 말이다. 이것은 달을 기준했을 경우에 한하는 논리이다. 그러나 여기에 지구가 태양주위를 공전하는 것을 감안하게 되면 문제가 생긴다. 수학에서 말하는 미적분학의 문제가 생긴다.

　즉, 지구의 공전 주기는 365.25일이고 달의 공전주기는 29.5일이다. 두 주기의 관계식은

$$354=29.5 \times 12=354일 \quad \cdots (식:나)$$

와 같다. 그러면 두 공전주기의 차이는

$$365.25-354=11.25일 \quad \cdots (식:다)$$

이다. 이 11.25이라는 차이가 생겼다. 이 차이를 수정해 주어야 하는데 2년 내지 3년마다 11.25를 처리해 주어야 한다. 2년이라고 하면 11.25 ×2=22.5으로 29.5일에서 7일 모자란다. 그러나 3년이라고 하면 11.25 ×3=33.75로서 29.5보다 4.25일을 초과한다. 즉,

$$33.75-29.25=4.25일 \quad \cdots(식:라)$$

와 같이 4.25일이 초과한다. 그래서 4.25는 2차 초과분이다. 즉, 윤달을 3년에 한 번 1개월(29.5일)을 두었는데도 2차로 4.25일이 다시 초과한단 말이다. 그런데 4.25이 모여 1개월이 되자면

$$4.25 \times Z=29.5일$$
$$Z=6.94번$$

이다. 이 말은 6번과 0.94번째에 윤달이 든다는 말이다. 6번 째 윤달이 들고 다음에 0.94번째에 또 초과분이 생긴다는 말이다. 다시 말해서 3년에 한 번씩 윤달을 두면 18년 동안에 윤달을 6번 두어도 누적일이 25.5일 발생한다.

$$4.25일 \times 6번=25.5일 \quad \cdots(식:마)$$

반복해 말하면 3년이 6번이면 18년이다. 18년 만이면 25.5일이 누적되는데 여기서 당해에 생기는 1차 초과분인 11.25를 더하면

$$25.5+11.25=36.75일 \quad \cdots(식:사)$$

이 된다. 이것이 19년째에 또 윤달을 두어야 할 이유인 것이다. 18년에 이어 19년째에 윤달을 두어도 7.25일이 또 남는다.

$$36.75-29.5=7.25일 \quad ...(식:야)$$

19년 동안에 윤달을 7번 두어야 하는 이유가 여기에 있다. 이를 두고 '19년7윤법'이라고 한다. (도판105)는 19년7윤법 표이다.

(도판105)에서 주요한 두 숫자 10,227은 '세여歲餘'이고, 27,759는 월법에 의한 '월여月餘'이다. 이 두 수를 누진해 곱해 나가면 19세7윤법을 계산해 낼 수 있다. 마지막 19세7윤 다음은 '7윤의 밖七閏之外'으로서 초과분이 0인 해이다. 세로 칸이 3개인데 이것은 3년에 한 번 윤달이 드는 것을 의미한다. 그런데 5세 재윤에서는 2개년이고, 마지막 19세7윤에서는 1개년이다.

이를 마야력과 비교하는 것이 흥미로운 과제이다. (도판104)에서 보는 바와 같이 가로줄(월)은 18개이고, 그 다음 19번째에서는 우야엡 5개가 추가되었다. 그래서 세로줄은 모두 19개이다. 이는 분명히 동북아의 역법을 그대로 모사한 것이라 할 정도로 동일하다. 마야력과 같이 19주기로 변한다. 마야는 아하우와 쿰쿠 두 개가 항상 같이 나아가면서 마지막에는 서로 일치한다. 마찬가지로 역에서도 19세7윤이 병행하면서 진행한다. 즉, 19세는 1세부터 10,277만큼의 수가 증가하고, 월법은 27,759에 차례로 7개의 수를 곱하여 나간다. 아무튼 두 셈하기의 체계는 같다.

19세7윤을 쉽게 이해하는 방법은 다름 아닌 장중掌中에 있었다. 동양인들의 어린아이들부터 수지로 셈하기는 가장 쉬운 셈법이다. 19세7

三歲一閏 復餘 2,922分	一歲：餘 10,227分(10,227×1) 二歲：餘 20,454分(10,227×2) 三歲：餘 30,681分(10,227×3)	日法　　月法 (27,759×1) 30,681－27,759＝2,922
五歲再閏 小 4,383分	四歲：餘 40,908分(10,227×4) 五歲：餘 51,135分(10,227×5)	(27,759×2) 51,135－55,518＝－4,383
八歲三閏 小 1,461分	六歲：餘 61,362分(10,227×6) 七歲：餘 71,589分(10,227×7) 八歲：餘 81,816分(10,227×8)	(27,759×3) 81,816－83,277＝－1,461
十一歲四閏 餘 1,461分	九歲：餘 92,043分(10,227×9) 十歲：餘 102,270分(10,227×10) 十一歲：餘 112,497分(10,227×11)	(27,759×4) 112,497－111,036＝1,461
十四歲五閏 餘 4,383分	十二歲：餘 122,724分(10,227×12) 十三歲：餘 132,951分(10,227×13) 十四歲：餘 143,178分(10,227×14)	(27,759×5) 143,178－138,795＝4,383
十七歲六閏 餘 7,305分	十五歲：餘 153,405分(10,227×15) 十六歲：餘 163,632分(10,227×16) 十七歲：餘 173,859分(10,227×17)	(27,759×6) 173,859－166,554＝7,305
十九歲七閏 七閏之外 無餘	十八歲：餘 184,086分(10,227×18) 十九歲：餘 194,313分(10,227×19)	(27,759×7) 194,313－194,313＝0

(도판105) 19세7윤표(안기식, 1992, 253)

윤을 수지셈법을 통해 한 번 쉽게 이해해 보자. 엄지1-소지2-중지3-약지4-소지5로 굴신을 반복하면 다름 아닌 마야수 13과 18을 구할 수 있다. 그런데 셈하는 방법에 있어서 주의할 점은 엄지와 소지를 굴신할 때에 재륵再扐을 하느냐 안 하느냐가 주요하다. 즉, 두 번 반복해 셈하느냐 안 하느냐가 재륵의 의미이다. 이제 유치원생 수준으로 돌아가 한 번 19세7윤을 이해해 보기로 한다. (도판89)를 여기에 가지고 와 대조를 하면 이해가 쉽다.

엄지 1굴 1
식지 2굴 2
중지 3굴 3
약지 4굴 4
소지 5굴 5

소지 6신 6 (여기서 소지는 굴신을 동시에 함으로 재륵이다)
약지 7신 7
중지 8신 8
식지 9신 9
엄지 10신 0 (여기서 재륵을 하지 않음으로 셈을 하지 않는다)

식지 11굴 10
중지 12굴 11
약지 13굴 12
소지 14굴 13(13수를 얻는다)

소지 15신 14(소지가 재륵을 한다)

약지 16신 15

중지 17신 16

엄지 18신 17(엄지가 재륵을 한다)

엄지 19굴 18(엄지가 재재륵을 한다)

(도판106) 수지론상으로 본 13, 18, 20

우리는 여기서 소지와 엄지가 재륵하는 여부에 따라서 13과 18이 결정되는 것을 볼 수 있고 19는 18이 재륵과 재재륵을 하는 여부에 달려있음을 보게 된다. 위에서 윤달을 결정할 때에 11.25라는 것은 1차 초과분에서 생긴 것이고, 다시 4.25라는 것은 2차 초과분이 생기고, 다음에 2차 초과분을 6번(6년이 아님) 반복함에 따라서 19세7윤이 생기는 것을 보았다.

5.3 장주기 셈법과 윷판의 구조

대각선 논법과 장주기법

이 책은 (도판102)에서 장주기 계산하는 법과 그 계산법을 윷판(도판107)에서 찾는 것으로 끝난다. 그래서 이 절은 책 전체의 결론을 대신한다. (도판101)는 4아하우8쿰쿠(9.12.15.13.7) 다음의 '9마니크0카얍'을 새겨놓고 있다. 위의 절에서는 9마니크0카얍을 셈하는 법을 알아 보았다.

이어서 이를 대각선 논법과 윷의 논리에 연관하여 설명을 해 두려고 한다. 다시 말해서 장주기 계산법에서 중요시 된 것은 나머지를 찾아내는 '나머지 정리'라 할 수 있다. 그러면 윷놀이에서 나머지가 갖는 의미는 무엇인가. 먼저 마야 장주기법 계산에서 나누기를 하는 수는 13과 20이었다. 그런데 이 수는 윷판에서 수평과 수직의 기축수와 윷판의 온 원에 해당하는 수이다. 그리고 우야엡 5는 다름 아닌 기축과 온원이 만 나는 방, 찌모, 모, 참먹이, 뒷모와 같이 재륵이 생기는 곳이다. 다시 말 해서 자기 언급에 의하여 두 번 셈하는 곳이다.

초과분이 여기서 생긴다. 다음으로 나머지를 셈하는 법이 문제이다. 윷놀이에서 윷(4)을 치고 걸을 치면(3) 모두 7점이 된다. 이 경우는 반드 시 온원을 돌아야 한다. 모를 치고 걸을 치면 반드시 반원을 돌아야 한 다. 그 이유는 재륵하는 온원과 기축이 만나는 점(찌모, 모, 참먹이, 뒷모)에 서는 반원 혹은 4분원으로 돌아야 하기 때문이다. 그래서 윷놀이에 점 수 셈하기에서 주요시 되는 것은 5로 나누어 나누어 떨어지느냐 아니 냐이다. 위의 4윷+3걸=7을 5로 나누면 나머지가 2이다. 그러나 5모+3 걸=8의 경우의 5는 모가 5이고 이것이 5로 나누어떨어지는 몫이기 때 문에 반원으로 가야 한다. 여기서 우리는 윷놀이에서 5로 나누기 하여 점수를 셈할 때에 나머지 정리가 주요시 된다는 사실을 알게 한다. 그 리고 장주기법과 윷판에서 시간은 모두 순환 반복한다.

한주기를 4아하우8쿰쿠라 할 때에 이는 한 주기가 끝나는 것을 의미 한다. 그러면 새로운 윷판이 벌어지듯이 새로운 세계가 시작된다. 그래 서 3114년 8월 11일에서 2012년 12월 21일은 한 주기가 끝나는 것일 뿐이다. 이것은 윷놀이에서 한 개의 말이 나온 것에 해당한다. 시간을 나르는 신이 윷판에서는 4개의 말들이다. 4개의 말이 다 나는 것은 한 판 놀이를 끝내는 것이다. 이를 안다면 2012년을 지구의 종말이라 한 것은 서양적 시간관으로 마야력을 오해한 것이다.

다음은 대각선 논법으로 (도판101)을 이해하기이다. 토나라마틀과 하압이 맞물려 회전하는 것이 (도판94와 95)이다. 토나라마틀은 일수와 일명을 하압은 월수와 월명을 말하고 있다. 토나라마틀(20)이 13과 맞물린 것이 (도판94-95)이다. 윷판 안의 기축과 원주가 맞물려 회전하는 것과 같다. 윷판에서 말들이 달릴 때에 윷에는 4점을 주면 모는 0점이어야 한다. 다 말들이 엎어졌기 때문이다. 그런데 5점을 준다. 이는 멱집합의 원리에서 0과 집합 자신이 자기 자신의 부분 속에 포함되기 때문이다. 마야 수에서 0과 우야옙이 이에 해당한다.

다음은 원방각의 논리에서 마야 장주기법을 대각선 논법과 연관하여 보기이다. (도판94)에서는 토나라마틀과 하압이 원으로 된 톱니 바퀴에 맞물려 있다. 그러나 만약에 이 양자를 사각형 안에 넣으면 (도판104)가 된다. 가로와 세로 속에 배열을 할 때에 월에 해당하는 하압(18+1)은 세로에, 일에 해당하는 토나라마틀(20개인 0-19)은 가로에 배열을 하였다. 전자는 명패이고 후자는 물건이다. 예를 들어서 월명인 '포프'에 20개의 일수가 귀속한다. 20개 속에는 0과 19도 귀속한다. 그래서 모두 20개이다. 배열을 할 때에 세로칸 명패는 항상 같아야 하고, 물건인 가로는 모두 달라야 한다. 이렇게 격자 형식으로 배열하는 것이 대각선 논법의 5대 구성 요소들 가운데 '배열'에 해당한다.

그런데 세로 월명인 우야옙은 초과분이고, 가로일 수인 0은 제로이다. 그러나 이들도 칸과 줄에 들어간다. 이는 대각선에서 재륵에 의하여 생긴 초과분을 다시 세로나 가로 안에 포함시킨다는 것을 의미한다. 이는 칸토어가 하지 않은 기법이라고 할 수 있다. 우야옙과 0은 다른 수들과 연속이면서 불연속이다. 그러나 칸토어는 연속적인 실수들만을 가로와 세로에 배열을 하였다. 이렇게 초과분을 넣어서 배열을 한 다음 대각선에서 초과분이 생기면 이를 다시 가로나 세로에 넣어 배열한다.

(도판104)에서 4아하우8쿰쿠를 나타내기 위해서 8쿰쿠는 모두 고딕으로 표시를 하였다. 여기서 수들이 전진과 배진을 하면서 순환한다. 예를 들어서 월명이 16팍스에 0카얍까지의 17을 셈하자면 16팍스의 8에서 9-10-11-12-13-14-15-16-17-18-19와 같이 전진하면서 세어나간 후에 배진을 하면 12번째에서 '0카얍'에 도달한다. 물론 0카얍에서는 다시 전진을 한다. 칸트는 시간의 시작과 끝이 있느냐 없느냐의 이율배반을 문제로 제기하고 있다. 그러면서 그는 전진과 배진을 말하고 있다. 전진은 수를 앞으로 향해 배열하는 것이고, 배진은 그 반대를 의미한다. 마야 장주기법은 이 둘을 다 구사한다. 이는 마치 윷말이 상하와 좌우로 움직이는 것과 같다고 할 수 있다. 마야력에서 절대적인 시작과 끝은 없다. 4아하우8쿰쿠를 기준으로 삼을 때에는 거기서 시간이 시작을 하고 다시 거기서 끝난다. 이에 대하여서는 아래 절에서 다시 논하기로 한다. 만약에 칸트가 마야인이었더라면 시간의 처음과 끝에 관한 이율배반에 빠지지는 않았을 것이다.

마야의 장주기법은 윷판을 의식하고 구상되었다 할 정도로 그 구조가 서로 일치한다. 특히 장주기 셈법을 할 때에 그 일치성은 더욱 뚜렷해진다. 윷판은 원으로도 사각형으로도 만들 수 있다. 실제 놀이에서도 이 두 가지 도상을 모두 사용한다. 이때에 말이 지나가는 경로가 문제시 된다. 경로에는 두 가지 길이 있는데 그 가운데 하나는 사각형일 경우에는 가로와 세로를 지나는 것과 정·부 두 대각선을 지나는 경우이다. 물론 원일 때에 가로와 세로는 원둘레가 될 것이고 대각선은 지름이 될 것이다.

말이 지나가는 길에 따라서 4분원, 2분원 그리로 온원으로 나뉜다. 4분원과 2분원으로 나눌 때에 기축상에와 4분원 상에 있는 수가 (도판

107)에서 보는 바와 같이 13이다. 이는 중앙의 '방'을 셈에 넣을 경우이다. 기축을 피자 같이 2등분 그리고 4등분 할 때에 18과 다시 13이 나온다. 그래서 13은 기축수인 동시에 주변수이다. 명패이면서 동시에 물건이다. 즉, f(x)→x인 동시에 f(x)=x이다.

원이라고 할 때에 원주에는 20개의 점들이 있다. 이는 곧 토나라마틀의 촐킨 수이다. 그런데 윷판에서 막상 보면 20 안에는 4개의 재륵하는 곳이 포함된다.(찌모, 모, 참먹이, 뒷모) 마찬가지로 마야수 20에도 0이 포함된다. 온원일 때에는 20점을 모두 경과하는 것을 의미한다. 2분원일 때에는 한 개의 지름과 반원을, 4분원일 때에는 수평과 수직의 반지름 두 개와 4분원을 통과할 때이다. 반원을 좌우 두 반구로 나누었을 때에 반원으로 말이 가는 데는 수평축으로 가는 참먹이-모-방-찌모-출구와 수직축으로 가는 참먹이-모-뒷모-방-출구로 가는 두 가지 방법이 있다. (도판25 참고)

말이 지나갈 때에 원주인 가로와 세로가 지름인 대각선과 접촉하여 대각선으로 변하는 것을 '대각선화'라 하고, 대각선이 가로나 세로로 접촉하여 변하는 것을 '반대각선화'라고 한다. 재륵점에서는 이렇게 대각선이 가로나 세로와 만난다. (도판93-94)에서 우리는 장주기 셈법이 바로 13과 20 그리고 18이 서로 맞물리는 데서 출발하는 것을 보았다. 이것은 대각선이 가로나 세로가 되고 그 반대일 수도 있다는 것을 보여준다. 그렇다면 재륵점이란 대각선이 반대각선화 혹은 가로와 세로가 대각선화되는 점이라고 할 수 있다. 그런 점이 찌모, 모, 참먹이, 뒷모이고, 두 개의 대각선이 재륵하는 곳이 바로 '방'이다. 이런 재륵점들 때문에 초과분이 생긴다는 것을 거듭 말해 둔다. 그리고 이런 점들이 특이점 singularity이다. 우야엡이란 다름 아닌 특이점이다. 특이점이란 폭풍의 소

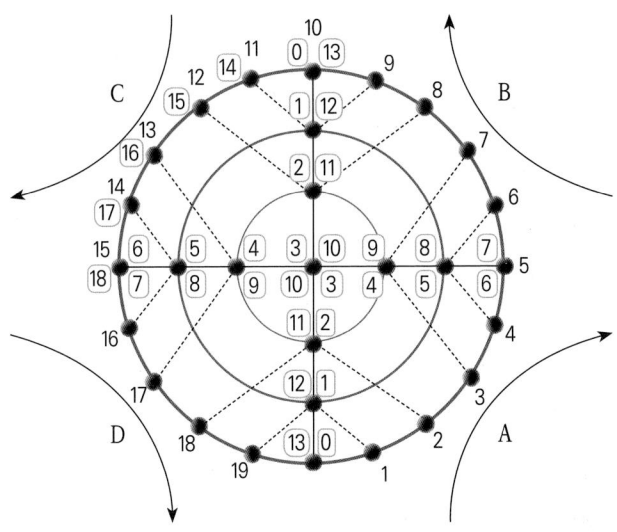

(도판107) 윷판 속의 마야 구성수 13, 18, 20

용돌이나 머리 위의 가마 같은 것들이다.

윷판은 동서남북 혹은 상하, 좌우와 중앙의 오방이다. 각 점마다 고유하고 유일회적인 명칭이 달려 있다. 이를 세 개의 전환점과 연관시켜 보면 아래와 같다.(도판25참고)

남 － 참먹이 － 순환점

북 － 뒷모 － 반환점

동 － 모 － 변환점

서 － 찌모 － 변환점

중앙－ 방 － 변환점

윷판의 동서남북은 대각선과 원주가 만나고, 중앙은 두 대각선(축)이 만나고 있다. 그런데 여기에 말이 들어가면 반드시 대각선(수직과 수평 기축)으로만 이동해야 한다. 이를 '윷의 나머지 정리'라 했다. 대상과 메타 가운데 메타로만 선택해야 한다는 것을 의미한다.

윷놀이에서 말이 입구(참먹이)로 들어가 출구로 나오는 방법에는 4분 원, 2분원, 온원 등 세 가지 방법이 있다. 4분원은 13, 반원은 18, 온원 은 20점들을 거쳐야 한다.[5] 이들 수들은 마야력을 구성하는 수이다. 여 기서 13과 18은 변환점과 반환점에서 재특을 하는 것을 전제로 한다. 윷말이 변환점, 반환점에 걸리면 4분원과 2분원으로 이동해야 한다. (도 판107)에서 A영역은 상우로, B영역은 상좌로, C영역은 하좌로, D영역 은 하우로 움직이고 있다. 그리고 서로 마주 보는 영역들(A와 C, B와 D) 끼리는 서로 화살표 방향이 반대이다. 이들이 사각형을 만들면 사영평 면이라는 것을 의미한다. 사영평면에서는 가로와 세로의 마주 보는 쌍 도, 가로와 세로 간의 짝도 모두 한 점에 수렴되고 방향이 반대이다. (도 판107)과 (도판25)는 비교가 된다. 전자는 재특인 경우이고, 후자는 비재 특인 경우이다. 양자는 동일한 윷판의 구조이지만 전자는 재특인 경우 이고, 후자는 비재특인 경우이다. 특히 (도판107)은 윷판과 마야 구성수 들 간의 관계를 극명하게 보여준다

윷놀이에서 나머지 정리가 갖는 의미에 관해서는 위에서 이미 언급한 바 있다. 초과분에 대하여 다시 말해두기로 한다. 말이 가는 점들에 점 수를 줄 때에 일관성과 비일관성의 문제가 따른다. 도개걸윷까지는 일 관성을 유지하지만, 모에서는 일관성을 잃고 만다. 즉, 윷가락이 엎어 지는 것에는 점수를 주지 않고 젖혀지는 것에만 점수를 주어 도, 개, 걸, 윷이라고 하는데, 4개 모두가 엎어졌는데도 5점을 준 것이 모이다. 그

---

[5] 반원인 경우에는 참먹이―모―뒷모―방―출구인 경우와 참먹이―모―방―찌모―출구의 두 가지 방법이 있다.

래서 모에서 일관성이 파괴되고 말았다. 이런 일관성의 파괴는 재륵점에서 기축이 주변이 되고, 주변이 기축이 되는, 즉 명패가 대상이 되고 대상이 메타가 되기 때문이다. f(x)=x이기 때문이다.

수직과 수평축에 해당하는 정과 부 대각선은 가로와 세로에서 접촉하고 있는 점들에서 반대각선화되어 서로 접촉한다. 이들 4개의 점들은 이중적(가로와 세로인 동시에 정부 대각선)이다. 재륵이 발생하는 4개의 점들은 참먹이, 모, 뒷모, 찌모 등이다. 이 4개의 점들은 명패이기도 하고 물건이기도 하며, 메타이기도, 대상이기도 하다. 러셀의 유형론을 무색케 하는 곳이다. 대각선에서 가로나 세로의 수를 이끌어 내는 반대각선화이기도 하고 그 반대인 가로나 세로가 대각선화되는 곳이기도 하다.

그러면 왜 윷판은 이러한 구조를 하필이면 가져야 하는가. 그 이유를 설명하는 것이 곧 주역의 계사전에서 말하는 사영론四榮論이다. 여기서는 이에 대한 설명을 생략한다.[6] 사영이란 (도판107)에 있는 ABCD의 4개 영역을 의미한다. 사영안 두 기축 전후좌우 수의 합은 항상 '13'이다. 동시에 철학의 근본 문제를 말하는 것과 같다고도 할 수 있다. 그것은 동시에 순서수의 역설과 기수의 역설에 대한 해의와도 직접적으로 연관이 된다. 사영론은 사실상 칸트의 이율배반론과 아리스토텔레스의 우주론과 밀접하게 연관이 되는 논리적인 문제이고 동시에 철학적 문제라고 할 수 있다.

수학에 역설이 나타난 주된 이유는 칸토어의 대각선 논법에서 나타난 집합론集合論[7]때문이다. 수학에서 칸토어가 집합론을 다루기 전까

---

6) 출간 예정인 '대각선 논법과 정역'에서 이를 집중 거론하기로 한다.

7) 미국에 집합론이 처음 등장한 것은 1960년대 초로, 당시에는 이를 '신수학(New Math)'이라고 불렀다(Schechter, 1988, 121).

지만 하더라도 수학은 정확성이라는 낙토를 향해 순항하고 있었다. 집합론은 독일의 수학자들 데데킨트Dedekind(1831-1916)와 칸토어G.Cantor(1829-1920)에 의해 처음으로 거론되었다. 이 두 사람에 의해 집합론이 거론된 지 불과 얼마 안 되어 역설이 나타났다. 드디어 20세기에 들어와 이 역설이 '러셀의 역설Russell's paradox'로 명명되었다.

모순과 역설을 철저하게 배제해 온 서양 수학사에 역설이 찾아온 것은 의외였고, 판도라의 상자처럼 역설이라는 상자에서 온갖 곤혹스러운 문제들이 튀어나오기 시작했다. 역설은 서수 집합에도 기수 집합에도 모두 거의 동시에 나타나기 시작했다. 우리는 윷의 논리와 마야 력법을 통해 철학과 논리학의 지난 한 문제인 역설 해의법도 아울러 공부하게 되었다. 끝으로 마야 력법의 연장으로 여기서 파생된 칸트의 이율배반론을 검토하는 것으로 결론을 대신하려 한다.

칸트의 이율배반론과 마야 력법

수학의 정수에는 기본적으로 기수와 서수가 있다. '기수cardinal number'는 일대일 대응이라는 기본적인 원리에 의거한다. 이에 대하여 서수ordinal number는 일대일 대응 방법과 연속이라는 방법을 동시에 구사한다. 그래서 수는 대응과 연속이라는 두 가지 간단한 원리에서부터 시작한다. 이 두 원리는 수학뿐만 아니라 "나아가서는 모든 정확한 과학 분야의 직물 그 자체를 구성하는 것이다"(이프라, 2002, 53). 장주기법을 (도판104)에서는 가로 20과 세로 19의 짝짝이로 배열하였다. 19 속에는 우야엡이 20 속에는 0이 포함된다. 칸토어의 대각선 논법의 가로와 세로 배열에서는 이들이 제외된다. 마야인들은 일수와 월수를 셈할 때에 기수와 서수의 역설이 발생하는 사실을 알았다. 우야엡과 0이 그 증거이다. 그러나 그 해의법 앞에서 그만 좌절하고 말았다. 마치 현대 수학과 철학이 역설에 직면하여 정확성이라는 낙원을 상실하고 말듯이 말이다. 그래서 마야인들은 이러한 낙원 상실의 기점을 2012년 12월 21일로 본 것이다.

기수와 서수에 모두 역설이 깃들기 시작하면서 유클리드 이후 누려오던 낙원을 상실할 위기에 처하게 되었다. 기수보다는 서수의 역설이 먼저 발견된 것은 부르알리-포르티Baralic-Forti(1861-1931)에 의해서이다. 이탈리아 수학자 부르알리-포르티가 순서수의 역설을 만난 것은 1879년의 일로, 그것은 곧 순서수에서 발생하는 역설이었다. 순서수란 무엇인가? 그것은 장주기법에서 날짜를 순서대로 셈하는 것이다. 월을 순서대로 세로에 명패로 하고 가로에서는 일을 순서대로 '첫째, 둘째, 셋째, ……'와 같이 셈하는 것을 두고 하는 말이다. 그런데 결국 순서수는 기수를 만날 수밖에 없다. 순서수 '전체' 집합 같은 것 말이다. 그는 이 '전체 순서수'라는 집합에서 모든 순서수보다 더 큰 하나의 순서수가 포함되지 않을 수 없다는 사실을 발견했다. '모든 순서수'의 '모든'이라는 말 속에 그 '모든 순서수' 자체를 포함시키면 항상 더 큰 순서수가 생기게 되고, 그러면 모든 순서수는 성립할 수 없게 된다. 여기서도 자기 속에 자기가 들어가는 자기 언급의 문제가 등장한다. 이러한 순서수 전체 자체를 말하는 기수로서의 순서수가 우야엡이다.

이러한 18×20=360에 우야엡 5를 더하여 365가 된다. 우야엡은 다른 순서수와 같이 19번째에 있는 하나의 순서수이지만 기수 5이다. 이는 마치 수지에서 1무지thumb가 4손가락fingers에 포함되는 것과 같고, 모는 5번 째(서수)이지만, 수 전체인 5점(기수)인 것과 같다. 이것이 다름 아닌 순서수의 역설이다. 그렇다면 윷놀이나 마야 장주기 계산법이란 다름 아닌 순서수와 기수에 나타난 역설을 해의하는 방법의 한 종류인 것이 분명해진다. 바로 이 문제로 고민한 철학자가 칸트이다. 그러나 당대의 수학은 아직 순서수와 기수의 역설을 알지 못하고 있었다.

순서수의 끝은 순서 안의 계열 전체인 '모두'일 때에, 이 모두가 이 순서수 계열의 한 부분이기도 하고 아니기도 한 문제가 순서수의 역설인 것이다. 그래서 순서수는 결국 기수와 분리될 수가 없다. 왜냐하면 계열이 완료될 때 계열의 전체가 얼마인가, 즉 몇 개인가 하는 기수의 문제가 자연히 제기되지 않을 수 없기 때문이다. 모5점을 윷4점에 연결시킬 것인가 말 것인가? 우야엡이 다른 순서수에 연속인가 아닌가?

칸트는 전체집합 개념(모 혹은 우야엡)에 해당하는 전체성을 '선험적 이념'이라고 했다. 선험적 이념은 '하나의 주어진 제한된 것에 대한 제약들의 전체'와 같은 것이다. 이러한 절대적 전체성을 칸트는 두 가지 의미로 사용하고 있는데, 이 두 가지 의미야말로 기수의 성격과 서수의 성격을 그대로 표현한 것이다. 그 두 가지란 (1) 제한된 계열의 모든 항들을 다 포함하고 있는 계열 전체의 종합인 절대적 '전체성'과, (2) 계열들의 마지막인 최후의 한 항이 그 항을 따르는 모든 항들을 포함하고 있는 경우의 '제1항'이다.[8]

이는 어느 집합 속의 전체 기수가 몇 개인가 하는 문제와, 그리고 순서수의 마지막 항의 수가 무엇인가 하는 문제라고 할 수 있다. 무한 사다리에 빗대어 생각해 보면, 사다리의 전체 다리의 수와 마지막 단계에 있는 사다리의 문제라고 할 수 있다. 사다리의 다리가 열 개 있으면 그 끝은 열 번째가 될 것이다. 계열 전체의 종합인 절대적 전체성과 계열의 최후 항은 모두 절대적 전체성으로 무제한적인 것이다. 그래서 역설적

8) 이 경우가 다름 아닌 '모'에 해당한다.

이게도 '제한'의 전체성 자체는 '무제한적'이다. 칸트에 따르면, 이런 역설적인 성격이 다름 아닌 이성의 성격이기 때문이라 보았다. 여기서 이성의 이율배반은 불가피하다.

칸트는 사다리가 놓여 있는 땅을 주어진 제한으로서의 '결론'으로 보고, 이 결론에서 위로 향하는 것을 '배진'이라고 했다. 이는 곧 결론에 대한 전제의 전제를 향하는 것이라고 할 수 있으며, 사다리를 타고 위로 올라가는 것과 같다. 사다리가 있는 땅바닥보다 더 내려갈 필요가 없는 것처럼, 칸트는 결론의 결론이 향하는 전진에는 관심을 가질 필요가 없다고 보았다. 현대 수학의 관점에서 볼 때, 이 점이 잘 이해가 되지 않는 것이 사실이다. 현대 수학에서는 전진과 배진이 모두 가능하다고 볼 것이다.[9] 그러나 여기서는 일단 칸트의 주장을 따라 무한 사다리를 타고 배진하는 것만을 생각해 볼 필요가 있다.

(도판104)에서 4아하우8쿰쿠라고 할 때에 8쿰쿠는 거기서 수가 시작하는 사닥다리가 딛고 있는 땅과 같다. 그 곳을 기준하여 17일째 되는 0카얍을 찾을 때에 8-9-10-11-12-13-14-15-16-17-18-19와 같이 8에서 전진을 하다 0카얍으로 배진을 한다. 마야 장주기법에서는 위에서 본 바와 같이 하나의 월에서 다음 월로 넘어갈 때에 나머지 정리를 통해 그렇게 하는 것을 보았다. 계열은 무제한적으로 연속이 아니고 계열에 나타나는 나머지는 다음 계열로 넘어가게 하는 매개 역할을 하는 것을 위에서 보았다. 윷놀이에서 모5+걸3일 때와 윷4+걸3일 때에 가는 길이 다르다. 그러나 도달하는 끝은 같다. 나머지 정리가 다르기 때문이다.

그러나 칸트는 이러한 나머지 정리를 몰랐기 때문에 이율배반의 제일

9) 칸트 시대만 하더라도 123...에 대하여 -1-2-3...의 계열을 몰랐다.

명제를 다음과 같이 제기한다.

제1명제
정립:세계[10]는 시간적·공간적으로 시초[한계]가 있다.
반정립:세계는 시간적·공간적으로 무궁[무진]하다.[11]

이와 같이 칸트의 이율배반론을 윷의 논리나 마야 장주기법과 연관을 시키는 것은 유의미하다 아니 할 수 없다. 우선 칸트는 전진을 제외시켰지만, 윷과 마야 력법에서는 전진 없이 배진 없고, 배진 없이 전진 없다. 칸트가 전진을 제외시킨 이유는 전진과 배진을 연결시킬 기법인 나머지 정리를 몰랐기 때문이다. 그러나 윷의 논리와 마야 력법은 이를 알고 있었다. 그 기법이란 다름 아닌 주역에서는 사영론이고 마야의 장주기법이다. 그리고 그것의 가시적인 기법을 웅변적으로 말해 주고 있는 것이 윷판이다. 단동십훈, 공기놀이 그리고 윷놀이를 하면서 자란 우리에겐 철학도 서양과는 달라져야 할 것이다.

---

10) 켐프 스미스는 칸트의 이율배반을 이해하는 데 가장 중요한 용어가 '세계'라고 했다. 칸트가 여기서 사용하는 '세계'라는 말의 의미는 "모든 현상 전체의 무조건적인 전체성이라는 이념을 뜻한다. 그런데 이것 자체가 다시금 가능한 경험의 관점에서 현상의 종합으로 해석될 수밖에 없다. 이제 세계의 절대적[무조건적]인 통일이라는 이념은 범주라는 틀에 따라 네 가지 주제로 나뉘는데, 이 주제 하나하나가 이율배반을 만든다"(카울바하, 1992, 162).
11) 동양에서는 공간의 무한을 '무궁無窮'이라고 하고, 시간의 무한을 '무진無盡'이라고 한다.

참고문헌

* Arguelles, Jose. *Earth Ascending*, Vermont: Bear & company, 1984.

* Arguelles, Jose. *The Mayan Factors*, Rochester: Bear & Company, 1987.

* Arguelles, Jose. *Time & the Technosphere*, Vermont: Bear & company, 2002.

* Aveni, Anthony, *Empires of TIME*, Boulder: University Press of Colorado, 2002.

* Barr, Stephen, *Experiments in Topology*, NY: Thomas Y. Crowell Company, 1964.

* Bartkowlak, Robert A.. *Electric Circuit Analysis*, NY: Harper & Row, Publishers, 1985.

* Belitz, Charles, *The Bermuda Triangle*, NY: Doubleday & Company, INC., 1974.

* Bellos, Alex. *Here's Looking at EUCLID*, ny: Free Press, 2010.

* Benedict, Gerald. *MAYAN PROPHECIES*, NY: Metro Books, 2010.

* Bennett, Jeffrey. *LIFE IN THE UNIVERSE*, NY: Pearson, 2007.

* Birda, Ghanshyam and Hemlin, *Colette, Magnet Therapy*, Vermont: Healing Arts Press, 1999.

* Braden, Gregg, ed., *The Mystery of 2012*, Boulder: Sound True, 2007.

* Bruce, Alexandra. *2012*, NY: disinformation, 2009.

* Burland, Cottie and Forman, Werner. *Les Azteques*, Paris: Orbis, 1986

* Calleman, Carl Johan, *The Purposeful Universe*, Rochester: Bear & Company, 2009.

* Calleman, Carl Johan. *The Mayan Calendar and the Transformation of Consciousness*, Vermont: Bear @ Company, 2004.

* Calleman, Carl Johan. *The Mayan Calendar*, London: Bet-Huen Books,

2001.

* Calleros, Miguel A. Vergara. *The Maya Goddesses and Their Sacred Symbolism*, www.iluminado-tours.com.

* Chaisson, Eric and McMillan Steve. *Astronomy*, New Jersey: Pearson Education, Inc. 2004.

* Chaisson, Eric, *UNIVERSE: An Evolutionary Approach to Astronomy*, Englewood Cliffs, Prentice Hall, 1988.

* Clow, Barbara Hand, *The Mayan Code*, Rochester: Bear & Company, 2007.

* Coe, Michael D.. *Breaking the Maya Code*, NY: Thames and Hudson, 1992.

* Coe, Michael. *Maya Ruins of Mexico in Colar*, Norman: University of Oklahoma Press, 1977.

* Croswell, Ken. *PLANET Quest*, NY: Book, 1997.

* DeFerrare, Mayte. *2012*, US: A Maia Publication, 2011.

* Diaz-Bolio Jose. *The Geometry of the Maya and Their Rattlesnake Art*, Yukatan: Area Maya and Mayan Area, 1965.

* Domenici, Davide. Mexico: A guide to the archaeological sites, NY: Barnes and Nobles, unknown.

* Douglas, David. *The Mayan Prophecy 2012*, NY: Metro Books, 2009.

* Downing, Douglass. *TRIGONOMETRY*, NY: Barrons, 2001.

* Ferguson, William and Royce, John. *Maya Ruins of Mexico in Lolar*, Oklahoma: University of Oklahoma Press, 1977.

* Freidel, David and Schele, Linda. *A Forest of Kings: The Untold Story of The Ancient May*, NY: william Morrow and company, INC., 1990.

* Gardner, Martin, *Logic Machines & Diagrams*, NY: McGraw-Hill Book Company, INC..1958.

* Gardner, Martin, *The Colossal Book of mathematics*, NY: W.W Norton & Company, 2001.

* Gardner, Martin, t*he Colossal Book of Mathematics*, NY: W.W.Norton & Company, 2001.

* Godwin, Joscelyn. Mystery Religious in the Ancient World, NY: Harper &Row, Publishers, 1981.

* Gordon, J.S.. *Land of the Fallen Star Gods*, Vermont: Bear & Company, 1997.

* Gyles, Anna Benson & Sayer Chloe. *Of God and Men*, NY: Harper &Tow, Publishers, 1980.

* Hawkes, Jacquetta. *Dawn of the Gods*, NY: Random House, 1968.

* Hester, Jeff. *21st Century ASTRONOMY*, Long Beach: Long Beach State University, 2010.

* Huff, Sandy. *The Mayan Calendar Made Easy*, Safety Harbor: Area Mayan Maya Area, 1984.

* Jynkins, John Major. *Maya Cosmohenesis 2012*, Vermont: Bear & Company,1998.

* Kalmenboff, Mattew. *MAYA DIORAMAD*, NY: Dover Publications, Inc.. 1989.

* Karcher, Stephen. *Total I Ching*, London: PLATKUS, 2003.

* Kaufmann, William J.. *DISCOVERING THE UNIVERSE*, NY: W.H.Freeman and Company, 1987.

* Krupp, E.C.. *Echoes of the Ancient Skies*, NY: New American Library, 1983,

* Men, Hunbatz. *The 8 Calendars of the Maya*, Canada: Bear & Company, 1983.

* Meyer, Karl E.. *Teotihuacan*, NY: Newsweek Book Division, 1973.

* Middleton, Robert and Goldstein, Milton, *Basic Electricity for Electronics*, NY: Holt, Rinehart and Winston, Inc., 1966.

* Phillips, Charles. *Aztec & Maya*, NY: Metro Books, 2011.

* Quilter, Jeffrey, *Treasures INCA*, NY: Metro Books, 2005.

* Readers Digest, ed.. *Mysteries of The Ancient Americas*, NY: Readers Digest General Book, 1986.

* Robinson, Andrew. *Lost Langeuage*, NY: BCA, 2002.

* Schneider, Michael S., *A Beginner's Guide to Construction the Universe*, NY: HarperColins, 1994.

* Scientific America, 1996.

* Scofield, Bruce and Orr, Barry C., *Mayan Astrology*, Rochester: Bear & Company, 2007.

* Simmons, K. *Universality and the Liar*, NT: Cambridge University Press, 1993.

* Stray, Geoff, *The Mayan and other Ancient Calendars*, NY: Walker & Company, 2007.

* Stray, Geoff. *Beyond 2012*, Vermont: Bear $ Company, 2009.

* Stuart, George and Stuart Gene S., *The Mysterious Maya* by National Geographical Society.

* Stuart, George E.. *The Mysterious Maya*, NY: National Geographic Society, unknown.

* Tegmark, Max. Our Mathematical Universe, 2014.

* The World Book. *The Heavens*, Chicago: World Book, Inc., 1989.

* Thompson, J. Eric S.. *The Rise and Fall of Maya Civilization*, Norman: University Oklahoma Press,1954.

* Tozzer, Alfred M. *A Maya Grammar*, NY: Dover Publicastions, INC., 1977.

* Tozzer, Alfred M.. *A MAYA GRAMMAR*, NY: DOVER PUBLICA-TIONS, INC., 1977.
* Voit, Mark, *Cosmic Perspective*, NY: Pearson, 2007.
* Weeks, Jeffrey R.. *The Shape of Space*, London: CRC Press, 2002.
* Wilcock, David. *The Source Field Investigation,* NY: Dutton, 2001.
* Wolf, Sidney, ed.. *VOYAGES THROUGH THE UNIVERSE*, Belmont: Thomson, 2006.
* Wolff, Sidney, ed.. *Exploration of the Universe*, NY: SAUNDERS COL-LEGE PUBLISHING, 1987.
* Wooden Books, *Quadrivium*, NY: Walker & Company,

* 강진원, 易으로 보는 동양천문 이야기, 서울: 정신세계사, 2006.
* 고바야시 마치야사 지음, 고선윤 역, 수학의 원리, 서울: 서울문화사, 2002.
* 고선윤, 수학의 원리, 서울: 서울 문화사, 2002.
* 길버트, 에이드리언 지음, 김민영역, 마야의 예언, 시간의 종말, 서울: 말.글.빛냄, 2006.
* 김동현, 시간과 공간, 서울: 한송미디어, 2008.
* 김상일, 카오스와 문명, 서울: 지식산업사, 1995.
* 김상일, 러셀역설과 과학혁명구조, 서울: 솔, 1997.
* 김상일. 판비량론비교연구, 서울: 지식산업사, 2004.
* 김상일. 대각선 논법과 역, 서울: 지식산업사, 2012.
* 김상일. 대각선 논법과 정역, 서울: 지식산업사, 2015(예정).
* 김상일. 대각선 논법과 조선역, 서울: 지식산업사, 2013.
* 김상일. 인류문명의 기원과 한, 서울: 가나 출판사, 1987.
* 김성기와 박기선 공저, 음양오행동변보감, 서울: 남산당, 1998.
* 김일권, 동양 천문사상 인간의 역사, 서울: 예문서원, 2007.

* 김일권, 동양 천문사상 하늘의 역사, 서울: 예문서원, 2007.
* 김주미, 한민족과 해 속의 삼족오, 서울: 학연문화사, 2010.
* 로빈슨, 앤드류저, 박재욱역, 문자이야기, 서울: 사계절, 2003.
* 문명호와 박종일저, 위상수학 입문, 서울: 경문사, 2006.
* 문중양, 우리역사 과학기행, 서울: 동아시아, 2006.
* 박상화, 정역을 바탕한 영가와 평화유희, 서울: 우성문화사, 1981.
* 박창범, 하늘에 새긴 우리 역사, 서울: 김영사, 2002.
* 브레이든, 그렉 지음, 김형준역. *2012*, 서울: 물병자리, 2009.
* 브레이든, 그렉 지음, 이창미.최지아역. 월드쇼크 2012, 서울: Tpa dos 파커스, 2007.
* 스트레이, 제프, 마야력과 고대의 역법, 서울: 시스테마, 2010.
* 심원봉, 윷경, 서울: 정신세계사, 2002.
* 로빈슨, 앤드류저, 박재욱역, 문자이야기, 서울: 사계절, 1995.
* 안기석, 천부경의 비밀과 백두산족 문화, 서울: 정신세계사, 1992.
* 우실하. 3수분화의 세계관, 서울: 소나무, 2012
* 윤석희, 천부윷의 재발견, 서울; 지하 仙, 2003.
* 이소배 슈조저, 편집부역, 즐거운 우주탐구, 서울: 여명출판사, 1996.
* 이승재, 구성기학, 서울: 동학사, 2011.
* 이시우, 별과 인간의 일생, 서울: 신구문화사, 1999.
* 이프라, 조루주저, 김병욱역. 숫자의 탄생, 서울: 부키, 2002.
* 주역
* 최동환, 흔 역, 서울: 지혜의 나무, 2001.
* 한동석, 우주변화의 원리, 서울: 대원출판사, 2004.
* 한태동, 세종대의 음성학, 서울: 연세대학교 출판부, 1998.